Elham Manea
Ich will nicht mehr schweigen

Wolki

Elham Manea

Ich will nicht mehr schweigen

Der Islam, der Westen
und die Menschenrechte

Aus dem Englischen von
Maria Buchwald

FREIBURG · BASEL · WIEN

© Verlag Herder GmbH, Freiburg im Breisgau 2009
Alle Rechte vorbehalten
www.herder.de

Satz: Layoutsatz Kendlinger
Herstellung: fgb · freiburger graphische betriebe
www.fgb.de

Gedruckt auf umweltfreundlichem, chlorfrei gebleichtem Papier
Printed in Germany

ISBN 978-3-451-29756-4

Inhalt

Erster Teil
Wie sprechen wir über den Islam?

„Vater im Himmel, der du Ruhelosigkeit in unsere Herzen gelegt hast und uns alle zu Suchenden gemacht hast, die nach etwas streben, das sie nie ganz finden können, verbiete uns, mit dem zufrieden zu sein, was wir aus unserem Leben machen. Lenke unseren Geist vom bloß Notwendigen weg, und gib uns den Blick frei für weitreichende Ziele. Lass uns Aufgaben übernehmen, die zu schwer für uns sind, damit wir um deine Kraft bitten müssen. Befreie uns von Gereiztheit und Selbstmitleid. Zeige uns das Gute, das wir nicht sehen können, und das Gute, das in der Welt verborgen ist. Öffne unsere Augen für einfache schöne Dinge um uns herum und unsere Herzen für das Liebenswerte, das wir an den Menschen nicht erkennen, weil wir uns keine Mühe geben, sie zu verstehen. Rette uns vor uns selbst, und zeige uns die Vision von einer neuen, besseren Welt."

Eleanor Roosevelts Abendgebet, zitiert in „A World Made New" von Mary Ann Glendon.

Einleitung
Nennt mich nicht Muslimin!

Ich bin kein Mensch, der unbedingt auf Konfrontation aus ist. Im Grunde fürchte ich mich davor, im Rampenlicht zu stehen, und wenn es tatsächlich einmal vorkommt, dann fällt mir das Atmen schwer, und ich spüre zuweilen meinen Herzschlag so stark, dass er wie eine Trommel in meinen Ohren hallt.

Mich machen einfache Dinge glücklich: eine Tasse Kaffee trinken und dazu ein gutes Buch lesen; mit meiner Tochter UNO oder Bassraa spielen; mit meinem Mann einen interessanten Film anschauen; eine gute Freundin treffen oder mir an einem Wochenende die Zeit nehmen, ein leckeres Essen für meine Familie zu kochen – lauter Dinge, die wenig mit Konfrontation oder Disput zu tun haben.

Wie die meisten Menschen, die in Europa leben und für die der Islam einfach zu ihrem Erbe gehört, führte ich ein ruhiges, aber erfolgreiches Leben – gut integriert, mit einem guten Job und im Wesentlichen auf meine Familie und meine Berufslaufbahn konzentriert.

Ich gehörte zu dieser schweigenden Mehrheit.

Wenn ich sage „ich gehörte", so bedeutet das, dass es nicht mehr so ist. Es ist schwer geworden, dieses Schweigen weiterhin aufrechtzuhalten. Schweigen ist zu einer Last, ja unmöglich geworden.

Warum? Zwei Gründe zwangen mich, diese bequeme Haltung abzulegen: Der erste hat damit zu tun, dass sich nach den Terroranschlägen vom 11. September 2001 die Einstellungen gegenüber „den Muslimen" in Europa verändert haben, und der zweite mit dem Reislamisierungsprozess, der zurzeit in den arabischen Gesellschaften stattfindet. Zusammengenommen waren sie für mich zwingende Gründe, eine zweifache Aufgabe in Angriff zu nehmen: an die Öffentlichkeit zu gehen und zu Fragen Stellung zu nehmen, die „die Muslime" und „den Islam" betreffen; und die Mauer des Schweigens gegenüber jenem Islam zu durchbrechen, der heute im Nahen Osten propagiert, praktiziert und nach Europa getragen wird.

In den folgenden Kapiteln möchte ich die beiden genannten Gründe genauer erläutern und damit deutlich machen, warum Europa darauf achten sollte, seine islamischen Minderheiten nicht einzig und allein als „muslimisch" zu bezeichnen – denn wenn man einen Menschen immer wieder so nennt, könnte er möglicherweise beginnen, sich auch so zu verhalten. Zudem wird anhand dieser beiden Gründe klar werden, warum die Idee eines humanistischen Islam für die zweite und dritte Generation der Europäer mit islamischen Wurzeln dringend notwendig ist.

Erstes Kapitel
Was ist ein Muslim? Veränderte Einstellungen nach dem 11. September 2001

Ich kam 1995 in die Schweiz – eine junge Frau, die ihren Schweizer Ehemann in Washington D. C. kennengelernt, ihn dort geheiratet hatte und nach der Beendigung ihres Studiums mit ihm nach Bern gezogen war.

Die übliche Frage, die ich damals immer wieder hörte, war: „Woher kommen Sie?" Es war die Frage, die Schweizer mir stellten, wenn ich ihnen zum ersten Mal begegnete. Ich antwortete dann stets kurz „aus dem Jemen" – einem arabischen Land, das an der südlichen Spitze der arabischen Halbinsel liegt. Die Reaktion fiel, je nach Fragesteller, unterschiedlich aus. Manche sagten, von diesem Land hätten sie noch nie gehört, andere schwärmten von der Schönheit seiner einzigartigen Architektur, und wieder andere bezeichneten es als Märchenland. Die meisten hatten keine Ahnung von seinem politischen System.

Doch alle sahen mich als Mitglied einer anderen „Nationalität" und einer „Kultur", die sich von ihrer unterschied. Alle nannten mich *Jemenitin*.

Nach den Terroranschlägen vom 11. September 2001 hat sich das geändert. Ich bin nicht mehr diese Frau. Von einem Tag auf den anderen wurde ich zu einer Muslimin! Dass der Jemen immerhin ein fest umrissenes Territorium hat, ist plötzlich irrelevant. Was zählt, ist eine sehr schwammige Vorstellung von dem, was ein „Muslim" bzw. eine „Muslimin" ist.

Mit dieser Bezeichnung wurde mir eine neue Frage aufgedrängt: „Könnten Sie uns als Muslimin Ihre Meinung kundtun?" Worüber?

Nun, über alles. Das reicht vom „Islam" und der Frage, wie Frauen im Islam behandelt werden, bis hin zu dem Problem, wie man mit den bei uns lebenden Muslimen umgehen soll.

Angesichts des Schocks, den die Terrorangriffe ausgelöst hatten, waren diese Fragen durchaus verständlich. Die Menschen hier hatten Angst, und ihre Versuche zu begreifen, was in diesen „anderen" vorging, waren aufrichtig; daher konnte ich ihnen nicht verübeln, dass sie an mich herantraten. Sie waren mit einer neuen Bedrohung konfrontiert, einer Art von Gefahr, die ihnen bis dahin völlig unbekannt gewesen war: Terroristen, die entschlossen waren, das Sicherheitsgefühl der Menschen um jeden Preis zu zerstören. Diese Bedrohung ist eng mit Extremisten verknüpft, die behaupten, im Namen des Islam zu sprechen; und die Tatsache, dass diese Religion auch schon vor den Terrorangriffen mit Misstrauen und Argwohn betrachtet wurde, machte das Problem noch heikler.

Hier war ich also: eine Jemenitin, die in der Schweiz lebte und von der verlangt wurde, dass sie als Muslimin bestimmte Fragen beantwortete. Durchaus berechtigt. Nur, offen gestanden, hatte ich mich selbst nie als Muslimin empfunden! Dass ich als solche etikettiert werde, entspricht der Wahrnehmung der Menschen, die diese Frage stellen, ganz sicher nicht meiner eigenen.

Wie nehme ich mich selbst wahr? Nun, ich betrachte mich selbst als ein Individuum mit mehreren Identitäten.

Die erste dieser Identitäten ist einfach und unkompliziert: Ich bin Humanistin. Und ich sage das nicht etwa, weil es gut klingt. Ich glaube daran. Das heißt, ich glaube, dass das Wohl des Menschen das letztendliche Ziel sein muss. Und ich glaube, dass es universelle Werte gibt, die für jede Rasse, Hautfarbe, Kultur und Religion Gültigkeit besitzen. Ich glaube weiter, dass diese Werte es mir erlauben, dem Menschen, der mit mir spricht, in die Augen zu sehen – ungeachtet seiner Identität – und etwas sehr Wertvolles zu erkennen, ist etwas, das ich hoch schätze.

Die zweite dieser Identitäten ist mehr kulturell bedingt: Ich bin Araberin. Vielleicht haben Sie erwartet, dass ich sage: Ich bin Jemenitin. Das ist ebenfalls eine korrekte Behauptung. Ich bin mit der jemenitischen Nationalität geboren. Aber dies beschreibt wiederum nicht ganz zutreffend, wer ich bin.

Als Tochter eines jemenitischen Diplomaten bin ich mit meiner Familie viel in der Welt herumgereist. Ich habe in zahlreichen arabischen, islamischen und auch westlichen Ländern gelebt. Dank dieser Erfahrungen habe ich erkannt, dass Menschen in vielerlei Hinsicht ähnlich sind. Ihre Lebensstile, Gebräuche und Wertvorstellungen mögen unterschiedlich sein, doch letztlich lieben sie alle, hassen, haben ihre Sorgen und ganz sicherlich auch ihre Vorurteile.

Meine Erfahrungen ermöglichen mir darüber hinaus, herauszufinden, inwiefern sich die arabischen Länder voneinander unterscheiden. Der Jemen ist nicht Ägypten, und Ägypten ist nicht Marokko, und Marokko wiederum ist nicht Kuwait oder Syrien oder Oman usw. Aber so sehr sie sich auch voneinander unterscheiden – etwas verbindet sie alle: eine äußerst facettenreiche Sprache, eine hoch stehende Kultur und Zivilisation. Diese arabische Identität stellt die zweite „Schicht" dessen dar, was ich bin. Ich genieße sie in der Literatur, die ich lese, in der Musik, die ich höre, und sicherlich in dem Essen, das ich genüsslich zubereite.

Nun kommt die dritte Schicht meiner Identität: Ich bin Muslimin. Von den bereits genannten ist dies die persönlichste Schicht. Hier erlebe ich meine Spiritualität, und hier fühle ich, dass ich eine Seele habe; es ist der Gegensatz zum Materiellen, zum Körperlichen. Aber sie umfasst nicht mein ganzes Wesen; sie ist nicht „die eine Identität".

Und schlussendlich – vielleicht haben Sie gedacht, ich erwähne es nicht, aber doch, ja, ich bin eine Frau! Und möglicherweise ist das die wirklich entscheidende Identität unter allen oben genannten. Es ist die Linse, durch die ich die Welt sehe. Als Frau, die in vielen Ländern des Nahen Ostens gelebt hat und in einigen umfangreiche Forschungsarbeiten durchgeführt hat, beschäftigte ich mich mit dem Thema Menschenrechte, Frauenrechte und damit, wie meine Religion aus unterschiedlichen Perspektiven heraus interpretiert wird. Wäre ich ein Mann, hätte ich vielleicht eine andere Herangehensweise an die arabische Gesetzgebung oder an die Religion. Vielleicht würde ich dann gar nicht die Ansicht vertreten, dass Reformen nottun. Die Gesetze bevorzugen den Mann, insbesondere in familiären Angelegenheiten, und die landläufige religiöse Interpretation von heute vermittelt die Botschaft, dass der Islam eine männliche Domäne ist. Daher ist die Tatsache, dass ich eine Frau bin, die eine Schicht meiner Identität, die meine Wahrnehmung aller bereits erwähnten Elemente meiner Person prägt.

Ich bin ein komplexes Wesen. Ich hoffe, dass Sie das mittlerweile erkannt haben. Wenn Sie mich auf meine religiösen Überzeugungen reduzieren, so entgeht Ihnen die Gesamtheit meiner Persönlichkeit. Wenn Sie mich Muslimin nennen, sehen Sie nicht wirklich *mich*.

Ich nehme an, Sie verstehen jetzt, warum ich jedes Mal irritiert bin, wenn ich gebeten werde, „als Muslimin" Stellung zu beziehen, oder mit der die *Religion praktizierenden* und nicht mit der komplexen Person, die ich bin, identifiziert werde. Versetzen Sie sich bitte einmal in meine Lage. Es ist so, als wenn Sie zu vier Frauen – einer Deutschen, einer Schweizerin, einer Französin und einer Engländerin – sagen würden: „Ihr seid Christinnen. Äußert doch bitte einmal eure Meinung über die Stellung des Papstes zur Abtreibung."

Wahrscheinlich würden diese Frauen die Art der Fragestellung etwas merkwürdig finden. Die eine würde vielleicht sagen, sie kümmere sich keinen Deut darum, was der Papst sagt; eine andere würde antworten, sie sei Protestantin, keine Katholikin; die dritte möglicherweise erklären, dass sie mit der Einstellung des Papstes nicht übereinstimmt; eine vierte würde seinen Einwand gegen die Abtreibung vielleicht gerechtfertigt finden. Alle vier würden Sie vermutlich etwas befremdet ansehen und sich fragen, warum Sie sie unbedingt auf einen Nenner bringen wollen, indem Sie sie als Christinnen bezeichnen. Das Wort „Europäerinnen" wäre sicherlich zutreffender.

„Aber du bist anders!", flüstert mittlerweile eine Stimme in Ihnen. „Du bist keine Europäerin. Du bist nicht wie wir. Du bist Muslimin. Du bist anders."

Sind Muslime wirklich anders? Betrachten Sie einmal folgende Tatsachen: Es gibt etwa 1,2 Milliarden Menschen auf der Erde, deren Religion der Islam ist; damit stellt er weltweit die zweitgrößte Religion nach dem Christentum dar. Seine Anhänger sind auf alle fünf Kontinente verteilt; sie leben insbesondere in Asien (845 341 000), in Afrika (323 556 000) und in Europa (31 724 000).[1] Und dann stellen Sie sich die Gesichter eines Indonesiers, eines Ägypters, eines Nigerianers, eines Bosniers, eines Saudi-Arabiers und eines Chinesen vor, und sagen Sie mir, warum Sie alle diese Menschen unbedingt in einen Topf werfen wollen, indem Sie sie „Muslime" nennen und damit ihre nationalen und kulturellen Unterschiede für bedeutungslos erklären.

Dies ist eine Ebene, die zeigt, wie sich die Situation nach dem 11. September für mich veränderte – es ist die Art und Weise, wie ich nun wahrgenommen werde. Als Muslimin. Die Religion wurde zum Fokus der Identität, die mir von den Menschen verliehen wurde, die mich ansprachen. Und die Religion scheint die anderen Dimensionen meines Wesens zu verdrängen.

Aber das ist noch nicht alles.

Zweites Kapitel
Angst und Toleranz: Veränderte Einstellungen nach dem 11. September 2001

Die Terrorangriffe vom 11. September 2001 und der anschließende Krieg gegen den Terror brachten einen neuen Diskurs nach Europa – den Diskurs der Angst. Und mit der Angst kam noch ein anderer Diskurs auf: der des „Wir-gegen-sie". „Wir", das sind die Europäer, und „sie", das sind natürlich die Muslime. Beide Diskurse wurden von den Extremisten beider Seiten instrumentalisiert.

Die Angst ist verständlich, angesichts der Art der Bedrohung durch den Terrorismus; er ist ein Gespenst, das im Halbdunkel lebt. Und dieses Gespenst agiert heimtückisch. Wenn es zuschlägt, dann mit der Absicht, willkürlich Schaden zuzufügen. Alles und jeder ist dann sein Ziel. Es glaubt nicht an Regeln, es akzeptiert unsere Normen oder Werte nicht. Seine Absicht ist einfach: Es will Angst säen. Der 11. September stellte daher in vielerlei Hinsicht einen Wendepunkt dar. Er veränderte unser Leben, indem er das Gefühl zerstörte, dass wir in unserem Land sicher sind. Wir sind es nicht mehr. Und wir sind es *nirgendwo* mehr.

Dieses Gefühl verlorener Sicherheit und die Angst vor dem Terrorismus wurden durch die Tatsache verstärkt, dass der Feind kein erkennbares Gesicht hat. „Terroristen" – das ist der Name des Feindes. Dass man den „Terroristen" das Adjektiv „islamisch" anhängte, machte die Dinge nur schlimmer. Sicherlich war es durchaus legitim, dieses Wort zu verwenden, denn die Menschen, die diese Gräueltaten begingen, benutzen den Islam als Rechtfertigung für ihr Handeln. Aber die Verwendung des Adjektivs trug nicht dazu bei, den Feind greifbarer zu machen. Sie förderte lediglich seine Obskurität, was das Angstgefühl noch verstärkte.

Diese Angst war in den Vereinigten Staaten besonders stark zu spüren. Sie griff nach den Terrorangriffen von Madrid, die am 11. März 2003 stattfanden, nach dem Mord an dem niederländischen Regisseur van Gogh am 2. November 2004 und dem Bombenanschlag in London vom 7. Juli 2005 auf Europa über. Plötzlich erkannten die Menschen, dass der Feind mitten unter ihnen lebte. Wo? Darüber schien niemand Gewissheit zu haben. Experten sprachen von Moscheen, in denen Imame Hass predigten, von muslimischen Extremisten, die möglicherweise Mitglieder von Geheimzellen waren und geduldig auf den richtigen Augenblick warteten, um loszuschlagen, und von der Gesellschaft entfremdeten jungen Männern, die durch die politischen Entwicklungen der internationalen Szene radikalisiert wurden.

Und mit dieser Erkenntnis kam noch eine weitere: Was manche europäische Länder als Achtung der „freien Meinungsäußerung" oder als Gesten der „Toleranz" betrachteten, wurde nun bestenfalls als „Gleichgültigkeit" und schlimmstenfalls als „schwer wiegende Nachlässigkeit" bloßgelegt.

Meinungsfreiheit ist ein grundlegendes menschliches Recht. Glauben Sie mir, ich bin die Letzte, die gegen dieses fundamentale Recht etwas einzuwenden hätte. Sie werden verstehen, warum, wenn ich im zweiten Teil dieses Buches über die Konzeption eines freien und rationalen Islam spreche. Aber die freie Meinungsäußerung beinhaltet nicht das Recht, die Meinungen anderer zu diffamieren oder Ansichten zu äußern, die andere dazu anstacheln sollen, Gewaltakte zu begehen. Ruft man junge Männer dazu auf, andere zu töten, so kann man sich dabei nicht auf das Recht auf Meinungsäußerung berufen, denn hier handelt es sich darum, die Überzeugungen und Bräuche anderer Menschen herabzuwürdigen.

Nehmen Sie das Beispiel des Ägypters mit dem Namen Abu Hamza al-Masri, dem früheren Imam der Frisburg Park-Moschee im Norden Londons, der heute in England eine siebenjährige Haftstrafe verbüßt und auf den in den Vereinigten Staaten ein Auslieferungsbefehl wartet. Dass er Extremist war, Hass predigte und Terror unterstützte, war den englischen Behörden wohlbekannt, und zwar lange vor den Angriffen des 11. September.

Und doch tolerierte man ihn.

15

Al-Masri, der in Afghanistan seine Hände und ein Auge verlor, war der Kopf einer Organisation namens „Supporters of Sharia, S.O.S.", die ganz offen junge Männer dazu aufrief, das zu verteidigen, was als „islamische Prinzipien" betrachtet wurde und wovon eines der „Dschihad"[2] ist. Er war das Sprachrohr der Jemenitischen Islamischen Armee, die im Dezember 1998 im Jemen 16 Touristen entführte und diese Aktion tatsächlich in einem Kommuniqué rechtfertigte, das am 30. Dezember 1998 auf Arabisch veröffentlicht wurde. Darin wurden die Touristen als „ausländische Ungläubige" bezeichnet, die dafür verantwortlich seien, „dekadente Verhaltensweisen im Land zu verbreiten" und die „nicht der Warnung der islamischen Armee Folge geleistet" hätten, wonach „sie den Jemen zu meiden" hätten.[3] Die Entführung endete mit einem Schusswechsel zwischen den Entführern und den jemenitischen Sicherheitskräften, bei dem vier Touristen ums Leben kamen.[4]

Die Reaktion der britischen Behörden auf dieses Kommuniqué bestand darin, dass sie Abu Hamza verhörten und ihn dann freiließen und die wiederholten Ansuchen der jemenitischen Behörden ignorierten, ihn entweder abzuschieben oder festzunehmen. Nach dem 11. September änderte sich diese laxe Haltung nach und nach. Die Tatsache, dass Abu Hamza am ersten Jahrestag der Angriffe in seiner Moschee eine Konferenz mitorganisierte und dabei die Luftpiraten ausdrücklich lobte, machte klar, dass seine Unterstützung der Gewalt sich nicht nur gegen die „korrupten Regime des Nahen Ostens" richtete, auch den Westen hatte er im Visier. Im Januar 2003 führte die englische Polizei eine Razzia in der Frisburg Park-Moschee durch und versiegelte sie unter der Anklage der Produktion des Giftstoffes Rizin; Abu Hamza selbst hingegen wurde nicht festgenommen. Erst im Jahr 2004, als Washington ihn als „Einschleuser von Terroristen im globalen Stil" bezeichnete, wurde er verhaftet. Fünf Monate später wurden ihm nach dem englischen Recht fünfzehn Straftaten zur Last gelegt.[5]

Der Fall al-Masri ist ein Beispiel dafür, wie fanatische Islamisten, die sich der Gewalt verschrieben haben, die offenen Systeme der europäischen Länder willkürlich und gezielt zu ihrem Vorteil nutzten. Zudem ist es ein Beispiel dafür, dass westliche Regierungen die Gefahr von Menschen wie al-Masri vor dem 11. September 2001 unterschätzten. Daher ist es nicht weiter verwunderlich, dass viele Islamisten, die in ihren Herkunftsländern als Unterstützer von Gewalt aktenkundig waren, in europäischen Ländern Zuflucht fanden.

Der 11. September und die nachfolgenden terroristischen Angriffe in Europa führten zu der unangenehmen Erkenntnis, dass europäische Behörden gegen fundamentalistische Islamisten zu nachlässig vorgegangen waren. Doch gleichzeitig stellte sich eine andere Erkenntnis ein. Sie wurde mir sehr überzeugend von einem weiblichen Mitglied der niederländischen Delegation erklärt, die an einer Konferenz über Intoleranz gegenüber Muslimen und ihre Diskriminierung teilnahm, die von der Organisation für Sicherheit und Zusammenarbeit in Europa im Oktober 2007 in Córdoba abgehalten wurde. Diese Frau sagte: „Vor dem Mord an van Gogh hielten wir uns für ein tolerantes Volk. Doch jetzt müssen wir erkennen, dass das, was wir für Toleranz hielten, in Wirklichkeit Gleichgültigkeit war."

Sie hatte Recht.

Toleranz kann unterschiedliche Formen annehmen. Und ehrlich gesagt mochte ich das Wort Toleranz nie. Jedes Mal, wenn ich es höre, sehe ich das Bild eines Menschen vor mir, der mir auf die Zehen tritt und den ich trotzdem höflich anlächle. In diesem Sinne beinhaltet „Toleranz" ein widerwilliges Gefühl der Geduld für jemanden – was nicht gerade eine gute Basis für das Zusammenleben ist, zumindest nicht langfristig. Ich erwarte von Menschen mit unterschiedlichem Hintergrund, die an einem Ort zusammenleben, Akzeptanz. Akzeptieren Sie mich so, wie ich bin. Tolerieren Sie mich nicht. Denn wenn Sie das tun, dann tolerieren Sie Dinge, die Sie gewöhnlich weder mögen noch billigen. Und in diesem Fall

17

sollten Sie innehalten und einmal genauer unter die Lupe nehmen, was Sie da tolerieren!

Sich gegenseitig zu akzeptieren bedeutet, dass Unterschiede der Hautfarbe, der Rasse, des Geschlechts, der Religion und der Ansichten in unserem Verhalten gegenüber anderen keine Rolle spielen. Anders zu sein bedeutet nicht, als Mensch weniger wert zu sein. Schon allein die Tatsache, dass wir als Menschen geboren sind, verleiht uns den Status der Gleichheit. Das ist der Kern der Allgemeinen Erklärung der Menschenrechte von 1948. Wir sind gleich. Und als Gleiche sollten wir einander mit Respekt begegnen – mit aufrichtigem Respekt, nicht mit widerwilligem.

Doch es geht nicht allein um diesen Gleichheitsstatus. Bedingungen sind daran geknüpft. Die wichtigste ist, dass Sie so, wie der Staat Sie akzeptiert und Sie alle gleichberechtigt behandelt, akzeptieren sollten, dass es allgemeingültige Normen und Werte gibt, die für jeden Menschen gelten, ungeachtet seiner Hautfarbe, seiner Rasse, seines Geschlechts, seiner Religion oder seiner Überzeugungen. Rechte gehen mit Verpflichtungen einher.

Das ist der Teil, den viele europäische Länder vergessen zu haben scheinen, wenn sie es mit manchen Minderheiten zu tun haben. Hier verschwimmen die Grenzen zwischen Toleranz und Gleichgültigkeit allmählich – um die Worte jener Frau der niederländischen Delegation zu verwenden.

Dass die Grenzen zwischen Toleranz und Gleichgültigkeit unklar sind, sieht man beispielsweise daran, dass es heutzutage mehr Mädchen als noch vor einigen Jahren untersagt wird, an Klassenreisen, am Aufklärungs- und am Sport- und Schwimmunterricht teilzunehmen. Die Grenzen sind auch dann nicht mehr klar erkennbar, wenn man Kinder, die nicht älter als sechs oder sieben Jahre alt sind, drängt, ein Kopftuch zu tragen – und ihnen damit ihre Kindheit verwehrt. Diese Grenzen sind überhaupt nicht vorhanden, wenn 17 Prozent der türkischen Frauen, die in einer vom Deutschen Familienministerium in Auftrag gegebenen Studie von 2004 befragt wurden, angaben, ihre Ehe sei erzwungen worden![6] Und diese Grenzen stellen sicherlich schon fast unverhohlenen Rassismus dar, wenn eine deutsche Richterin ihre Ablehnung der beschleunigten Scheidung einer deutschen Frau marokkanischen Ursprungs von ihrem gewalttätigen marokkanischen Ehemann rechtfertigte, indem sie Koranverse zitierte, die ihrer Meinung nach „sowohl das Recht des Ehemannes, körperliche Bestrafung bei seiner ungehorsamen Frau anzuwenden, als auch die Überlegenheit des Ehemannes über seine Frau" demonstrieren.[7] Die Richterin vertrat die Meinung, dass die Frau „erwartet haben sollte, dass ihr Ehemann, der in einem von der islamischen Tradition beeinflussten Land aufwuchs, das ‚Recht' ausüben würde, ‚körperliche Bestrafung anzuwenden', die seine Religion ihm zugesteht".[8] Mit anderen Worten, wenn Ihre Religion der Islam ist, dann ist es ganz in Ordnung, wenn Ihr Ehemann Sie schlägt. Das gehört nun mal dazu! Hier werden diese Grenzen tatsächlich zu einer vom Staat gebilligten Verletzung der Frauenrechte.

Vielleicht habe ich Sie mit dieser Flut von Information überwältigt. Vielleicht fällt es Ihnen schwer zu sehen, worauf ich mit diesen beunruhigenden Fakten hinauswill. Einmal habe ich über Akzeptanz und Respekt gesprochen, und dann wieder führte ich Beispiele für das an, was ich als Verletzungen der Frauenrechte bezeichne, die von den europäischen Staaten ignoriert werden. Und nein, ich versuche nicht, Sie auf einen polemischen Weg zu führen, der es oft nur erschwert, Lösungen für Probleme zu finden, mit denen die europäischen Gesellschaften bei der Integration ihrer Minderheiten konfrontiert sind, und sich stattdessen damit begnügt, den Islam als „rückständig" und „böse" oder „Frauen diskriminierend" zu bezeichnen. Ich bin nicht an einer solchen Ausdrucksweise oder an einer solchen Art der Auseinandersetzung interessiert, weil ich glaube, dass Religion – jede Religion – das ist, was man aus ihr macht. Mit anderen Worten, es ist der Mensch mit seinem Hintergrund, mit seinen Bräuchen, seiner Erziehung und seinen intellektuellen Fähigkeiten, der aus jeder Religion ein Banner für den Schutz der Menschenrechte oder aber auch einen Grund, sie zu verletzen, machen kann.

Die Beispiele, die ich angeführt habe, haben sehr wenig mit der Religion selbst zu tun und sehr viel mit der Vorstellung davon, welche Regeln in den europäischen Gesellschaften angewendet werden sollten und welche nicht. Mit „europäischen Gesellschaften" meine ich jene, die die Allgemeine Erklärung der Menschenrechte und die Übereinkommen zur Beseitigung jeder Form von Diskriminierung der Frau als gesetzliche Basis akzeptieren.

Die Beispiele haben sehr viel zu tun mit der Überzeugung, dass es tatsächlich universelle Werte gibt, die für jeden Menschen in einer Gesellschaft gelten, ungeachtet seiner Religion. Ist dies nicht der Fall, so kommt es zur Herausbildung von Parallelgesellschaften, von denen jede ihre eigenen Normen und Werte hat und die sich zudem gegenseitig widersprechen. Wo universelle Werte nicht gelten, bereitet man Extremisten den Boden – Rechtsextremisten und Islamisten gleichermaßen – und fördert den „Wir-gegen-sie"-Diskurs.

Deshalb werde ich noch mehr solcher Beispiele anführen und manche detailliert untersuchen, sodass Sie meine Argumentation verstehen. Danach möchte ich erörtern, wie unsinnig dieser „Wir-gegen-sie"-Diskurs ist, der nach den Terrorangriffen vom 11. September aufkam. Beginnen möchte ich mit einem Thema, das viele für etwas Belangloses halten, das nicht viel Aufmerksamkeit verdient: die Befreiung der Mädchen vom Schwimmunterricht.

Befreiung vom Schwimmunterricht

Es gibt Politiker, die mich immer wieder überraschen. Zumindest durch manche ihrer Äußerungen. Eine solche überraschende Äußerung erfolgte aus heiterem Himmel am 27. Dezember 2007. Der Schweizer Bundesrat Pascal Couchepin, der im Begriff war, den Repräsentationsposten des Bundespräsidenten zu übernehmen, antwortete in einem Interview auf die Frage: „Gibt es auch Grenzen der Toleranz – etwa, wenn ein muslimisches Mädchen nicht zum Schwimmunterricht darf?" mit dem Satz: „Als ich in Martigny mit einem solchen Fall konfrontiert war, sagte ich: Das arme Mädchen hat sicher einen Schnupfen. Damit war sie vom Schwimmen dispensiert."[9]

Der Journalist, der sich offenbar mit der „Schnupfen"-Antwort nicht zufrieden geben wollte, entgegnete: „Ist das nicht falsch verstandene Toleranz?" Herrn Couchepins Erwiderung lautete: „Ist diese Frage wirklich so entscheidend, dass man ein Mädchen zum Schwimmen zwingen soll? Man muss eine pragmatische Lösung finden."[10]

Am nächsten Tag sprachen sich alle vier großen politischen Parteien gegen Couchepins Stellungnahme aus. Alle – auch seine Partei, die FDP – kamen zu einer anderen Schlussfolgerung, wobei sich jede einer anderen Argumentation bediente. Die Sozialdemokratische Partei, SP, auf der linken Seite des politischen Spektrums folgte einem feministischen Gedankengang, indem sie erklärte: „Dies würde das Schulobligatorium aushöhlen und damit den Grundsatz der Gleichberechtigung gefährden."[11] Auf der anderen, der rechten Seite des Spektrums reagierte die Schweizerische Volkspartei, SVP, mit der Aussage: „Wer Sonderwünsche für den Unterricht seines Kindes hat, soll dieses auf eigene Kosten in eine Privatschule schicken."[12] Alle einigten sich auf die einfache Feststellung, die von der schweizerdeutschen Tageszeitung *Der Tages-Anzeiger* treffend zusammengefasst wurde: „Niemand soll wegen seiner Religion dem Schulunterricht fernbleiben dürfen."[13]

Als Bildungsminister hätte Couchepin wissen müssen, dass er es mit einem sehr heiklen Thema zu tun hatte. Doch seine selbstsichere Antwort basierte möglicherweise auf der Tatsache, dass der Oberste Gerichtshof des Landes in einem ähnlichen Fall im Jahr 1993 bereits Stellung bezogen hatte.

Ein Vater in Zürich wollte seine Tochter, die in die zweite Grundschulklasse ging, vom obligatorischen Schwimmunterricht befreien. Sein Argument lautete, dass „der islamische Glaube das gemeinsame Schwimmen beider Geschlechter verbiete."[14] Da die Schulbehörden sich weigerten, seinem Wunsch nachzukommen, wurde der Fall am Obersten Gerichtshof verhandelt. Dieser fällte am 18. Juni 1993 seine Entscheidung. Er kam zu folgendem Schluss:

„Angehörige anderer Länder und anderer Kulturen, die sich in der Schweiz aufhalten, haben sich zwar zweifellos genauso an die hiesige Rechtsordnung zu halten wie Schweizer. Es besteht aber keine Rechtspflicht, dass sie darüber hinaus ihre Gebräuche und Lebensweisen anpassen. Es lässt sich daher aus dem Integrationsprinzip nicht eine Rechtsregel ableiten, wonach sie sich in ihren religiösen oder weltanschaulichen Überzeugungen Einschränkungen auferlegen müssten, die als unverhältnismäßig zu gelten haben."[15]

Der Gerichtshof stand also vor derselben heiklen Frage, der sich auch Couchepin bewusst gewesen sein wird: Wie bringt man zwei unterschiedliche Arten von Recht miteinander in Einklang – das Recht einer Familie, ihr Kind unabhängig vom Staat zu erziehen, und zwar entsprechend ihrer religiösen und kulturellen Traditionen, und das Recht des Kindes auf Ausbildung? Er kam zu dem Schluss, dass das Recht der Familie Vorrang vor dem des Kindes hat, und er wird seine Entscheidung in dem Glauben gefällt haben, dass er sein Bestes tat, um das Interesse dieses Kindes zu schützen.

Noch jetzt bin ich nicht sicher, ob seine Entscheidung die richtige war. Ja, im Grunde bin ich der Meinung, dass der Gerichtshof mit seinem damaligen Urteil einen Fehler gemacht hat.

Es ist wahr, dass die Geschichte gezeigt hat, dass die Familie der beste Schutz ihrer Nachkommen ist. Lässt man dem Staat freie Hand, sich in die Angelegenheiten der Familie einzumischen, so endet dies möglicherweise in einer „schönen neuen Welt", wie sie Aldous Huxley beschrieben hat. Es kann dann zu den so empörenden und wohlbekannten Fällen kommen, wo Kinder ihren Familien weggenommen wurden – wie es der „gestohlenen" Generation der Aborigines in Australien erging oder den Sinti und Roma in einigen europäischen Ländern.

Ja, all dessen bin ich mir wohl bewusst.

Nichtsdestotrotz hat der Gerichtshof in diesem speziellen Fall ein wichtiges Element missachtet, das er ernsthaft hätte erwägen müssen: das Recht auf Schutz einer schwachen Gruppe, die innerhalb einer Minderheit lebt – *der Minderheit innerhalb der Minderheit*. Nur Mädchen sind von solchen Ansuchen ihrer Familien betroffen. Nur bei Mädchen wird eine Befreiung vom Schwimmunterricht verlangt. Und nur bei Mädchen zieht man religiöse Überzeugungen heran, um ihre Befreiung vom Unterricht zu rechtfertigen. Mädchen werden diskriminiert.

Machen Sie sich klar, dass in dem Augenblick, wo Sie solche Ausnahmen bewilligen, auch eine ganze Reihe anderer folgen werden: Erst ist es der Schwimmunterricht, dann der Aufklärungs- und Biologieunterricht, und danach sogar die Klassenfahrten. Und nehmen Sie zur Kenntnis, dass ich die ganze Zeit, wo ich lediglich von *einer Familie* und *einem Mädchen* sprach, ihre religiöse Identität bewusst außer Acht gelassen habe. Dafür gibt es einen Grund. Solche Anfragen kommen häufig von orthodoxen Muslimen, Juden und sehr konservativen Christen. Es ist ohne Belang, von welcher Religion wir hier sprechen, denn alle Menschen, die eine fundamentalistische Auffassung von ihrer Religion haben, scheinen der Überzeugung zu sein, dass Mädchen vor Versuchungen geschützt werden sollten und dass sie sich von Jungen fernhalten sollten, und zwar, indem sie ihren Körper verhüllen.

Zum Glück stehe ich mit meiner Meinung nicht allein da. In Deutschland lehnte das Verwaltungsgericht Düsseldorf am 7. Mai 2008 das Ansuchen der Eltern eines zwölfjährigen Mädchens ab, die ihr Kind vom gemeinsamen Schwimmunterricht mit Jungen befreien lassen wollten. Das Gericht erläuterte seine Entscheidung in folgender Presseerklärung (18 K 301/08): „Es bestehen vielfältige Bekleidungsmöglichkeiten, um den schützenswerten religiösen Belangen der Schülerin Rechnung zu tragen. Wird von diesen Möglichkeiten Gebrauch gemacht, ist ein Eingriff in die Religionsfreiheit, falls er überhaupt noch festzustellen ist, jedenfalls auf ein

Minimum reduziert, sodass in der Abwägung die Befolgung des staatlichen Bildungsauftrags Vorrang genießt."[16]

Das Thema ist nicht so banal, wie Couchepin uns glauben machen möchte. Es führt uns direkt zum Kern der Frage, welchen Typus Frau wir in unseren Gesellschaften fördern: eine, die imstande ist, ihr Leben unabhängig zu führen, oder eine, die den Eindruck vermittelt, sie benötige andauernd Schutz. Unsere Schulsysteme basieren auf dem Konzept, dass Kinder dazu erzogen werden sollen, starke, unabhängige, selbstbewusste und kritische Bürger zu werden. Hindert man Mädchen daran, das zu lernen, was Jungen lernen, erschüttert man die Grundlage dieses Konzepts. Trennt man Mädchen von Jungen, so ebnet man der Geschlechtertrennung, die in manchen anderen Gesellschaften praktiziert wird, den Weg.

Die prompte und lebhafte Reaktion, die auf Couchepins Äußerungen folgte, machte deutlich, dass das politische Establishment der Schweiz die Tragweite dieses Themas allmählich erkannte. Und aus dieser Erkenntnis entsprang die Bereitschaft einiger Schweizer Kantone, diese Frage anders anzugehen, als der Oberste Gerichtshof es empfahl. Beispielsweise sprach sich der Kanton Basel im Sommer 2007 nachdrücklich für folgendes Prinzip aus: „Aus religiösen Gründen darf niemand dem Sportunterricht fernbleiben."[17] Und er tat dies mit großem Verständnis für kulturelle Vielfalt, wie es Hans George Signer vom Basler Erziehungsdepartment demonstrierte: „So können die Mädchen beim Schwimmen einen Ganzkörperanzug tragen und danach in einer Einzelkabine duschen."[18]

Überraschenderweise haben die Erfahrungen des Kantons Basel nach Aussage Signers Folgendes gezeigt: „Die neuen Regeln sind sowohl für die Lehrer als auch für die muslimischen Eltern eine Entlastung, weil die Sache nun klar geregelt ist."[19] Daher sehen sich von den Familien mehrerer hundert muslimischer Mädchen jetzt nur noch fünf Familien genötigt, dieses Problem in weiteren Diskussionen zu lösen.[20]

Inzwischen hat auch das Bundesgericht in einem Grundsatzurteil seine bisherige Rechtssprechung aufgegeben und die Beschwerde zweier muslimischer Schüler abgewiesen, denen die Behörden der Stadt Schaffhausen mit Blick auf Ausländerintegration und Gleichstellung der Geschlechter einen Dispens verweigert hatten.[21] Die Kantone sind demnach nicht mehr verpflichtet, Primarschüler aus religiösen Gründen vom gemischtgeschlechtlichen Schwimmunterricht zu dispensieren. Nach Meinung der *Neuen Zürcher Zeitung* „ scheint das höchste Gericht Integration der Ausländer und Emanzipation der Frau im Rahmen einer starken Schule tendenziell stärker zu gewichten als eine allzu sensible Rücksicht auf patriarchalische Anschauungen religiöser Minderheiten. Das gilt indes für alle religiösen Gemeinschaften und richtet sich (…) keineswegs einseitig gegen Muslime".[22]

Zwangsheiraten

Gewalt gegen Frauen war das Thema eines Symposiums, das Ende 2006 in Zürich stattfand. Die eintägige Veranstaltung stand unter dem Motto „Strukturelle Gewalt und ihre Auswirkungen auf Migrantinnen". Um die verschiedenen Aspekte dieses komplexen Themas abzudecken, wurden die Teilnehmer in vier Workshops aufgeteilt; ich nahm an einem teil, der sich mit Zwangsheiraten befasste. Zwei Hauptredner – ein bekannter Mann des öffentlichen Lebens, der aus der Türkei stammt, und eine Frauenrechtlerin der zweiten Generation aus Sri Lanka – waren geladen. Der türkische Redner machte den Anfang.

Er hielt einen interessanten Vortrag, der auf seinen eigenen Erfahrungen mit einer arrangierten Ehe beruhte, die, wie er klarstellte, nicht bedeutungsgleich mit einer Zwangsheirat war. Danach erläuterte er seine Auffassung, im Falle von Zwangsheiraten habe „der Islam nichts damit zu tun."

Wie gesagt, es war ein interessanter Vortrag. In seinem ersten Teil stimmte er mit den Ergebnissen einiger Soziologen überein, die eine Grenze ziehen zwischen dem Begriff „arrangierte Ehe" –

die einen dritten Beteiligten mit einschließt, der die Ehe organisiert, die jedoch mit dem freien Einverständnis der Teilnehmer, die
Ehe einzugehen, erfolgt, und ihnen die Möglichkeit zugesteht, sie
ohne äußeren Druck abzulehnen – und einer Zwangsverheiratung,
bei der die Teilnehmer keine Wahl haben und emotionalem Druck
oder/und körperlichen Drohungen seitens ihrer Familie ausgesetzt
sind, die sie drängt, eine ganz bestimmte Person ihres Herkunfts-
landes oder ihres Clans zu heiraten. Diese Auffassung wurde vom
Schweizer Bundesrat, vom deutschen Bundesministerium für Familie, Senioren, Frauen und Jugend und vom österreichischen
Bundesministerium für Frauenangelegenheiten in ihren Berichten
über Zwangsehen vom 14. November 2007, vom April 2007 beziehungsweise vom Dezember 2006 wiederholt vertreten.[23]

Doch der eher etwas merkwürdig anmutende Teil des Vortrags
war die letzte Äußerung des Redners, der insistierte, der Islam habe
nichts mit den Zwangsehen zu tun. Das war sonderbar, weil bis dahin niemand die Religion ins Spiel gebracht hatte. Und aus gutem
Grund hatte man die Religion aus dieser Diskussion ausgeklam-
mert!

Eine Zwangsverheiratung ist eine Menschenrechtsverletzung,
die bei zahlreichen in der Schweiz lebenden Einwanderern unterschiedlicher Herkunft zu beobachten ist. Das war der Grund, warum man als zweiten Redner des Workshops eine Schweizerin ta-
milischer Abstammung eingeladen hatte. Es gibt Fälle, in denen
junge tamilische Frauen dazu gedrängt werden, einen von ihren
Familien ausgewählten Mann zu heiraten, wie es auch in türkischen Familien vorkommt.[24]

Die jeweilige Kultur hat sehr viel damit zu tun. Ich fürchte, es
gibt keine politisch korrekte Art und Weise, es zu sagen, aber es ist
nun einmal die Kultur der patriarchalischen Strukturen, die in den
ländlichen Gebieten der Dritten Welt üblich sind. Das Patriarchat
wird hier als „ein System der gesellschaftlichen Beziehungen" definiert, „die ältere Männer gegenüber jüngeren Männern und
Frauen bevorzugen".[25]

In solch einem System lernen Frauen von früher Kindheit an, ihre männlichen Angehörigen in einer bestimmten Weise zu respektieren. Sie lernen, „andere über sich selbst zu stellen und ihre Interessen in die anderer eingebettet zu sehen, insbesondere in die anderer Familienmitglieder."[26] Einfach ausgedrückt, sie lernen, dass ihre Interessen an die ihrer männlichen Verwandten gebunden sind. Männer hingegen lernen, Verantwortung für ihre weiblichen Angehörigen und ihre jüngeren Brüder zu übernehmen.

Während Respekt und Verantwortungsgefühl positive Eigenschaften sind, können sie auch Instrumente der Repression werden.[27] Die Erwartung von Respekt kann sich in die Forderung nach unbedingtem Gehorsam verwandeln, was der Wahlfreiheit eines Mädchens nicht viel Raum lässt; und Verantwortungsgefühl kann leicht zu sozialer Kontrolle werden, bei der ältere männliche Verwandte das Verhalten des Mädchens überwachen und dafür sorgen, dass es sich nicht „unmoralisch benimmt", wie sie es nennen. In extremen Fällen kann diese soziale Kontrolle zu sogenannten „Ehrenmorden" führen, bei denen das Mädchen zum Schutz der Familienehre getötet wird.

Zwangsheiraten kommen vermutlich häufiger in solchen patriarchalischen Strukturen vor, aber das muss nicht so sein. Alles hängt davon ab, in welche Familie ein Mädchen hineingeboren wurde. Die unterschiedlichen Schicksale von A'isha und Lamia[28], denen ich während meiner Feldforschung im Sommer 2006 im Jemen begegnete, soll meine Behauptung veranschaulichen. Obwohl beide Mädchen im Jemen leben, könnten sie ebenso gut von zwei verschiedenen Planeten stammen.

A'isha, die 18 Jahre alt war, als ich ihr begegnete, stammte aus Zabid, einer kleinen Stadt, die im östlichen Jemen liegt. Ihre Familie ist arm, und ihr Vater hat keine Schulbildung. A'ishas Probleme begannen, nachdem ihre Mutter gestorben war. Die Tochter war damals neun Jahre alt. Der Vater beschloss, wieder eine Frau zu nehmen, und willigte zu diesem Zweck ein, A'isha in einer sogenannten „Austauschheirat" zu vermählen, das heißt, er beabsichtigte, ein Mädchen vom eigenen Volksstamm zu heiraten, und seine Tochter sollte den Bruder der Braut ehelichen. Aïsha, die in die fünfte Grundschulklasse ging, lehnte ab. „Ich sagte ihm (d. h. ihrem Vater), dass ich nicht heiraten wolle, aber er beharrte darauf", erzählte sie mir. „Er sagte, wenn ich mich weigerte, würde seine Braut es ablehnen, ihn zu heiraten, und dann bekäme er Schwierigkeiten mit dem Stamm."[29] Der Vater schlug Aïsha so lange, bis sie nachgab.

Gegen ihren Willen wurde sie gezwungen, den fünfundzwanzigjährigen Mann zu heiraten. Auch er wollte keine Ehe mit ihr. Er schien „psychologische Probleme" zu haben, wie Aïsha es ausdrückte. Die Leiterin des Zentrums für ehemalige weibliche Gefangene, in dem Aïsha wohnte und ihre Schulausbildung fortsetzte, erzählte mir, dass diese Probleme mit seiner Homosexualität zusammenhingen, die die Familie um jeden Preis verheimlichen wollte. Er begann sie zu schlagen. Als sie ihren Vater um Hilfe bat, schlug dieser sie ebenfalls und schickte sie zu ihrem Mann zurück. Sie lief davon. Aïsha wurde in Aden wegen Prostitution verhaftet. Sie war zehn Jahre alt.

Lamias Schicksal hätte nicht unterschiedlicher sein können. Ich traf sie im villenartigen Haus ihrer Familie in Sanaa, der Hauptstadt des Jemen.[30] Sie entstammt einer wohlhabenden Familie. Ihr Vater ist ein Geschäftsmann, der einen Doktortitel von der Pariser Sorbonne hat. Die Mutter ist eine bekannte Anwältin und Frauenrechtlerin. Das achtjährige Mädchen besucht eine französische Privatschule, wo sie sowohl in französischer als auch in arabischer Sprache unterrichtet wird. An ihren freien Nachmittagen erhält sie Klavierstunden und privaten Englischunterricht. „Englisch ist heute *die* internationale Sprache, deshalb sollte sie sie ebenfalls beherrschen", sagte ihr Vater. An den Wochenenden geht sie schwimmen, und im Sommer reist sie mit ihrer Familie nach Europa. Ihre Eltern haben die Absicht, sie nach Frankreich zu schicken, damit sie dort ihre Schulausbildung beendet. „Wir versuchen, ihr die bestmöglichen Chancen zu geben", sagte ihre Mutter. Lamia wird nicht dasselbe Schicksal erleiden wie A'isha. Wenn sie heiratet, dann wird sie sich ihren Partner selbst auswählen. Ihre Eltern werden ihr zwar zur Seite stehen, um sie zu beraten, jedoch niemals, um ihr eine Entscheidung aufzuzwingen.

Die Schicksale der beiden Mädchen sind zwei Extremfälle: das schlimmst- und das bestmögliche Szenario, das im Jemen denkbar ist. Doch sie veranschaulichen ganz unmissverständlich die Willkür des patriarchalischen Systems: Alles hängt davon ab, in welche Familie ein Mädchen hineingeboren wird. Einfach ausgedrückt, das Schicksal eines Mädchens/einer Frau in diesem gesellschaftlichen System ändert sich gemäß dem wirtschaftlichen Status und Bildungsniveau ihrer Familie und gemäß der Einstellung, die die Familie zur Rolle der Frau in der Gesellschaft hat. Ob es einem Mädchen erlaubt sein wird, sein Potenzial auszuleben oder ob es sozusagen lebend begraben wird, hängt vom guten Willen ihrer Familie und von den männlichen Angehörigen ab. Der Staat garantiert nicht den Schutz seiner Rechte. Im Gegenteil, wie wir am Beispiel A'ishas gesehen haben, hat ein Vater im Jemen das Recht, seine neunjährige Tochter zu verheiraten, wenn er sie für reif genug dafür hält.[31]

Emigranten, die aus einem solchen Land kommen und in die europäischen Gesellschaften einwandern, bringen dieses gesellschaftliche System mit seinen patriarchalischen Strukturen mit. Ihr Bildungsniveau, ihr wirtschaftlicher und gesellschaftlicher Status, ihre Haltung gegenüber dem Potenzial einer Tochter und letztlich auch ihre Liebe – Liebe war in mehreren Fällen, die ich erlebt habe, ein wesentlicher Faktor, da nämlich, wo ein Vater (wenn auch) unwillig die Ehe seiner Tochter mit einem Nicht-Muslim nur deswegen akzeptierte, weil er sie nicht verlieren wollte – werden darüber entscheiden, wie es diesem Mädchen in seiner Familie ergehen wird. Kommt das Mädchen aus einer Familie, die stark von solchen patriarchalischen Strukturen geprägt ist, dann wird es lernen müssen, sich seinen Weg in die Unabhängigkeit zu bahnen. Die Wahrscheinlichkeit, dass es schon in jungen Jahren gegen den eigenen Willen mit einem Verwandten verheiratet wird, ist groß. In diesem

Fall hat der europäische Staat die Pflicht, dem Mädchen den bestmöglichen Schutz zukommen zu lassen. Wie geschieht das?

Die Schutzmaßnahmen können unterschiedlich sein und verschiedene Formen annehmen. Es erfordert sowohl präventive als auch legale Mittel, um das Problem einzugrenzen und seine Auswirkungen zu bewältigen.[32] Doch ein Faktor, der vielleicht den Erfolg der gewählten Methode garantiert, besteht darin, das Problem mit der richtigen Einstellung anzupacken. Sie beinhaltet, dass man das Problem beim Namen nennt und es nicht aus Gründen des sogenannten kulturellen Relativismus vermeidet.

Das Problem beim Namen zu nennen, ist nicht weiter schwierig. Schließlich haben wir es hier mit der Verletzung eines sehr grundlegenden Menschenrechts zu tun. In Artikel 16 (2) der Allgemeinen Erklärung der Menschenrechte steht ausdrücklich: „Die Ehe darf nur bei freier und uneingeschränkter Willenseinigung der künftigen Ehegatten geschlossen werden." Artikel 16 des Übereinkommens zur Beseitigung jeder Form von Diskriminierung der Frau stellt fest: „Die Vertragsparteien (…) gewährleisten auf der Grundlage der Gleichberechtigung von Mann und Frau (…): gleiches Recht und freie Wahl des Ehegatten sowie auf Eheschließung nur mit freier und voller Zustimmung."

Die freie und vollständige Zustimmung der Ehegatten ist also eine Grundvoraussetzung für die Ehe. Zwingt man einen Menschen, sei es eine Frau oder ein Mann, gegen den eigenen Willen eine Ehe einzugehen, so verletzt man das Menschenrecht dieser Person. Es ist ein Recht eines jeden Staatsangehörigen und eines jeden Menschen, der in einem Staat lebt. Gegen dieses Vorrecht ist nichts einzuwenden, nicht wahr? Aber manche Menschen tun genau dies indirekt im Namen des kulturellen Relativismus.

In den letzten Jahren bin ich zu der Einsicht gekommen, dass dieser Begriff des kulturellen Relativismus ein großes Hindernis für die Integrationsbemühungen in den europäischen Gesellschaften darstellt. Kultureller Relativismus ist ein Grundsatz, den viele Anthropologen vertreten, die der Ansicht sind, dass „Elemente einer Kultur im Sinne ihrer Beziehung zu der gesamten Kultur verstanden und beurteilt werden sollten; folglich können Kulturen selbst nicht als höher oder niedriger, unterlegen oder überlegen bewertet oder eingestuft werden."[33]

Während ich unbedingt dafür bin, dass andere Kulturen mit Achtung und Sensibilität zu behandeln sind – und ich bin die Letzte, die bestimmte Kulturen für überlegen oder unterlegen hält –, fällt es mir schwer, die Folgen dieses intellektuellen Gedankengangs hinzunehmen.

Die Encyclopedia Britannica macht diese Folgen unmissverständlich klar mit ihrer Behauptung, dass dieser Grundsatz das Verstehen und die Wertschätzung jeder Kultur an sich beinhaltet. Folglich kann das „was in einer Kultur moralisch ist, in einer anderen unmoralisch sein und wiederum in einer anderen ethisch neutral. Beispielsweise galt es nicht als unmoralisch, ein Mädchen nach seiner Geburt oder einen hochbetagten, nicht mehr arbeitsfähigen Verwandten zu töten, wenn es nicht möglich war, für alle Nahrung zu beschaffen."[34]

Dieses Beispiel aus der Britannica verdeutlicht, warum ich solche Argumentationen sehr problematisch finde. Das Recht auf Leben ist in jeder Religion und in jeder Menschenrechtsdeklaration verankert. Selbst in Zeiten extremer Not ist die Tötung eines neugeborenen Mädchens oder eines betagten Verwandten inakzeptabel. Dafür gibt es keinerlei Rechtfertigung.

Auch war ich schockiert zu hören, dass manche europäische Intellektuelle sich für das Tolerieren der weiblichen Beschneidung aussprachen. „Das ist eben ihre Kultur. Wir sollten ihnen unsere Wertvorstellungen nicht aufzwingen (sic)." Diese Stellungnahme wurde auf einem akademischen Symposium geäußert, das veranstaltet worden war, um das Bewusstsein für dieses Thema zu schärfen.

Weibliche Genitalverstümmelung, wie UNICEF es nennt, ist eine Verletzung der Würde des Mädchens (bzw. der Frau) und ihrer körperlichen Unversehrtheit. Sie impliziert die „teilweise oder völlige Entfernung der äußeren weiblichen Genitalien."[35] Sie führt zu unmittelbaren und zu langfristigen seelischen und körperlichen Beeinträchtigungen, unter anderen starken Schmerzen, Schock, Harnverhaltung, Geschwürbildung an den Genitalien, Blutvergiftung, Unfruchtbarkeit und Fehlgeburten. Sie kann auch zum Tod führen.[36]

Ganz gleich, wie man diese Praktik nennt, sie hat immer traumatische Auswirkungen. Das wurde auch von UNICEF bestätigt. Mir selbst ist sie sogar aus einer persönlichen Schilderung bekannt. Denn meine eigene Mutter, die in Ägypten geboren wurde und aufwuchs, erlitt diese Tortur, als sie acht Jahre alt war. Die Erinnerung daran, wie ihre eigene Mutter sie mit einigen Nachbarinnen in einem Schlafzimmer zurückließ, wie diese sie festhielten, während sie schrie, wie die Hebamme ihr die äußeren Genitalien mit einer Schere abschnitt, wie es meiner Mutter gelang, dieser Hebamme einen Fußtritt zu versetzen und zu ihrer Mutter zu rennen, wobei ihr das Blut zwischen den Beinen heruntertropfte – diese Erinnerung verfolgt sie ihr Leben lang. Immer wieder hat sie mir von dieser entsetzlichen Qual erzählt. Sie ist in mein Bewusstsein eingegraben.

Deshalb verstehen Sie vielleicht, warum ich nur wenig Sympathie für solche apologetischen Stimmen und ihr „Wir sollten ihnen unsere Wertvorstellungen nicht aufzwingen" habe. Meiner Ansicht nach bringen solche Äußerungen – hinter einer Fassade vorgeblicher Toleranz – lediglich eine rassistische Sichtweise zum Ausdruck. Thomas Kessler, ehemaliger Delegierter für Migrations- und Integrationsfragen des Kantons Basel-Stadt, nennt diese Haltung, mit der er konfrontiert wurde, als er in seinem Kanton mit diesem Thema zu tun hatte, das „Winnetou-Syndrom": „Man will den edlen Wilden möglichst so in einem Reservat belassen, wie er ist."[37]

Wir müssen das „Winnetou-Syndrom" unbedingt vermeiden, wenn wir uns mit dem Problem Zwangsheirat befassen, weil es bisher eher zur Komplikation als zur Bewältigung des Themas beigetragen hat. Und das folgende Beispiel, das aus Kanada stammt, wird zeigen, dass es in seinen schlimmsten Ausprägungen die Zwangsheiraten sogar erleichtern kann. Ich will es deshalb anführen, weil es für uns hier in Europa bedeutsam ist.

Kanadas Vorschlag für islamische Sondergerichte

Der Vorschlag Kanadas, in Ontario den ersten Gerichtshof in der westlichen Gerichtsbarkeit einzurichten, in dem nach islamischem Recht geurteilt werden sollte, ist ein bekanntes Beispiel für kulturellen Relativismus. In einem im Dezember 2004 veröffentlichten Bericht schlug die ehemalige Generalstaatsanwältin Marion Boyd vor, für kanadische Muslime freiwillige Gerichte zu schaffen, die sich auf die Rechtssprechung der Scharia berufen sollten, um Familienstreitigkeiten zu regeln.[38]

Auf diese Idee kam die kanadische Regierung, weil sie allen Ernstes glaubte, sie tue das Richtige. Das nordamerikanische Rechtssystem ist in seiner Tradition von dem Wunsch geprägt, die Rechte der religiösen Minderheiten zu schützen, die im 17. und 18. Jahrhundert vor der religiösen Verfolgung in Europa flohen.

Marion Boyds Vorschlag, islamische Gerichte ins Leben zu rufen, erfolgte, als die Regierung prüfte, ob es mit dem kanadischen „Arbitration Act" (Schlichtungsgesetz) vereinbar ist, Schlichtungsstellen einzurichten, die rechtliche Konflikte auf der Basis der Scharia regeln. Das Schlichtungsgesetz erlaubt religiösen und kulturellen Gruppen, ihre familiären und zivilen Streitigkeiten durch eine private und verbindliche Schlichtungskommission zu regeln. Als der Arbitration Act 1991 eingeführt wurde, trat nur das rabbinische Gesetz für die Juden in Kraft, wohingegen die Katholiken und Protestanten das Gesetz nicht in Anspruch nahmen. Der Ruf nach dem Gebrauch des islamischen Gesetzes kam von Mumtaz Ali, einem Rechtsanwalt im Ruhestand, der 2003 die Organisation „Islamic Institute of Civil Justice" gründete, eine Reihe von Schlichtern benannte und das Scharia-Gesetz angewandt sehen wollte, um familiäre Streitigkeiten unter den Muslimen zu lösen. Daher trug der

Bericht von Marion Boyd den Titel „Schlichtung von Streitigkeiten in der Familiengesetzgebung: Entscheidungsfreiheit schützen, Einbeziehung fördern."[39]

Zur Überraschung der Regierung erfolgte unmittelbar nachdem der Vorschlag unterbreitet worden war, ein Aufschrei von eben dieser religiösen Minderheit – von der Minderheit innerhalb der Minderheit. Er kam vom kanadischen Rat für muslimische Frauen: „Die Sanktionierung der Anwendung religiöser Gesetze durch die Schiedskommission wird Praktiken legitimieren, die gerecht denkende Kanadier, darunter muslimische Frauen, verabscheuen."[40]

Die muslimischen Frauen in Kanada hatten keinerlei Interesse an Marion Boyds Vorschlag. Islamische Schlichtungsstellen hätten in Angelegenheiten von Ehe, Scheidung und Sorgerecht für die Kinder den Ehemann bevorzugt und die Ehefrau benachteiligt. Und das Wichtigste: Ihr Vorhandensein hätte die Zwangsheirat rechtlich erleichtert.

Vergleichen Sie das kanadische Familiengesetz mit den Scharia-Gerichten, so wird dies ganz deutlich. Gemäß Artikel 5 des kanadischen Bundesgesetzes (Canadian Federal Law – Civil Harmonization Act, Nr.1) „erfordert die Eheschließung die freie und aufgeklärte Zustimmung zweier Menschen, einander zu heiraten".[41] Hingegen legen die üblichen Interpretationen der islamischen Rechtsschulen großen Wert darauf, dass eine Frau nicht ohne die Zustimmung ihres männlichen Vormunds heiraten kann. Ein Vormund handelt alle Angelegenheiten seines Mündels aus, sei dieses männlichen oder weiblichen Geschlechts. Für männliche Schutzbefohlene endet diese Vormundschaft, wenn der Junge in die Pubertät kommt. Bei einem weiblichen Mündel hingegen hat der Vormund die Macht, dem jungfräulichen Mädchen eine Heirat aufzuzwingen, ohne dass ihr Wissen oder ihre Zustimmung vonnöten sind (die einzige Ausnahme bildet die hanafitische Rechtsschule). Damit ein Ehevertrag, der eine nicht-jungfräuliche weibliche Person betrifft, rechtlich gültig ist, ist die Zustimmung sowohl der Braut als auch des Vormunds nötig.[42]

Einfach ausgedrückt: Während das kanadische Gesetz eine Frau als einen erwachsenen Menschen betrachtet, die in der Lage ist, einen Partner aus freien Stücken zu wählen, behandelt das islamische Gesetz, so wie es von den meisten Rechtsschulen interpretiert wird, sie als Unmündige, die ohne die Zustimmung ihres männlichen Vormunds keine Ehe eingehen kann. Schlimmer noch: Dieses Gesetz erlaubt einem Vormund, ein Mädchen gegen seinen Willen oder ohne sein Wissen zu verheiraten – und damit wir uns nicht falsch verstehen: Solche Fälle kommen tatsächlich vor.

Zu einer Zeit also, in der Frauenrechtlerinnen in den arabischen Ländern Kampagnen starteten, um die Familiengesetze zu ändern, ihnen ihre religiöse Grundlage zu nehmen und sie mit dem Übereinkommen der Vereinten Nationen zur Beseitigung jeder Form von Diskriminierung der Frau in Einklang zu bringen, beschloss die kanadische Regierung aus freien Stücken, eine religiös fundierte Rechtsprechung zuzulassen. Der Vorgang grenzt ans Absurde angesichts der Tatsache, dass der Entwicklungsbericht zur arabischen Welt von 2005 mit dem Titel „Der Aufstieg der Frauen in der arabischen Welt", der von arabischen Experten verfasst wurde und sich mit den fehlenden Einflussmöglichkeiten der Frauen in dieser Weltregion befasst, die Familiengesetze (das Personenstandsrecht) ausdrücklich als Teil des Problems bezeichnete.[43]

Der kanadische Rat für muslimische Frauen sah diesen Vorschlag als das, was er war: eine eklatante Verletzung ihrer Rechte in familiären Angelegenheiten. Er setzte eine internationale öffentliche Kampagne in Gang, mit deren Hilfe es gelang, die kanadische Regierung dazu zu zwingen, ihren Vorschlag zurückzuziehen. Und das Wichtigste – er brachte das Schlichtungsgesetz selbst zu Fall.

Der öffentliche Aufschrei brachte dem Premierminister Ontarios, Dalton McGuinty, zu Bewusstsein, dass religiöse Schlichtungen zur Bedrohung für die „gemeinsamen Grundlagen" aller Kanadier werden können. Er versprach, einen Gesetzesentwurf einzubringen, der jedwede religiös fundierte Schlichtung verbieten sollte, und erklärte feierlich, dass „es in Ontario keine religiösen

Schlichtungen geben wird. Es wird ein Gesetz für alle Einwohner Ontarios geben."[44] Seinem Versprechen folgten auch Taten, als nämlich die Regierung Ontarios das Gesetz Nr. 27 erließ, den „Family Statute Law Amendment Act" vom 14. Februar 2006, der vorschreibt, dass Schlichtungsverfahren in Familiendingen nur im Einklang mit dem kanadischen Recht durchgeführt werden dürfen. Ein Gesetz für alle Bürger – einfach und gerecht.

Ich hoffe, dass es mir gelungen ist, meine Argumentation zu den schwindenden Grenzen zwischen Toleranz und Gleichgültigkeit deutlich zu machen. Die Teilnehmerin der niederländischen Delegation auf der Córdoba-Konferenz hatte Recht mit ihrer Feststellung: „Was wir für Toleranz hielten, war in Wirklichkeit Gleichgültigkeit."

Gleichgültigkeit beginnt, wenn wir anfangen, das Unrecht zu verharmlosen, das anderen angetan wird, und dieses Unrecht im Namen der Kultur rechtfertigen. Es beginnt, wenn wir anfangen zu glauben, dass Rechte etwas Relatives sind, dass diese Rechte nur einer Rasse oder einer bestimmten Gruppe von Menschen vorbehalten sind. Sie beginnt, wenn wir die Allgemeingültigkeit dieser Rechte nicht sehen wollen und Ausnahmen machen, die eine bestimmte Gruppe dauerhaft benachteiligen – die Minderheit innerhalb der Minderheit. Gleichgültigkeit hat meiner Meinung nach in diesem Fall einen anderen Namen: Rassismus! Denn kann man von einigen Menschengruppen aufgrund ihrer Kultur angeblich die Beachtung gewisser Verhaltensnormen nicht erwarten, so geht man davon aus, dass diese Gruppen auch nicht gleichwertig sind. Ein Mensch, *jeder* Mensch ist imstande, sein Verhalten zum Besseren zu ändern. Man sollte seine Fähigkeiten nicht unterschätzen.

Lassen Sie uns rekapitulieren: Die Terrorangriffe vom 11. September 2001 haben weitreichend das Leben der muslimischen Minderheiten und das Sprechen über den Islam verändert, wie es heute in den europäischen Gesellschaften stattfindet. Einerseits werden Minderheiten unterschiedlicher nationaler und kultureller

Herkunft nun auf ihre religiöse Identität reduziert und pauschal als „Muslime" bezeichnet. Andererseits kam die Angst vor dem „Feind, der mitten unter uns lebt", auf: einem gesichtslosen Feind, der unter dem Banner des Islam wahllos Zerstörungen anrichtet. Die Angst war begleitet von der Einsicht, dass viel von dem, was die Europäer als Achtung der freien Meinungsäußerung und als Toleranz betrachteten, von einigen islamischen Extremisten missbraucht wurde oder sich als Gleichgültigkeit gegenüber Frauenrechtsverletzungen erwies.

Drittes Kapitel
„Wir gegen sie": Veränderte Wahrnehmungen nach dem 11. September 2001

Mit der Angst, die durch den islamischen Terrorismus geweckt wurde, ging der sogenannte „Wir-gegen-sie"-Diskurs einher: Beide Seiten, die Minderheiten muslimischer Tradition und die europäischen Mehrheiten, wurden von dieser Angst erfasst.

Auf Seiten der Minderheiten war die Angst mit dem Gefühl verbunden, Opfer zu sein. „Aufgrund der Aktionen einer kleinen Gruppe von Terroristen sind wir alle ungerechterweise zur Zielscheibe geworden", so ihre Argumentation. Gemeinsam in einen einzigen Topf geworfen, der „muslimische Minderheit" genannt wird, ohne in ihrer ethnischen und kulturellen Vielfalt anerkannt zu werden, fühlen sie sich gedrängt, „als Muslime" zu sprechen. Doch das ist sehr schwierig.

Nach Frankreich ist Deutschland in Westeuropa das Land mit der größten muslimischen Minderheit. Bei einer Bevölkerung von 82,4 Millionen weist es eine Minderheit von 3,2 bis 3,4 Millionen Muslimen auf. Doch die Bezeichnung „Muslim" täuscht darüber hinweg, dass wir es mit sehr unterschiedlichen Bevölkerungsgruppen zu tun haben. Ungefähr drei Viertel – 2,5 bis 2,6 Millionen – sind Emigranten aus der Türkei oder ihre Nachkommen (ein Drittel der 7,3 Millionen Ausländer des Landes und etwa drei Prozent der Gesamtbevölkerung). Alle übrigen kommen aus fast allen Teilen der muslimischen Welt, aber nur fünf Prozent sind arabischer Abstammung. Die türkische Minderheit ist heterogen, was sich an ihrer Unterteilung in verschiedene Untergruppen zeigt, die nur wenig gemeinsam haben: die Ethnien (Türken und Kurden); die Gebietszugehörigkeit (aus der Stadt oder vom Land); Religion (sunnitisch, alevitisch, schiitisch); der Grad an Modernität und Religiosität (Säkularisten und fromme Muslime); und der politische Status (deutsche Staatsbürger und Nicht-Staatsbürger).[45]

Für Österreich exakte Angaben über seine muslimische Minderheit zu machen, ist schwierig. Die Volkszählung von 2001 war die erste, bei der etwas detaillierter Daten über religiöse Überzeugungen zusammengetragen wurden. Sie ergab, dass von den acht Millionen Bewohnern des Landes 338 988 Muslime sind; davon sind 96 052 eingebürgert und 242 936 Ausländer. Etwa 57 500 Menschen stammen aus einem Land des früheren Jugoslawien und 33 600 sind Türken. Wenn man es historisch betrachtet, so lebte schon eine große Anzahl von Muslimen unter österreichischer Herrschaft, als Bosnien-Herzegowina im Jahr 1908 von Österreich-Ungarn annektiert wurde. Darum ist Österreich das einzige der deutschsprachigen Länder, das den Islam als offizielle Religion anerkennt.[46]

Die muslimische Minderheit in der Schweiz hingegen, die auf 340 000 Personen geschätzt wird (Zählung von 2000: 310 807), ist eine sehr heterogene Gruppe. Die Mehrheit von ihnen kommt aus dem früheren Jugoslawien, aus Albanien und der Türkei (90 Prozent), wohingegen der Rest anderen Nationalitäten entstammt.[47] Diejenigen, die sich selbst organisieren, tun dies auf der Basis ihrer Nationalität, beispielsweise in albanischen, türkischen oder bosnischen Kulturvereinigungen. Andere organisieren sich auf der Basis ihrer Religion, aber bisher ist es ihnen nicht gelungen, die zersplitterten 300 Verbände und Organisationen, die Teile dieser Minderheit repräsentieren, in einem Dachverband zusammenzubringen, der imstande wäre, im Namen dieser Minderheit zu sprechen. Was das Gesamtbild noch komplizierter macht: Diejenigen, die sich als säkular oder einfach als nicht praktizierend betrachten – und sie machen den Hauptteil der Minderheit aus, wie viele Studien zeigen –, fühlen sich weder von derartigen Organisationen noch von ihren Leitern vertreten.[48] Sie fühlen sich entfremdet.

Ob sie nun unfähig oder einfach unwillig sind, als Muslime zu sprechen – diese Minderheit hat eine ganz bestimmte Angst: dämonisiert, herabgesetzt und ständig als „potenzielle Bedrohung" wahrgenommen zu werden.

Einige gehen sogar noch weiter und sagen: „Wir haben Angst, dass unsere Religion nur deshalb zur Zielscheibe gemacht wird, damit man sie zerstören kann. Hier ist ein Kreuzzug gegen uns im Gange." Sie können sich gar nicht vorstellen, wie oft ich diesen Satz gehört habe.

Wenn die Angst beginnt, Einfluss auf unsere Wahrnehmungen zu haben, fangen wir an, uns defensiv zu verhalten. Der Fall des türkischen Sprechers auf dem Symposium, den ich im letzten Kapitel erwähnte, ist sehr bezeichnend. Da er, als er das Thema Zwangsheiraten erörterte, einem Angriff auf den Islam zuvorkommen wollte, erwähnte er in seiner Rede unaufgefordert, seine Religion habe nichts mit diesem Problem zu tun. Er ist nicht der Einzige, der zu einer solchen Schutzmaßnahme greift. Wenn man das öffentliche Gespräch über den Islam, das in letzter Zeit stattfindet, genau verfolgt, wird einem auffallen, dass einige der Aktivisten aus dem muslimischen Umfeld, die bestimmten Traditionen und Normen ihrer eigenen Gemeinde gegenüber oft kritisch eingestellt waren, nun sehr vorsichtig mit ihren Äußerungen geworden sind. Sie sind defensiver, misstrauischer, argwöhnischer und wittern hinter jedem Versuch, Integrationsprobleme anzusprechen, das Schlimmste. Sie fühlen sich zwischen den Stühlen. Sie konstatieren, dass in den europäischen Gesellschaften Stimmen laut werden, die versuchen, ihre islamische Religion als gleichbedeutend mit dem Terrorismus darzustellen und sie auf die rückschrittlichen Praktiken einiger ihrer Anhänger zu reduzieren. Und gleichzeitig sind sie entsetzt darüber, was manche islamische Fundamentalisten als islamische Vorschriften bezeichnen. Und weil sie sich über beide Seiten ärgern, nehmen sie Zuflucht zu einer Strategie, die ich die „Schildkrötenpanzer-Argumentation" nenne: „Das hat nichts mit unserer Religion zu tun." Oder sie behaupten: „Schuld hat der Westen", und machen damit den Westen für jeden Rückschlag verantwortlich, den die muslimische Welt in ihrer Geschichte erlebte. Ich werde in einem späteren Kapitel noch darauf zurückkommen.

Betrachten Sie die andere Seite des Spektrums, die Mehrheit der Bevölkerung, und Sie werden auch hier Angst sehen: Angst, die drei Dimensionen hat.

Die erste Dimension dieser Angst ist, dass ein rascher demografischer Wandel in ihrer Gesellschaft stattfinden könnte. 20 Prozent der Schweizer Bevölkerung, 8,8 Prozent der deutschen und 8,9 Prozent der österreichischen Bevölkerung sind Emigranten. Fast in jedem Jahrzehnt haben diese Länder die Zuwanderung irgendeiner nationalen Gruppe erlebt.

Von allen drei Ländern machte Deutschland nach dem Zweiten Weltkrieg den stärksten demografischen Wandel durch, da es mehr als neun Millionen Heimatvertriebene aufnehmen musste. Die meisten kamen aus Ostpreußen, Pommern, Schlesien und dem Sudetenland, alles ehemals deutsche Gebiete, die Ende des Zweiten Weltkriegs von anderen Ländern besetzt waren. Diese Menschen fanden Arbeit in der sich schnell erholenden Wirtschaft und integrierten sich nach und nach erfolgreich in die Gesellschaft. Doch darüber hinaus erforderten der Aufbau des Landes und der einsetzende Wirtschaftsboom verstärkt Arbeitskräfte, die durch Vereinbarungen mit sieben Ländern angeworben wurden: Italien, Spanien, Griechenland, Türkei, Portugal, Tunesien und Marokko. Zwischen 1955 und 1973 wuchs die Zahl der ausländischen Arbeiter, die „Gastarbeiter" genannt wurden, um die zeitliche Begrenzung ihres Aufenthalts hervorzuheben, von etwa 100 000 auf 2,5 Millionen an. Die Mehrheit stammte aus der Türkei.[49]

Auch in Österreich löste der Zweite Weltkrieg beträchtliche Bevölkerungsbewegungen aus. Die geografische Lage des Landes in Mitteleuropa – es teilte 46 Prozent seiner Grenzen mit kommunistischen Ländern – und die Verkündung seiner Neutralität im Oktober 1955 machte es zu Europas wichtigstem Land für den Ost-West-Transit, für Übersiedler und für Menschen, die hier auf die Anerkennung ihres Flüchtlingsstatus warteten. Tatsächlich kamen zwischen 1945 und 1990 etwa 2,6 Millionen Menschen nach Österreich – als Emigranten, Übersiedler oder Flüchtlinge. Von Mitte der sechziger Jahren bis Anfang der siebziger Jahre – eine Periode schnellen Wirtschaftswachstums in Österreich – hatte das Land nicht genügend Arbeitskräfte, um den Anforderungen seiner Wirtschaft gerecht zu werden. Daher wurden Fremdarbeiter – zumeist ungelernte Jugoslawen und Türken – angeworben, um diesen Mangel zu beheben. Dieser Zustrom kam aufgrund der Rezession zum Stillstand, die von der zweiten Hälfte der siebziger Jahre bis in die frühen achtziger Jahre dauerte. Dennoch waren diese Gastarbeiter und ihre Angehörigen nun zu einem festen Bestandteil der österreichischen Bevölkerung geworden.[50]

Die Schweiz machte nach dem Zweiten Weltkrieg ebenfalls einen demografischen Wandel durch. Viele Italiener, die der Zerstörung und Armut ihres Landes zu entfliehen suchten, wurden von der blühenden Schweizer Wirtschaft mit offenen Armen empfangen. Doch dieses Entgegenkommen war nicht uneingeschränkt – einige Rechtsextremisten hielten die italienische Lebensweise für nicht vereinbar mit der der Schweizer. 1969 versuchten sie mit Hilfe der berühmten „Schwarzenbach-Initiative" die Schweizer Verfassung zu ändern und die Anzahl der ins Land kommenden Italiener zu begrenzen. Doch mit der Zeit scheint die Schweiz die Italiener voll und ganz akzeptiert zu haben – deren Zahl heute auf 315 000 geschätzt wird – und sie als integralen Bestandteil der Gesellschaft zu betrachten.

Eine weitere Emigrantenwelle kam in den achtziger Jahren in die Schweiz. Diesmal waren es die Tamilen, die dem Bürgerkrieg in ihrem Land zu entfliehen suchten; ihre Zahl beträgt heute 35 000. Obwohl sie anfänglich von einigen Boulevardblättern als „heroinsüchtige Tamilen" bezeichnet wurden, scheint die Gesellschaft sie gut aufgenommen zu haben. Einige gehen sogar noch weiter und nennen sie „Musteremigranten" – vielleicht weil sie hart arbeiten, zurückhaltend sind und nicht viel verlangen.

In den neunziger Jahren und in den ersten Jahren der darauffolgenden Dekade war noch eine weitere Welle der Emigration zu verzeichnen: Es waren Flüchtlinge, die den Gräueln des Bosnien- und des Kosovokriegs entkommen wollten und in Deutschland, der Schweiz und Österreich Aufnahme fanden. Zu dieser Zeit nannte man sie noch nicht Muslime. Doch es ist interessant, festzustellen, dass sich die negative Einstellung gegenüber den Muslimen und dem Islam in den europäischen Ländern im Laufe der neunziger Jahre dramatisch verstärkte.[51]

Ströme von Emigranten oder „Ausländern" fluteten also ins Land – und alle aus unterschiedlichen Gründen. Die meisten kamen in der Annahme, sie würden nur eine gewisse Zeit bleiben. Doch nach und nach wurde ihnen klar, dass ihr Aufenthalt doch von Dauer sein würde. Durch ihre Anwesenheit hat sich die Gesellschaft in atemberaubender Geschwindigkeit verändert. Diese Veränderung betrifft ihre Struktur und ihr Gepräge.

Das sieht man beispielsweise in den Straßen von Zürich, wo einem jetzt Menschen aller Hautfarben begegnen. Mein Mann hat mir erzählt, dass noch vor fünfundzwanzig Jahren ein Araber oder Afrikaner in den Straßen Zürichs aufgefallen wäre. Die Menschen hätten sich umgedreht und einen zweiten Blick auf ihn geworfen. Heute nicht mehr. Veränderungen machen Angst. Und gesellschaftliche Veränderungen machen erst recht Angst. Sie stören unsere bestehende Ordnung und verwirren uns. Wer würde sich von diesem demografischen Wandel nicht überwältigt fühlen?

Eine andere Dimension der Angst, die die Mehrheit hat, betrifft die Angst vor dem islamischen Extremismus – eine berechtigte Angst. Wenn jemand etwas tut, um Sie zu verletzen, und er dies im

Namen der Religion tut, dann werden Sie ganz zwangsläufig jedem Menschen misstrauen, der an diese Religion glaubt oder sich darauf beruft.

„Kann ich Ihnen trauen?" Das ist, in Kurzform, die unausgesprochene Frage, die mir viele Schweizer stellen, wenn wir gemeinsam über den Islam diskutieren. Ein gutes Beispiel für diese Angst ist das, was ein älterer Schweizer einmal in einer öffentlichen Versammlung zu mir sagte: „Ich habe kein Problem mit Muslimen, die in einer Moschee beten. Ich weiß nur nicht, welcher Islam in dieser Moschee gepredigt wird."

Kann ich es ihm verübeln? Auch ich teile seine Angst, und ich glaube nicht, dass ich mit meiner Ansicht allein dastehe. Jedes Mal, wenn ich von Plänen für den Bau einer Moschee oder eines islamischen Zentrums höre, kommt mir als Erstes in den Sinn: „Wer wird das bezahlen?" Diese Frage sollte man nicht unterschätzen. Die Herkunft der finanziellen Mittel wird darüber entscheiden, welche Art Religion in dieser Moschee verbreitet wird, und letztlich auch, welche Menschen sie verwalten. Die islamische Minderheit, die in Europa lebt, mag sich zu Unrecht von den Aktionen einer kleinen Terroristengruppe in Mitleidenschaft gezogen fühlen, aber man sollte nicht über die Tatsache hinwegsehen, dass bestimmte islamische Gruppen eine Hassbotschaft verbreiten, die zwar nicht direkt zur Gewalt aufruft, jedoch dazu führen kann.

Die dritte und letzte Dimension der Angst, die die Mehrheit hat, ist wahrscheinlich die wichtigste. Sie hat weniger mit dem Islam zu tun, als vielmehr mit den patriarchalischen Strukturen, die in einigen Teilen der Minderheit verbreitet sind, wie ich bereits erwähnt habe. Sie bezieht sich auf deren gesellschaftliche Wertvorstellungen und Normen, die – so empfinden sie es – ihren Gesellschaften aufgezwungen werden. Sie glauben, dass ganz bestimmte Wertvorstellungen, die für eine säkularisierte und demokratische Gesellschaft wichtig sind, wie beispielsweise die Geschlechtergleichheit, für die die Frauen hart gekämpft haben, zur Zielscheibe geworden und bedroht sind. Die Menschen befürchten, ihre Gesellschaft könnte sich in einer Weise ändern, die sie weder billigen noch schätzen.

Angst. Angst auf beiden Seiten. Diese Angst kann nicht ohne ihren historischen Zusammenhang gesehen werden. Sie entstand nach dem 11. September 2001 nicht aus heiterem Himmel. Ihre Ursprünge gehen zurück auf die Zeit der Kreuzzüge, auf die Hassliebe, die Europa mit dem Osmanischen Reich verband, und auf die Zeit der Kolonialreiche. Ich glaube, es ist keine Übertreibung, wenn ich sage, dass diese Geschichte noch immer im kollektiven Bewusstsein einiger Europäer, Türken und Araber schlummert und dass sie oft gerade dann an die Oberfläche kommt, wenn wir es zuletzt erwarten. Wie sonst sollte man sich die Entscheidung einer Gruppierung erklären, die eine Initiative startete, um den Bau von Minaretten in der Schweiz zu verbieten, und dies durch die Behauptung rechtfertigte, ein Minarett sei ein „Symbol jenes religiös-politischen Machtanspruchs"?[52] Als ob damit die Absicht nicht schon eindeutig genug ausgesprochen wäre, erklärte der EDU-Nationalrat Christian Weber, ein Mitinitiator dieses Plans, ganz unverblümt: „Der Islam ist keine Religion. Er ist eine Kriegserklärung an die Christenheit und alle anderen Religionen."[53]

Schauen Sie nach Österreich, und Sie werden erkennen, dass diese Geschichte im Sprachgebrauch des verstorbenen Politikers Jörg Haider sehr lebendig war, der sich nicht damit begnügte, die Minarette in seinem Bundesland Kärnten nur zu verbieten – nein, er verlangte zudem, dass auch Moscheen untersagt werden sollten: „Moscheen und Minarette sollen als Störung des Ortsbildes deklariert und deren Bau mittels Sonderwidmungen verhindert werden",[54] so Haider. Und wie bei seinen Amtskollegen in der Schweiz waren Angst und Krieg in der Sprache miteinander verknüpft, die er verwendete, um seinen fremdenfeindlichen Aufruf zu rechtfertigen: „Wir wollen keinen Krieg der Kulturen und keine radikal-islamistischen Tendenzen, sondern die Leitkultur in Kärnten schützen und erhalten", so Haider.[55]

44

Genauso wie die Schwäche bringt auch die Angst Böses hervor. Sie ist irrational und kann leicht manipuliert werden. Auf eben diese Irrationalität der Angst zählen die Extremisten auf beiden Seiten des Spektrums, um ihre politischen Programme durchzusetzen. Ihr Erfolg hängt von ihrer Fähigkeit ab, die Kluft zwischen der Minderheit und der Mehrheit zu vertiefen, die Minderheit zu isolieren und die Mehrheit noch weiter zu erzürnen, sodass am Ende ein Antagonismus zwischen „uns" und „ihnen" entsteht.

Der Diskurs des „wir" gegen „sie" basiert auf der sehr schlichten Behauptung: „Unsere Werte sind besser als ihre." Folglich „sind wir besser als sie." Bedienen Sie sich einer einfachen Botschaft, vermischen Sie Fakten und Erfindungen, stellen Sie das Ganze als stimmige Argumentation dar, und verkaufen Sie es dann der Öffentlichkeit: Genau so verfahren Extremisten.

Geschichte und Wirklichkeit spielen im „Wir-gegen-sie"-Diskurs keine Rolle; Selbstbetrug dagegen ist ein Element, das dazugehört. Die Menschen, die diesen Diskurs verfechten, müssen blind für ihre eigenen Fehler sein.

Das kommt mir unmissverständlich zu Bewusstsein, wenn ich manche muslimische Stimmen darauf beharren höre, dass „wir kein Problem mit den anderen haben. Sie sind es, die ein Problem mit uns haben." Nun ja, ich fürchte, ich finde keine anderen Worte dafür: Wir haben tatsächlich ein Problem mit den anderen. Wäre dies nicht so, hätte es der ägyptische Religionsminister nicht nötig gehabt, im August 2006 ein Dekret zu erlassen, das den Imamen in den ägyptischen Moscheen verbietet, am Ende ihrer freitäglichen Predigten die Juden zu verdammen.[56] Hätten wir kein Problem mit den anderen, dann wäre das Wort „Ungläubige" in den Freitagspredigten in den Moscheen vieler arabischer Staaten nicht so allgegenwärtig. Leider sprechen wir hier nicht über eine Minderheit von Extremisten. Ich werde an späterer Stelle auf diesen Punkt zurückkommen, wenn ich über das Konzept eines humanistischen Islam spreche.

Wenn Geschichte und Wirklichkeit keine Bedeutung für all jene haben, die den „Wir-gegen-sie"-Diskurs verfechten, dann ist es die

Geschichte, die uns zeigt, dass die Leute immer dann, wenn es zu Menschenrechtsverletzungen kommt, ungeachtet ihrer Nationalität oder Religion ähnliche Argument zu verwenden scheinen, um diese zu rechtfertigen. Auch darin scheinen – leider – alle gleich zu sein.

Schauen Sie sich einmal an, wie die Schweizerische Volkspartei – die vor 1971 den Namen Bauern-, Gewerbe- und Bürgerpartei (BGB) trug – gegen das Wahlrecht der Frauen eintrat[57], und vergleichen Sie das mit dem Vorgehen der kuwaitischen Islamisten, die sich gegen das weibliche Wahlrecht aussprachen (die Frauen erhielten es erst im Jahr 2005), und Sie werden überrascht sein.

Das Argument, das der Vertreter der BGB, Nationalrat Josef Schuler, in einer parlamentarischen Sitzung vorbrachte, die am 12. Dezember 1945 stattfand, lautete ganz einfach: Frauen wollen dieses Recht nicht.

Schuler sagte damals: „So ist es die ganze Schweizer Geschichte hindurch immer gewesen, bis heute. Die Frauen haben einen gewissen Einfluss auf die Männer gehabt, aber vom Stimmrecht haben die Frauen bis jetzt nicht viel wissen wollen. Sie sind unsere guten Frauen gewesen, und wir waren mit ihnen zufrieden (…). Ich habe die Überzeugung, wenn man abstimmen ließe, ob Frauen das Stimmrecht gemäß der Verfassung haben wollen, so würden 70 bis 80 Prozent sagen, wir wollen nichts vom Stimmrecht wissen. Lassen wir also die Frau daheim im Haus.“[58]

Auch kuwaitische Islamisten bedienen sich dieser Argumente. In einer parlamentarischen Debatte, die am 16. Mai 2005 stattfand, und in deren Verlauf das kuwaitische Parlament endlich das weibliche Stimmrecht billigte, brachte Thaif-Allah Abu Ramiah, ein Islamist des islamischen Blocks (Al Kutala al-islamiah), der sich dem Wahlrecht der Frauen vehement widersetzte, folgendes Argument vor: „Es wird behauptet, alle kuwaitischen Frauen wollten das Stimmrecht. Aber nein, ganz im Gegenteil, die Frauen Kuwaits wollen eben nicht dieses Recht (…) Wenn die kuwaitischen Frauen das wollten, was als ihr Recht bezeichnet wird, obwohl es gar kein Recht ist, und sie selbst zugeben, dass es nicht ihr Recht ist, wo sind dann diese Frauen Kuwaits, von denen Sie sprechen?"[59]

Wenn wir die Verletzungen von Menschenrechten rechtfertigen, dann verwenden wir ähnliche Argumente. Die Grenzen zwischen dem „wir" gegen „sie" verschwinden hier. Wie im Zustand der Schwäche und des Zorns sind wir Menschen auch dann alle gleich.

Für mich existiert das „wir" gegen „sie" nur in den Köpfen derjenigen, die es fördern. Für mich gibt es nur das „wir", gibt es nur Menschen, die danach streben, eine bessere Welt zu schaffen. Manche haben mehr erreicht, was ihre Leistungen in punkto Wirtschaft, Gesellschaft und Menschenrechte betrifft. Diese Leistungen errangen sie nach harten, leidvollen Zeiten und dank großer Anstrengungen. Andere befinden sich noch immer in einer kindlichen Phase, wenn es um diese Wertvorstellungen geht. Die arabischen Staaten gehören in vieler Hinsicht dazu. Sie täten gut daran, dies anzuerkennen, anstatt mit dem Finger auf einen abstrakten Feind namens „sie" zu zeigen. Unser Ziel sollte darin bestehen, auf diese Werte hinzuarbeiten. Den grundlegendsten scheinen zwar alle zu kennen, ohne ihn jedoch zwangsläufig auch in ihr Bewusstsein aufgenommen zu haben: „Alle Menschen sind frei und gleich an Würde und Rechten geboren. Sie sind mit Vernunft und Gewissen begabt und sollen einander im Geist der Brüderlichkeit begegnen."[60]

Viertes Kapitel
Zwei Seiten derselben Medaille: das Schweigen brechen

„Nach dem 11. September 2001 wurde ich zur Muslimin!" Die Äußerung war nicht gerade das, was ich von dieser intelligenten und aufgeschlossenen jungen Frau erwartet hatte. Sie war etwa zwanzig Jahre alt, arabischer Abstammung, und die Schweiz war ihre Heimat. Ihre Feststellung war ihre Antwort auf meine Frage, warum sie sich bei einer Diskussion über die Art, wie die Bush-Administration ihren Krieg gegen den Terror führte, nicht äußern wollte. Es war eine hitzige Diskussion innerhalb einer Gruppe von Studierenden, und weil ich die junge Frau kannte, war ich sicher, dass sie etwas zu sagen hatte. Ihre Feststellung traf mich unvorbereitet. Aber ich spürte ihre Wut.

Diese Äußerung brachte mir etwas zum Bewusstsein, was ich bislang nicht hatte sehen wollen. Bis zu diesem Zeitpunkt war ich überzeugt gewesen, dass meine persönliche Rolle in der Schweiz darin bestand, mich dem „Wir-gegen-sie"-Diskurs zu stellen, eine „säkulare" Stimme hineinzubringen und auf die Vielfalt in der muslimischen Gemeinde hinzuweisen. Erst später begriff ich allmählich, dass das, was ich in arabischer Sprache schrieb, im Internet publizierte und in jemenitischen Zeitungen veröffentlichte, auch im Westen von Bedeutung sein konnte. Wenn diese junge Frau behauptete, sie würde zur Muslimin, dann sollte man sie daraufhin fragen: „An welchen Islam hast du nun zu glauben begonnen?"

Lassen Sie es mich erklären. Der Mord an van Gogh war ein Wendepunkt für mich. Bis zu diesem Tag war ich zufrieden mit der Art und Weise, wie sich mein Leben abspielte. Schweigen gehörte dazu. Genau drei Jahre zuvor hatte ich meine Tochter zur Welt gebracht, sechs Monate nach ihrer Geburt wurde mir von der Universität Zürich die Doktorwürde verliehen, und ich arbeitete in einem Bereich, der mich immer interessiert hatte: im Journalismus. Ich fand Gefallen an meiner neuen Rolle als Mutter, konnte wieder durchatmen, nachdem die Doktorarbeit nun hinter mir lag, und die journalistische Tätigkeit machte mir Freude.

Doch etwas ließ mir keine Ruhe. Es nagte an mir. Ich glaube, es begann mit den Terrorangriffen vom 11. September 2001, als ich erkennen musste, dass sich einige meiner arabischen Bekannten im Grunde über das, was geschehen war, freuten. Ihre Häme schockierte mich. Die amerikanische Außenpolitik zu missbilligen, ist eine Sache, aber Flugzeuge in zwei Gebäude zu lenken und dabei mehr als 3000 Menschen verschiedener Hautfarbe, Nationalität und Altersgruppen zu töten, eine andere. Nichts kann einen solchen Akt der Gewalt entschuldigen. Was mich aber noch mehr schockierte, war mein eigenes Schweigen. Ich missbilligte die Häme meiner Bekannten zwar, erhob jedoch keinen Protest dagegen und tat so, als hätte ich sie nicht verstanden. Das war eine Schande.

Gleichzeitig begann mir eine Frage zuzusetzen: Was für eine Ideologie macht es möglich, dass diese jungen Menschen bereit sind, Tausende Menschen – und auch sich selbst – umzubringen, ohne darin ein moralisches Problem zu sehen?

Die Entwicklungen, die auf die Angriffe folgten, öffneten mir ebenfalls die Augen. Zum ersten Mal begriff ich, dass die Menschen, die in den europäischen Ländern behaupteten, im Namen des Islam und der Muslime zu sprechen, in Wahrheit in ihrem eigenen Namen sprachen. Sie waren die stimmgewaltigsten, die am besten organisierten, und sie traten für eine sehr orthodoxe Interpretation der Religion ein. Ihre Forderungen spiegelten ihr Weltbild wider: „Frauen sollten ihren Kopf bedecken, Mädchen sollte es nicht erlaubt sein, zu schwimmen, Muslime sollten getrennt von Nicht-Muslimen bestattet werden, und wir sind die Muslime. So ist der Islam." In Wirklichkeit war es *ihr* Islam. Was sie forderten, stellte das dar, was sie wollten, nicht, was die Mehrheit wollte. Und doch nahmen sie sich die Freiheit heraus zu behaupten, sie sprächen im Namen aller Zuwanderer muslimischer Herkunft.

Was zusätzlich schmerzte, war die Tatsache, dass die konservativsten Stimmen innerhalb der muslimischen Minderheit in jener Zeit auch in den Medien die größte Aufmerksamkeit erhielten, verglichen mit anderen Muslimen. Auch ich beschäftigte mich in meiner Arbeit als Journalistin mit der Denkweise und den Aktivitäten solcher Muslime in der Schweiz. Ich tat es aus dem einfachen Grund, weil sie am besten organisiert waren und weil sie sich am meisten Gehör zu verschaffen wussten. Vom journalistischen Standpunkt aus wäre es nicht korrekt gewesen, ihre Aktivitäten zu ignorieren. Aber da sich nun die Aufmerksamkeit aller auf sie richtete, kam der Eindruck zustande, sie selbst, ihre Forderungen und die Art und Weise, wie sie Religion wahrnahmen, repräsentierten tatsächlich die gesamte muslimische Gemeinde.

Es war mein Schweigen, das mir zusetzte. Es war die Tatsache, dass ich hörte, wie die anderen sich herausnahmen, zu definieren, wie und was ich sein sollte, ohne dass ich selbst die Gelegenheit hatte zu sagen, was ich dachte – und ich dachte durchaus anders als sie!

In dieser Zeit überkamen mich Zweifel: „Bist du wirklich Muslimin?", fragte ich mich selbst. „Willst du Muslimin bleiben?" Das zu klären, war absolut unerlässlich. Es kommt eine Zeit in jedem menschlichen Leben, wo man beginnt, Fragen zu stellen über das Leben, den Tod, Gott und die eigene Identität. An diesem Punkt meines Lebens war ich angelangt. Aber ich stellte mir diese Fragen nicht aus einer inneren Notwendigkeit heraus. Nein, der Antrieb waren die Terroranschläge vom 11. September und die veränderten Einstellungen in den europäischen Gesellschaften.

Gleichzeitig wagte ich es, das Schweigen an einer anderen Front zu durchbrechen. Ich fand eine arabische Verlegerin, die bereit war, meine erste arabische Erzählung zu veröffentlichen: „Echo des Schmerzes" (sada'a al anin). Das Wort „Erzählung" ist vielleicht etwas hoch gegriffen. Ich verwende es hier mit Vorbehalt. Das Buch ist eher ein Monolog von drei Stimmen: von einer Tochter, ihrer Mutter und ihrem Vater. Alle drei erzählen dieselbe Geschichte aus ihrer jeweiligen Perspektive. Es war ein autobiografisches Buch. Ich hatte darin die Geschichte meiner Mutter und ihrer psychischen Erkrankung und die gesellschaftlichen Gegebenheiten beschrieben, die zu der Krankheit beigetragen hatten. Es war zugleich auch die Geschichte der arabischen Gesellschaft – der Träume, die ihre Mitglieder um die Mitte des 20. Jahrhunderts inspiriert hatten, des allmählichen Abschieds von diesen Träumen und von der Enttäuschung, der Resignation, der Verzweiflung derer, die an sie geglaubt hatten. Mein Vater war ein solcher Träumer gewesen.

Es war mir nicht leicht gefallen, dieses Buch zu schreiben. Ich schrieb es zur Hälfte im Jahr 1997, nachdem ich meine Mutter, die wieder einmal einen Zusammenbruch erlitten hatte, in eine psychiatrische Klinik in Abu Dhabi – die Hauptstadt der Vereinigten Arabischen Emirate – hatte bringen müssen. Mein Onkel arbeitete in dieser Stadt als jemenitischer Botschafter, und da das Gesundheitswesen hier – verglichen mit dem Jemen – von guter Qualität war, hatten wir uns für Abu Dhabi entschieden. Um meiner Mutter zu helfen, sich an die neue Umgebung zu gewöhnen, blieb ich einige Tage bei ihr in der Klinik. In diesen Tagen begann ich, mich mit etwas auseinanderzusetzen, wovor ich lange Zeit davongelaufen war: der Geschichte ihrer Krankheit. Nachdem ich in die Schweiz zurückgekehrt war, brach etwas in mir auf. Ich brauchte mich nur noch an meinen Computer zu setzen, und die Worte strömten nur so aus mir heraus. Ich spuckte Feuer und Wut. Ich schrieb drei Wochen lang. Ich schrieb und weinte dabei. Aber ganz plötzlich hörte ich auf zu schreiben. Abrupt kam das Schweigen wieder über mich. Es war, als hätte ich einen Teil meiner Erinnerungen in dieses Buch gesteckt und sie dann lebend begraben.

Im Laufe der Jahre vergaß ich, dass ich dieses „Echo" geschrieben hatte, und das wäre wohl auch so geblieben, wäre da nicht jene Frage gewesen … Und das war tatsächlich eine merkwürdige Geschichte. Ich hatte einen Schweizer Kollegen, einen Musiker und Sänger, der für dasselbe Unternehmen arbeitete wie ich: Swissinfo. Er komponierte Lieder für seine CD, die *Tonight and Only* heißen sollte. Da Swissinfo in verschiedenen Sprachen Informationsdienste liefert, hatte er die interessante Idee, einem Journalisten aus jeder Abteilung die Frage zu stellen: Was würdest du tun, wenn du nur noch sechs Monate zu leben hättest? Jeder sollte in seiner Sprache darauf antworten, und jede Stimme sollte als Anfang eines Liedes verwendet werden.

Wädi Gysi kam also zu mir. Ich glaube, es war Mitte des Jahres 2001. Und er stellte mir eben diese Frage: Was würdest du tun, wenn du wüsstest, dass du nur noch sechs Monate zu leben hättest?

Sie verwirrte mich ungemein. Ich habe keine Ahnung, warum sie mich derart aus dem Konzept brachte. Ich erinnere mich noch, dass ich ihn anstarrte und dann ganz ernsthaft sagte: „Ich würde sicherstellen, dass jemand sich um meine Mutter kümmert. Für meine Tochter wäre gesorgt. Sie hat ihren Vater." Da Wädi eine so ernsthafte Antwort offenbar nicht erwartet hatte, schwieg er einen Augenblick lang, dann erwiderte er: „Aber was würdest du für dich selbst tun?" Ich zögerte nicht einen Augenblick lang: „Ich würde ein Buch schreiben." Das sagte ich ihm mit einem Selbstvertrauen, das mich selbst erstaunte.

An jenem Abend dachte ich: Muss ich wirklich erst dem Tod nahe sein, um dieses Buch zu schreiben? Langsam aber stetig machte ich mich wieder an mein vergessenes „Echo". Danke, Wädi! Meine Stimme in der zweiten Hälfte dieses Buches war eine andere. Sie war ruhiger, nicht mehr erfüllt von Wut und Schmerz, sondern traurig – eine traurige Stimme, die am Ende Erlösung fand, indem sie die Mauer des Schweigens durchbrach.

Das Buch beenden war eine Sache, einen arabischen Verleger finden, der nicht von seinem „andersartigen, wenn nicht gar verwirrenden Stil" abgeschreckt war, eine andere. Der vierte Verleger, mit dem ich mich in Verbindung setzte – eine Frau – gab mir am 30. Juni 2004 Antwort. Mai Ghassoub, die mittlerweile verstorbene libanesische Verlegerin von Dar al-Saqi in Beirut, teilte mir mit, sie fände das Buch „sehr interessant". Es wurde im Juni 2005 in Beirut veröffentlicht.

Warum wollte ich etwas sehr Persönliches veröffentlichen, das mir im Jemen einen Skandal einbringen sollte?[61] Ich glaube, im Grunde war es gar nicht so persönlich. Ich wollte Frieden finden, indem ich offen über unsere gesellschaftliche Wirklichkeit und ihre Leiden sprach. Ich hatte es satt, dass wir unfähig waren, unseren Problemen ins Auge zu sehen, unsere Geschicke selbst in die Hand zu nehmen und die Zukunft so zu gestalten, wie wir sie gerne hätten. Ich ertrug es nicht mehr, dass die Schuld ständig auf andere, auf den Westen geschoben wurde. Und ich fing bei mir selbst an.

Hier ist meine Wunde, meine Mutter, hier ist ihre Geschichte, hört sie euch gut an, und dann sagt mir, ob es kein Problem darstellt, wie wir unsere Frauen behandeln! Ich wollte Erlösung finden, und ich fand sie, als ich dieses Buch publizierte. Ich hoffe, Sie sind nicht gekränkt von der Art, wie ich die Dinge schildere. Es war, als liefe ich öffentlich nackt herum und würde zu meinen eigenen Landsleuten sagen: Ihr könnt mich erschießen, ihr könnt Steine nach mir werfen, ihr könnt mich sogar in Stücke reißen, aber so bin ich nun einmal. So denke ich. So fühle ich.

Ich fand Frieden, als ich die Mauer des Schweigens durchbrach:

„Worte! Nur Worte!

Mein Verbrechen war mein andauerndes Schweigen.

Heute durchbrach ich seine Mauer mit diesen Zeilen, zerstörte sie und fühlte mich erleichtert danach.

Die Buchstaben reinigten mich und wuschen Blut und Eiter aus meiner Wunde. Dadurch sah ich sie zum ersten Mal so, wie sie war, in ihrer normalen Größe. Dann zwang sie mich, sie zu respektieren, und als ich meinen Kopf in Ehrfurcht vor ihr beugte, verschwand sie vor meinen Augen … Nichts blieb davon übrig außer einer Narbe auf meiner Stirn."[62]

Worte, direkt und unmissverständlich, waren meine Antwort auf die Geschichte meiner Mutter. Aber das Schweigen hörte hier, im Westen, nicht auf, mich zu quälen. Dann wurde van Gogh umgebracht. Und ich war wütend.

Ich war wütend über die Tatsache, dass ein Mann, der seiner Meinung Ausdruck verliehen hatte, im Namen der Religion ermordet wurde. Er mag polemisch gewesen sein in der Weise, wie er über den Islam sprach und darüber, wie diese Religion seiner Ansicht nach mit den Frauen umgeht. Sein Film war umstritten. Das mag stimmen. Aber es war nun einmal seine Meinung. Er hatte das Recht, ihr Ausdruck zu verleihen. Die freie Meinungsäußerung schließt auch das Recht zu kränken mit ein.

Dennoch sah der junge Mann, der van Gogh ermordet hatte, kein Problem in dem, was er getan hatte. Er empfand keinerlei Reue. Das brachte er klar zum Ausdruck, als er während des Prozesses sagte: „Ich kann Ihnen versichern, sollte ich eines Tages freikommen, würde ich genau dasselbe wieder tun, genau dasselbe."[63] Noch beängstigender war die Rechtfertigung für seinen Tötungsakt. Mit dem Koran in der Hand erklärte er nachdrücklich: „Das Gesetz zwingt mich, jedem den Kopf abzuschlagen, der Allah und den Propheten beleidigt."[64]

Mich stieß dieses Argument ab. Und ich glaube nicht, dass ich damit alleine dastand. Wer um alles in der Welt gab diesem Menschen das Recht, im Namen der Religion zu töten und auch noch zu behaupten, Gott werde ihn nach seinem Tod für seine Tat belohnen? Wenn das sein Islam war, dann glaubte ich nicht daran. „Es gibt nichts, für das ich bereit wäre zu töten." Das waren Ghandis Worte. Ich glaube an seine Religion der Gewaltlosigkeit. Ich schließe mich seinem Gedankengang an und erkläre, dass es keine Religion gibt, für die ich töten oder mich selbst umbringen würde. Ich glaube an das Geschenk des Lebens, nicht an Mord. Ich glaube an das Geschenk der Liebe, nicht an Hass.

Ich war wütend, aber diesmal wählte ich nicht wieder das Schweigen. Wut kann eine sehr destruktive Emotion sein. Sie kann einen dazu bringen, Dinge zu sagen, die man hinterher bereut; sie kann einen dazu bringen, andere zu verletzen; und sie kann sogar zur Gewalt führen. Aber sie kann einen auch motivieren, einen anderen Weg einzuschlagen, kann einen drängen, diese starke und potenziell destruktive Emotion in positive Energie zu verwandeln. Schweigen gehört nicht in das Spektrum dieser Verhaltensweisen. Wenn Sie Schweigen bewahren, stellen andere Menschen Vermutungen über das an, was Sie denken. Und diese Vermutungen, diese Spekulationen, diese Unsicherheiten ebnen jenen den Weg, die es sich herausnehmen, im Namen Ihrer selbst, Ihrer Religion zu sprechen. Auch lässt das Schweigen all jenen freies Feld, die den „Wir-gegen-sie"-Diskurs befürworten. Es ist also keine Option.

So war ich keinen Augenblick lang unsicher, als mich eine gute Freundin namens Saida Keller-Messahli anrief. Ihre Idee veranlasste mich, umgehend einen Ort zu suchen, wo ich das Schweigen brechen konnte. Saida ist tunesischer Herkunft. Ich begegnete ihr 1998, als ich eine Radiosendung über Mischehen in der Schweiz vorbereitete. Die Geschichte ihres Lebens zwischen zwei Kulturen, zwei Welten, mit drei Sprachen und dem Gefühl, überall ein bisschen fremd zu sein, fand ich faszinierend. Nachdem ich sie für die besagte Sendung interviewt hatte, nahm ich einen Teil des Materials, das ich mit ihr aufgenommen hatte, und machte noch eine Sondersendung nur mit ihr. Danach blieben wir in Kontakt.

Saida war in der Schweiz die Erste, die die Idee hatte, eine neue öffentliche Plattform für den Islam zu schaffen. Sie rief das „Forum für einen fortschrittlichen Islam" ins Leben als einen „Ort, wo ohne Tabus eine selbstkritische Diskussion geführt werden kann zum Verhältnis von Islam und Demokratie, von Islam und Menschenrechten. Wir wollen, dass sich die Medien und die Öffentlichkeit in der Schweiz für diese wichtige Debatte interessieren und von den einfachen Klischees wegkommen."[65]

Saida rief mich an, um mich zu fragen, ob ich an einem solchen Forum interessiert wäre und ob ich Mitglied des Vorstands werden wolle. Ich sagte ohne zu zögern zu. Dieses Forum konnte eine säkulare Stimme in die Debatte einbringen, die um den Islam entfacht war, eine Brücke zwischen der Mehrheit und der Minderheit bilden und gleichzeitig eine Plattform für eine kritische Diskussion über die vorherrschenden Interpretationen des Islam darstellen.

Das Forum wurde offiziell am 27. November 2004 gegründet und weckte das Interesse der Schweizer Medien. Seine Mitglieder, zu denen auch ich gehörte, hatten Gelegenheit, zur aktuellen Debatte über den Islam öffentlich Stellung zu beziehen. Wir organisierten Vorträge von bekannten arabischen Denkern und Hochschullehrern – wie dem Ägypter Nasr Hamid Abu Zaid und dem Tunesier Amal Qarami –, die ihre Ansichten über Themen vorstellten, die in der islamischen Welt heftig diskutiert werden. Die Geschlechterfrage, die Menschenrechte und die Verwendung wissenschaftlich verlässlicher Methoden bei der Auslegung des Korans waren einige dieser Themen.

Dennoch wurde das Forum von Teilen der muslimischen Gemeinde nicht gut aufgenommen. Manche schreckten die Worte „fortschrittlicher Islam" im Namen des Forums ab, weil sie meinten, dies bedeute automatisch, dass jede andere Art, über den Islam zu denken, nicht „fortschrittlich" sei. Das war bei der Wahl des Namens nicht beabsichtigt worden. Er sollte lediglich auf das Ziel des Forums hinweisen.

Manche hielten uns für *zu* fortschrittlich und bezeichneten uns als „Feministinnen". Mir macht es nichts aus, Feministin genannt zu werden. Ich bin eine. Unser Positionspapier mag manche schockiert haben, weil es Themen wie Geschlechtergleichheit und Homosexualität mit einschloss. Dies war bedeutsam, weil in der Vergangenheit Menschen, die sich für diese Themen einsetzten, als „Nicht-Muslime" oder „nicht muslimisch genug" betrachtet worden waren. Zutreffender wäre es hingegen festzustellen, dass diese Ideen – insbesondere die, die das Recht eines Menschen betreffen, nicht aufgrund seiner sexuellen Orientierung beurteilt zu werden – nicht die Ansichten der Mehrheit darstellten.

Andere misstrauten den Beweggründen des Forums: „Warum ruft ihr so ein Forum gerade zu solch einem Zeitpunkt ins Leben? Seht ihr nicht, dass ihr gegen uns instrumentalisiert werdet?" Dieses Argument mag paranoid klingen. Und das ist es auch. Denn es impliziert den Verdacht, die Leute, die das Forum gegründet hatten, hätten ein geheimes Programm oder würden Interessen verfolgen, die nicht ihre eigenen sind. Als ich das zum ersten Mal hörte, war ich gekränkt. Doch ich nahm es nicht persönlich. Erinnern Sie sich, was ich über das Schildkrötenpanzer-Syndrom gesagt habe?

Die Aktivistin, die mir diese Anschuldigung an den Kopf warf, *reagierte* nur. Interessanterweise definiert sie sich selbst nicht in erster Linie als Muslimin. Doch die Erinnerung an die Methoden, deren sich die Schweizerische Volkspartei im Jahr 2004 in ihrer Kampagne gegen zwei Volksabstimmungen bediente – eines zielte darauf ab, das Prozedere zur Erlangung der Schweizer Staatsbürgerschaft für die zweite Einwanderergeneration zu erleichtern, das zweite forderte die automatische Erlangung der Staatsbürgerschaft für die dritte Einwanderergeneration –, war noch immer präsent und bitter.

In dieser Kampagne machte sich die SVP die allgemein grassierende Angst vor islamischen Terroristen und Muslimen zunutze, um die Wähler von einer Befürwortung der Referenden abzubringen. Überall waren Plakate zu sehen, die Osama bin Laden mit einem Schweizer Pass zeigten. Ein umstrittenes Mitglied der Partei und ein Mitglied des „Überparteilichen Komitees gegen Masseneinbürgerungen" veröffentlichten in vielen nationalen Zeitungen eine Anzeige mit der Überschrift „Muslime bald in der Mehrheit?" – eine Behauptung, die später anhand neuer Statistiken widerlegt werden konnte.

Dennoch: Die Kampagne war erfolgreich: 56,8 Prozent der Wähler lehnten das erste Referendum ab, und 51,6 Prozent stimmten gegen das zweite.[66]

Das Forum wurde im November 2004 gegründet, einige Monate nach dieser Episode. Dass viele Emigranten muslimischer Herkunft sich von der Kampagne der Schweizerischen Volkspartei beleidigt und im Besonderen wegen ihrer Religion diffamiert fühlten, war verständlich. Auch mich hatte das Geschehen irritiert. Aber das geht über den hier angesprochenen Punkt hinaus. Die Frage, die wir uns ernsthaft stellen müssen, lautet: Wie sollte ein Mitglied der muslimischen Minderheit sich angesichts einer solchen Kampagne verhalten? Eine Möglichkeit zu reagieren besteht darin, sich einzuigeln und sogar Mitgliedern der eigenen Minderheit zu misstrauen, so wie es die oben erwähnte Aktivistin tat – nach dem Motto: „Die Welt ist gegen uns, und es ist ihnen sogar gelungen, einige von uns dazu zu bringen, gegen uns zu arbeiten." Eine andere Art, sich abzuschotten, verfährt nach dem Motto: „Was hat es für einen Sinn, auch nur den Versuch zu unternehmen, anderen zu erklären, was uns wichtig ist? Das, was wir sagen, werden sie dann doch nur gegen uns verwenden."

Aber das ist noch nicht alles.

Das Problem bei einer Kampagne, wie sie die SVP startete, besteht darin, dass sie unter Umständen eine sich selbst erfüllende Prophezeiung in Gang setzt. Sie macht sich die Angst vor dem Islamismus zunutze, um mehr Wählerstimmen zu erhalten. Das „Wir" einer solchen Kampagne schließt die Emigranten muslimischer Herkunft von vornherein aus. Insbesondere für die jüngeren Mitglieder der muslimischen Minderheit liegt es nahe, sich folgerichtig an die eine Identität zu halten, die diese Art der öffentlichen Diskussion ständig hervorhebt: die religiöse Identität. Sie fangen an, sich selbst als Muslime zu sehen: „Wenn ihr mir andauernd sagt, dass ich ein Muslim bin, dann werde ich mich auch wie einer verhalten!"

Gefährlich wird es dann, wenn Extremisten sich dieses Gefühl der Entfremdung zunutze machen. Sie profitieren geschickt davon, dass die zweite und dritte Generation nur eine unzureichende Kenntnis von ihrer Religion hat, füllen diese Lücke mit ihrer eigenen Ideologie, und wenn andere begünstigende Faktoren hinzukommen, gelingt es ihnen, die Jungen für ihre terroristischen Aktivitäten anzuwerben.

Nein. Das ist es nicht, was wir für unsere Jugend wollen. Welche Art Handeln ist angesichts einer solchen Kampagne angemessen? Beachten Sie, dass ich an voriger Stelle vom Agieren sprach, nicht vom Reagieren. Dass man sich aufregt, ist verständlich. Dass man sich damit abfindet, sich verletzt zu fühlen und die Rolle des Opfers anzunehmen, ist es nicht. Schweigen ist keine Option. Ein Forum zu schaffen, wie Saida es tat, ist eine Möglichkeit, das Schweigen zu durchbrechen.

Wollen Schweizer (oder Deutsche oder Österreicher) muslimischer Abstammung sich dem „Wir-gegen-sie"-Diskurs entgegenstellen, so müssen sie aufhören, sich so zu verhalten, als wären sie

noch immer Gäste in ihrem eigenen Land. Sie sollten ihre Staatsbürgerschaft ernst nehmen, politisch aktiv werden und ihre Opfer-
rolle aufgeben. Das bedeutet, dass sie so politisch tätig werden, dass
es dem kollektiven Wohl des Landes dient, in dem sie leben. Es verlangt, dass sie ihre Rechte und Pflichten ernst nehmen – das heißt,
dass sie ihre Verpflichtung anerkennen, ein Teil der Gesellschaft zu
werden, sich voll und ganz zu integrieren, und der Versuchung widerstehen, in einer Parallelgesellschaft zu leben.

Setzt man sich gegen den „Wir-gegen-sie"-Diskurs zur Wehr, so
muss man sich folgerichtig auch den Problemen der Integration
widmen. Diese Probleme existieren und sollten nicht als belanglos
abgetan werden. Die Tatsache, dass man sie bisher nicht richtig angegangen ist, ebnete den Weg für angstgesteuerte Kampagnen wie
die der SVP und für den islamischen Extremismus in anderen europäischen Gesellschaften. Das Unvermögen im Umgang mit den
Problemen hat damit zu tun, dass man nicht willens war, sie beim
Namen zu nennen, und sich mit kulturellem Relativismus abfand.

Eines führt zum anderen, und ehe Sie sich's versehen, begreifen Sie,
dass Sie Ihren Weg gewählt haben und dass es kein Zurück mehr
gibt. Meine Erzählung wurde im Juli 2005 in Beirut veröffentlicht
und war für mich eine Art Befreiung. Jetzt, wo ich öffentlich gemacht hatte, wie ich dachte, war ich auch nicht mehr bereit, über
andere Themen zu schweigen.

„Will ich Muslimin bleiben?" Ich habe bereits geschildert, warum diese Frage mich nach dem 11. September 2001 in besonderer
Weise umtrieb. Sie war überhaupt nur möglich, weil ich in einer
freien Gesellschaft lebte. Wenn meine Antwort „nein" lautete, hatte
ich die Möglichkeit, meine Religion zu wechseln. Ich konnte zum
Christentum oder zum Buddhismus übertreten oder auch konfes-
sionslos bleiben. Ich lebte in einem Staat, der mir das Recht garan-
tierte, an das zu glauben, was ich wollte. Gott sei Dank.

Das Gefühl, dass ich meine Religion frei wählen konnte, wurde
mir schon sehr früh in meinem Leben vermittelt – dank meines Va-

ters. In einem arabischen Staat wird Religionsfreiheit nicht garantiert. Genauer gesagt, Nicht-Muslime haben das Recht, zum Islam überzutreten; hingegen haben Muslime nicht das Recht zu konvertieren. Wird man als Muslim geboren, so bleibt man es. Wenn man sich anders entscheidet und diese Entscheidung publik macht, muss man mit drakonischen Strafen rechnen, die von Gefängnis bis hin zur Todesstrafe reichen. Meinen Vater kümmerte das nicht. Er gab mir das Gefühl, frei zu sein, auch wenn er und ich wussten, dass ich es – vom gesetzlichen Standpunkt aus gesehen – nicht war.

Dieses Gefühl, frei zu sein, wurde mir durch die Gedichte von al-Ma'ary, dem großen Mutazila-Philosophen, eingegeben, die mein Vater mir immer wieder vorrezitierte, seit ich sieben Jahre alt war. Seine Worte zeichneten ein anderes Bild vom menschlichen Geist, von einem widerständigen, sarkastischen und freien Geist. Frei, so zu sein, wie er sein will, und frei, die Ungerechtigkeiten abzulehnen, die er sieht.

Dieses Gefühl der Freiheit in mir wurde noch verstärkt, als ich dreizehn Jahre alt war. Eines Nachmittags – wir lebten seinerzeit in Marokko – sagte mein Vater zu mir: „Du weißt, dass du die Freiheit hast, deine Religion nach deinem Belieben zu wählen. Du kannst sein, was du willst: Muslimin, Christin, Jüdin oder Atheistin. Es liegt nur an dir." Daraufhin schimpfte meine Mutter heftig mit ihm. Sie warf ihm vor, mein Denken zu verderben. Ihrer Meinung nach beging er damit die größte Sünde, derer man sich überhaupt schuldig machen konnte. Für mich dagegen war er der größte Held.

Dennoch dachte ich über diese Frage nicht weiter nach, noch nahm ich sein Angebot ernst. So dringend war mir dieses Anliegen nicht. Ich war eher damit beschäftigt, wütend auf Gott zu sein, weil er zuließ, dass meine Mutter psychisch krank wurde. Abgesehen von einer kurzen Zeit, als ich sechzehn Jahre alt war und sehr religiös wurde, war meine Beziehung zu Gott ziemlich kompliziert.

All das änderte sich in den Jahren nach dem 11. September 2001. Zum ersten Mal nahm ich mir die Freiheit, über die Fragen

„Bist du Muslimin?" und „Willst du Muslimin bleiben?" ernsthaft nachzudenken. Es war ein schwieriger Prozess.

Um die erste Frage zu beantworten, musste ich mit der Frage nach Gott beginnen. Einer Religion anzugehören bedeutet, dass man an Gott glauben muss. Glaube ich also an Gott? Nun ja, nicht so wie Religionen wollen, dass wir an ihn (oder sie) glauben[67] – ein Gott, der klar definiert ist und eine klare Form hat, der fast menschlich anmutet. Sie verlangen, dass wir bedingungslos an ihn glauben. Du musst dir ganz sicher sein! „Sicher" ist niemals das Wort, das ich verwende, wenn ich über Gott spreche.

Ich glaube auf eine rationale Weise an Gott.

Wie kann der Glaube an Gott rational sein? Manche Menschen behaupten, Gott sei etwas, das man nicht rational ergründen könne; der Glauben selbst sei etwas ziemlich Irrationales. Entweder man glaube oder man glaube nicht. Sie haben Recht. Aber rational gesprochen – wenn ich das Universum betrachte, seine atemberaubende Komplexität, seine Vielfalt und seine Ausgewogenheit, und wenn ich mir das Leben und seine universale Gültigkeit ansehe, komme ich zu demselben Schluss: Irgendetwas muss erschaffen haben, was ich da betrachte. Nennen Sie dieses „irgendetwas", wie Sie wollen: eine Macht, ein Licht, Gott, Allah usw. Diese Namen werden nichts an der Tatsache ändern, dass wohl irgendetwas hinter der „Schöpfung" sein *sollte*, das mehr ist – etwas, das wir nicht wirklich verstehen, mit dem wir jedoch in Beziehung treten können.

Ich sage „sollte", weil meine Schlussfolgerung, die ich als rationaler Mensch ziehe, dass „Gott" – in welcher Form man ihn auch immer beschreiben will – tatsächlich existiert, mehr mit meinem Bedürfnis zu tun hat, dass er existiert. Denn wenn ich sage, es „sollte" da etwas im Universum sein, das mehr ist, dann sage ich im Grunde, es sollte in diesem Leben mehr geben als essen, trinken, arbeiten, Liebe machen und sterben. Die Sphären Spiritualität, Moral und Werte gehören zu diesem „etwas, das mehr ist".

Ich glaube, für mich selbst habe ich bestimmt, dass ich die Existenz Gottes *brauche*. Man kann sich in sehr unterschiedlicher Weise für seine Existenz aussprechen. Man kann es sehr intellektuell klingen lassen und sagen: Wir brauchen ihn, denn wir wollen das Grauen eines Holocaust nicht noch einmal erleben müssen. Doch dass wir Gott wieder in unser Bewusstsein zurückbrachten, hat all die Verbrechen nicht verhindern können, die einige Menschen seither begangen haben. In Kriegszeiten suchte ich verzweifelt nach ihm, konnte ihn aber nicht finden. „Wo bist du, wenn wir dich am meisten brauchen?", fragte ich dann weinend. Die Antwort kam zu mir, so, als flüsterte er sie mir ins Ohr: „Suche in dir selbst nach mir." So wie wir Kriege anzetteln, können wir auch Frieden schaffen. Es ist der Mensch, der diese Entscheidung trifft!

Sie können sagen, Gott ist unverzichtbar für unser Empfinden von Moral und Gerechtigkeit. Ich kann auch ohne Gott gerecht und moralisch sein. Ja, tatsächlich glaubten die besten Menschen, denen ich begegnet bin, nicht an Gott. Ich will es mit einem Satz sagen: Ich glaube an die Existenz Gottes, weil ich Gott brauche.

Doch die Feststellung, dass ich an Gott glaube, machte es mir nicht leichter, die folgenden Fragen zu beantworten: Bist du Muslimin? Willst du Muslimin bleiben?

Wenn ich mir anschaue, wie der Islam heute im Nahen Osten praktiziert wird, dann würde eine aufrichtige Antwort auf die erste Frage lauten: „Nein, ich bin nicht Muslimin. Nicht so!"

Die Religion, die heute im Nahen Osten praktiziert und als wahrer Ausdruck des Islam propagiert wird, ist sehr konservativ, strenggläubig und engstirnig. Sie ist rigide in ihren Interpretationen und Auslegungen geworden. Sie legt besonderen Nachdruck auf feststehende Rituale, wohingegen sie die Spiritualität, die sie mit einschließen sollte, abtötet. „Betest du fünf Mal am Tag? Wenn du es nicht tust, bist du nicht gläubig!" Menschen, die solch ein Argument vertraten, wurden einst in der islamischen Tradition als äußerst extrem denkend betrachtet. Heute wird diese Art Argumentation mit einer derartigen Vehemenz propagiert, dass man den Eindruck bekommt, die Andersdenkenden seien in der Minderheit. Sie sind es nicht. Sie sind nur stumm.

Was also wäre, wenn ich nicht fünf Mal am Tag beten würde? Was, wenn ich es nur einmal am Tag täte? Wenn ich mich nur in dieses eine Gebet vertiefte? Wäre ich damit ungläubig? Wäre ich keine Muslimin? Islamische Rituale, wie ich sie propagiert, gepredigt und praktiziert sehe, werden zum Wesentlichen der Religion erklärt. Doch in Wirklichkeit sind sie bar jeder Spiritualität. Sie haben keinerlei wahre Bedeutung. Sie sind hohl. Die Tatsache, dass Sie fünf Mal am Tag Ihren Körper auf eine bestimmte Weise bewegen, bringt Sie Gott nicht näher, wenn es Ihnen damit nur um die Einhaltung an Zahlen orientierter Vorschriften geht.

Schlimmer noch, das Erscheinungsbild der Religion, wie sie heute praktiziert wird, ist durch eine immense Aggressivität gekennzeichnet. „Wenn du deinen Kopf nicht bedeckst, wird Gott dich verbrennen." Das bekam ein elfjähriges kuwaitisches Mädchen von seinen schiitischen Verwandten zu hören, die die tolerante Religionsauffassung seiner Eltern missbilligten. Ich begegnete der Mutter dieses Mädchens während meiner Feldforschungsarbeit in Kuwait im Januar 2008. „Wird Gott mich verbrennen?", fragte das Kind seine Mutter immer wieder weinend.

Strafe und Angst scheinen der Kern der Botschaft zu sein, die denjenigen vermittelt wird, die gute Muslime sein wollen. „Fürchte Gott, denn wenn du seinem Weg nicht folgst, wird er dich bestrafen."

In arabischen Schulen stellt man den Kindern im Religionsunterricht Gott als furchterregendes Wesen dar, als eine Art Ungeheuer, das nur darauf wartet, dass sie einen Fehler machen, damit es seinen Zorn an ihnen auslassen kann. Es ist kein Zufall, dass viele Kinder in Kuwait Alpträume haben und Bettnässer sind. Viele Eltern sehen eine Wechselbeziehung zwischen dieser Angst, die den Kindern eingeflößt wird, und diesen Problemen.

Furchterregend und zornig – so wird das Erscheinungsbild Gottes dargestellt. Was ist mit einem liebenden Gott? Was wäre, wenn ich sagen würde: „Ich fürchte Gott nicht, ich liebe ihn"? Und tatsächlich fürchte ich Gott nicht. Ich liebe ihn. Als eine geschiedene kuwaitische Geschäftsfrau zu ihrem Sohn sagte: „Liebe Gott, habe keine Angst vor ihm", wandte sich ihre gesamte Familie, bei der sie nach ihrer Scheidung lebte, gegen sie: „Wie konntest du nur so etwas zu deinem Sohn sagen?" Das hat mir die betreffende Frau selbst erzählt. Ist es nicht eine merkwürdige Reaktion auf eine Botschaft der Liebe?

Liebe hat nur wenig Platz in der Art Islam, wie sie heute propagiert wird. Wenn sie überhaupt einen Platz darin hat, dann ist sie nur den Gläubigen vorbehalten. „Liebe diejenigen, die glauben, mehr als dich selbst." Das ist eine weitere Botschaft dieser Auslegung des Islam. Gut. Und was ist mit den Nicht-Gläubigen? Gemäß dieser Auslegung lautet die Botschaft: Liebe sie nicht. „Wenn du wirklich Umgang mit ihnen pflegen musst, dann musst du sie zumindest in deinem Herzen hassen!" Hass als Mittel, Gott zu erreichen! Was für ein Gott ist das, der verlangt, dass man seine Geschöpfe hasst, damit er zufriedengestellt ist? Das ist weder der Gott, an den ich glaube, noch der Gott, den Mohammed anrief.

Eine solche Argumentation ist in der wahhabitischen Interpretation des Islam bekannt, die vom Zentrum Saudi-Arabiens – Najd – ausging. Sie betrachtet jeden Menschen, der einer anderen Religion oder einer anderen Konfession angehört, als Nicht-Gläubigen. Früher wurde sie in den diversen Traditionen des Islam lediglich als geistige Nebenrichtung wahrgenommen. Heute ist eine Argumentation entlang den Leitlinien des Wahhabismus in vielen kosmopolitischen arabischen Gesellschaften zu beobachten; sie stellt eine große Belastung für ihren gesellschaftlichen Zusammenhalt dar und verbreitet sich durch den raschen Prozess der Reislamisierung.

Die ägyptische Gesellschaft wurde von diesem Prozess stark beeinflusst. Die Ägypter sind eigentlich für ihre Offenheit und Toleranz bekannt. Muslime, Christen und Juden lebten in den ersten Jahrzehnten des 20. Jahrhunderts friedlich zusammen. Meine Mutter, die ihre Kindheit in der kleinen Stadt Al-Mahala al-Kubra verbrachte, erinnerte sich an ein liebevolles Nebeneinander. Es war nicht bloß Toleranz, sondern aufrichtige Liebe und Akzeptanz. Muslime und Christen waren Nachbarn. Sie teilten glückliche und traurige Augenblicke miteinander. Als ich geboren wurde, kümmerten sich meine Großmutter und ihre beste Freundin, eine Koptin, um meine Mutter, während sie im Kindbett lag.

Die Religion war kein trennender Faktor. Man sagte damals: „Es gibt nur einen Gott. Wir praktizieren nur verschiedene Formen des Glaubens an ihn." Doch die Situation hat sich geändert. Die Religiosität der Gesellschaft stellt sich nun viel konservativer dar, weil sowohl Muslime als auch Kopten begonnen haben, sich voneinander abzugrenzen, und – beide Seiten aus verschiedenen Gründen – Zuflucht in der Religion finden. Im Alltag kann man diese unausgesprochene Teilung verschiedentlich beobachten: im Glaubenszeugnis der *Shahada* („Ich bezeuge, dass keine Gottheit ist außer Gott; ich bezeuge, dass Mohammed Gottes Diener und Gesandter ist"), das viele ägyptische Muslime sprechen, wenn sie sich voneinander verabschieden, womit die anwesenden Nicht-Muslime automatisch ausgeschlossen werden; oder aber auch an dem kreuzförmigen Tattoo, das viele junge ägyptische Christen auf der Innenhand tragen.

Die destruktiven Auswirkungen dieser gesellschaftlichen Veränderung sind beängstigend. Das lässt sich sehr gut an einem persönlichen Beispiel erkennen, das mir meine ägyptische Kusine erzählte: Sie beklagte sich darüber, dass ihr Onkel ihr geraten hatte, nicht mehr mit ihrer Freundin essen zu gehen, weil diese Koptin ist. „Du weißt doch, dass wir eigentlich nicht mit ihnen essen sollen", hatte er zu ihr gesagt. Sie war sprachlos gewesen.

Einer bestimmten Interpretationsweise des Islam zufolge gibt es nur eine einzige Form des Glaubens, die zum Maßstab für die Menschheit gemacht wird. Diejenigen, die nicht damit konform gehen, werden verdammt. Eine solche Auslegung ist in vielen arabischen und asiatischen Gesellschaften in verschiedenen Ausprägungen anzutreffen.

Ich glaube nicht an diesen Islam. Seine Botschaft der Ausgrenzung, die auf Angst statt auf Liebe setzt und keine freie Glaubenswahl zulassen will, verletzt meinen Sinn für Menschlichkeit.

Will ich dann trotzdem Muslimin bleiben? Ja. Falls Sie jetzt fürchten, ich sei schizophren – ich bin es nicht. Am leichtesten wäre es für mich gewesen, vom Islam zu einer anderen Religion zu konvertieren, beispielsweise zum Christentum in seiner protestantischen Ausrichtung. Das Schwierigste für mich ist sicherlich, beim Islam zu bleiben und immer wieder zu betonen, dass Reformen möglich sind. Und das sind sie tatsächlich. Noch einmal: Es ist an uns, sie in Angriff zu nehmen!

Es gibt eine andere Seite dieser Religion, die ich unverändert faszinierend finde. Mir gefällt ihr Monotheismus; mir gefällt, dass sie zu einer rationalen Beobachtung des Universums aufruft, als ein Mittel, Gott zu erreichen; mir gefällt, dass aus manchen Koranversen hervorgeht, dass man, um Muslim zu sein, im Grunde an die anderen monotheistischen Religionen – das heißt, das Christentum und das Judentum – glauben muss, und mir gefällt es, dass manche Koranverse alle, die glauben und „Gutes tun, ganz gleich, an welche Religion sie glauben", als von Gott gesegnet betrachten. Mit anderen Worten, mir gefallen die alles umfassenden Elemente dieser Religion.

Ich sagte an anderer Stelle bereits, dass für mich Religion das ist, was man aus ihr macht. So wie diese Religion in einer Weise ausgelegt wird, die jeglicher Liebe und Rationalität entbehrt, könnte man auch eine andere Auslegung entwickeln, die ihre besten Seiten herausstreicht – das heißt Rationalität, Liebe und das alles Umfassende. Ich will allerdings betonen, dass dies nur die eine Seite der Medaille ist.

Ich habe mich bewusst dafür entschieden, diese positiven Aspekte des Islam zu betrachten, obwohl ich sehr wohl weiß, dass es andere, negative Seiten dieser Religion gibt, die genau das Gegenteil von dem sagen, was ich soeben dargelegt habe. Es gibt auch Verse im Koran, die zum Mord an Ungläubigen aufrufen, „wo immer ihr sie findet".

Auf individueller Basis kann ich entscheiden, mit welcher Seite der Religion ich mich beschäftigen will, wenn ich mich nun eingehender mit meiner Religion beschäftige. Eine solche Herangehensweise mag für mich persönlich ausreichen, für einen Reformprozess genügt sie jedoch nicht. Das sollte man nicht vergessen. Wenn wir uns auf die positiven Seiten einer Religion beschränken und ihre problematischen Aspekte ignorieren, kann das in die Irre führen. Denn wenn ich solche Aspekte einfach ignoriere, wird ein anderer sich ihrer bemächtigen und sie für seine (oder ihre) politischen Absichten nutzen. Wollen wir einen Erneuerungsprozess in Angriff nehmen, der dieses Wort verdient, sollten wir nicht den leichten Weg wählen.

Der leichte Weg bestünde darin, zu behaupten, dass das Problem des Islam mit den betreffenden Menschen selbst, den Muslimen, zu tun hat, die diese Religion nicht verstehen. Dabei wird die Religion als intakt und kohärent dargestellt, als etwas, das es anhand moderner Auslegungen neu zu entdecken gelte. Hierfür sei lediglich erforderlich, das *Igtihad*-Prinzip zu reaktivieren, das heißt, „die Methode der islamischen Jurisprudenz in der Fallbehandlung, die das ‚Aufbringen‘ des eigenen Verstandes bezeichnet.‘‘[68]

Dieser Argumentation zufolge müssen die Muslime sich neu mit ihrer Religion auseinandersetzen und die darin enthaltene Botschaft von ihren eigenen Traditionen und patriarchalischen Strukturen trennen. Dieser Meinung waren auch die ersten Reformer des 19. und des frühen 20. Jahrhunderts, die in manchen Quellenangaben Salfia-Reformer genannt werden. Diese Reformer, wie Jamal al-Din al-Afghani, Mohammed Abdu oder Quasim Amin, waren davon überzeugt, dass die Muslime, würden sie ihre Religion erst einmal besser verstehen, in der Lage wären, eine Erneuerungsbewegung zu initiieren, die sich positiv auf den Entwicklungsprozess ihrer Länder auswirken würde.

Eine andere Argumentation, die dem leichten Weg, den Reformprozess anzugehen, zuzurechnen ist, manifestiert sich in der

Behauptung, das Problem des Islam habe mit den Muslimen selbst zu tun, die nicht „muslimisch genug" seien. Das war die Argumentation der ersten Islamisten, wie Hassan al-Banna, Gründer der Muslimbrüder, und es war die Argumentation, die man sich bei der Reislamisierung der arabischen Gesellschaften zunutze machte. Dieser Argumentation zufolge braucht der Islam nicht reformiert zu werden. Die Religion ist da, rein und unumstößlich, und es ist die Pflicht der Muslime, zu ihren puritanischen Vorschriften und Lehren zurückzukehren und sich genau an ihre Rituale zu halten.

Die erste Argumentation versuchte, auf vorsichtige und behutsame Weise einen Reformprozess anzustoßen. Ihre Befürworter sträubten sich gegen eine Überprüfung der grundlegenden Ursprünge dieser Religion. Man könnte sagen, sie waren sich bewusst, dass ihre Gesellschaften – die noch immer der Autorität der Kolonialmächte unterstanden und um ihre Unabhängigkeit kämpften – noch nicht zu einer religiösen Erneuerung bereit waren, die die konventionelle Auffassung über den Umgang mit den heiligen islamischen Texten in Frage stellte.

Die zweite Argumentation betont, dass der Islam keinerlei Erneuerung benötigt und dass es ausreicht, sich zu den Grundsätzen dieser Religion zu bekennen, um die Erneuerung in Gang zu setzen, die die muslimischen Gesellschaften unbedingt benötigen. Ihre Verfechter betonen, dass die Muslime sich ihre Geschichte genau ansehen sollten, um etwas über ihre Zukunft zu erfahren. Die Geschichte und ihre Texte sind die Quelle der Inspiration.

Das Problem besteht darin, dass die Geschichte hier durch die Linse der Islamisten gelesen wird. Bei diesem Lesevorgang bleiben historische Fakten häufig unberücksichtigt. Überdies stammen die Texte, deren Lektüre man den Muslimen empfiehlt, oft von Sheikhs, die im Mittelalter lebten. Dass diese Schreiber nicht gerade eine moderne Botschaft predigten, ist nur natürlich. Doch wird ihre Botschaft begeistert von devoten Muslimen aufgenommen, die davon überzeugt sind, dass sie dem richtigen Weg folgen.

Ein ernstzunehmender Reformprozess wird diese beiden leichten Wege meiden. Denn folgt man ihnen, so bewahrt man den Status quo: Der erste versieht den Islam mit einem „Make-up", das ihn zu verschönern sucht, und der zweite begnügt sich mit seinem natürlichen Gesicht, ja er tut alles, um sein uranfängliches Aussehen zu betonen.

Eine ernstzunehmende Reform des Islam sollte das geistige Gefüge, mit dessen Hilfe wir uns dieser Religion nähern, neu einschätzen und neu prüfen – auf rationale Weise, aber mit Liebe. Sie wird die Religion respektvoll behandeln, aber nicht davor zurückschrecken, schwierige Fragen zu stellen und Antworten darauf zu suchen, und sie wird sich dabei immer bewusst sein, dass vieles von der Religion, die wir von unseren Vorfahren geerbt haben, von Menschen angepasst und verwandelt wurde. Es ist diese menschliche Natur der Religion und der heiligen Texte, die ich hinterfragen will. Das ist kein Aufruf zur Vernichtung des islamischen Glaubens. Nein, im Gegenteil, es ist ein Aufruf zu seiner Rettung.

Folglich lautete das Ergebnis meiner Überlegung: Ja, ich will Muslimin bleiben, ich will weder konvertieren noch mich von dieser Religion distanzieren, aber ich akzeptiere auch nicht die Religion, die mir gepredigt wird. Ich muss eine Herangehensweise an sie finden, die mir erlaubt, in Frieden mit mir selbst zu sein – eine, die mein Menschsein, meine Rationalität und meinen freien Willen respektiert. Und ich will nicht warten, bis jemand anders dies für mich tut. Ich will diesen humanistischen Islam mit Hilfe meiner eigenen Rationalität finden. Und dann will ich ihn mit anderen teilen.

Zu diesem Zeitpunkt war mir klar, dass ich beim Durchbrechen der Mauer des Schweigens auch diese Überlegung miteinbeziehen wollte. Dank des Internets war es diesmal nicht schwierig, meine Ideen zu veröffentlichen.

Der Auslöser für dieses Vorhaben – das heißt, über einen humanistischen Islam im Internet zu schreiben – war eine Fatwa (ein religiöses islamisches Rechtsgutachten), die mich wütend machte. Heute erinnere ich mich gar nicht mehr genau daran, welche es war. Ist das nicht merkwürdig? Ich schrieb das „Tagebuch einer arabischen Frau"[69], und der eigentliche Grund, der mich dazu veranlasste, es zu schreiben, ist meinem Gedächtnis entfallen.

War es die Fatwa, die verfügte, dass ein verheiratetes Paar beim Sex nicht nackt sein sollte? Verstoßen die Partner gegen dieses Gebot, so begehen sie einen Akt, der sie zu Ketzern macht. Oder war es die Fatwa, die die Frage einer besorgten Frau beantwortete, die wissen wollte, ob sie sich vor ihrem Hund ausziehen dürfe? Der Sheikh, der ihre Frage beantwortete, stellte ihr eine einfallsreiche Gegenfrage: Ist der Hund männlichen oder weiblichen Geschlechts? Doch nein, auch diese Fatwa war es nicht; sie kam später.

Ganz gleich, um welche Fatwa es sich handelte, ich war wütend. So wütend, dass ich in diesem Augenblick den Entschluss fasste, nicht mehr zu schweigen. Ich hatte genug davon, nur zuzuschauen, ohne zu reagieren. Ich hatte genug davon, mir diesen Unsinn weiter anzuhören, ohne ihn als das zu bezeichnen, was er eben war: Unsinn! Und ich hatte genug von der Argumentation: So ist der Islam eben. Wenn er dir nicht passt, kannst du dich ja davon lossagen. Nein, das habe ich nicht vor, aber so, wie er ist, will ich ihn auch nicht akzeptieren. Die Zeit ist reif für einen neuen Diskurs.

Am nächsten Tag nahm ich mit dem Chefredakteur der liberalen Website „Middle East Transparent" Kontakt auf. Pierre Akel, ein libanesischer Verleger, hatte die Website im Jahr 2003 mit eigenen Mitteln eingerichtet; mit dieser persönlichen Initiative wollte er gegen die saudi-arabische Hegemonie in der arabischen Presse und auf den Satellitenkanälen einwirken – eine Hegemonie, die es ermöglichte, politisch und religiös konservative Ansichten in der arabischen Welt zu verbreiten. Akel unterstützte mein Vorhaben des „Tagebuchs einer arabischen Frau". Dafür bin ich ihm zu großem Dank verpflichtet.

Am 30. August 2005 wurde der erste Tagebucheintrag veröffentlicht – einer aus einer Artikelreihe, die sich über ein ganzes Jahr hinzog. Bis Ende 2006 war ich viermal von zwei arabischen Satellitenkanälen zur Hauptsendezeit eingeladen, von mehreren arabischen Zeitungen und Websites interviewt worden, und die Artikel des Tagebuchs wurden – oft ohne meine Erlaubnis – von jemenitischen Zeitungen und arabischen Websites übernommen.

Wie ich bereits sagte, führt eins zum anderen, und ehe man sich's versieht, begreift man, dass man seine Entscheidung getroffen, seinen Weg gewählt hat und dass es kein Zurück gibt. Das bringt mich zu der intelligenten und aufgeschlossenen jungen Frau zurück, die mir erklärte: „Nach dem 11. September 2001 wurde ich Muslimin."

Ich erwähnte es schon: Bis zu diesem Zeitpunkt war ich überzeugt davon gewesen, dass meine persönliche Rolle in der Schweiz darin bestand, eine säkulare Stimme in den Diskurs des „Wir-gegen-sie" einzubringen und die Vielfalt der muslimischen Minderheit hervorzuheben. Das Sprechen über einen humanistischen Islam, wie ich ihn verstehe, gehörte nicht zu dieser Rolle. Ich schrieb darüber in arabischer Sprache, da ich überzeugt war, dass die Botschaft, für die ich eintrat, nur für die arabische Welt von Bedeutung war. Diese Annahme war falsch.

Nach dem 11. September 2001 trat die Frage der Identität von jungen Emigranten in europäischen Gesellschaften in den Vordergrund. Angesichts eines Diskurses, der sie vor allem als Muslime betrachtet, ist es ratsam, ihnen eine Alternative zum orthodoxen Islam zu bieten, der heute verbreitet wird. Ein menschlicher Islam kann diese Alternative sein.

Fazit
Eine neue Weise, über den Islam zu sprechen

Fairness verpflichtet zu Klarheit im Denken und Handeln. Und die Fairness im Umgang mit der Minderheit der Muslime, die in Europa lebt, verlangt genau das. Das öffentliche Gespräch über den Islam sollte dementsprechend neu gestaltet werden. Die Fairness erfordert, dass wir den Terrorismus und die Probleme der Integration als zwei unterschiedliche Sphären betrachten. Vermischen wir sie, so macht dies die Sache nur komplizierter und dient den Interessen der „Wir-gegen-sie"-Befürworter. Haben wir es mit Integrationsproblemen zu tun, dann sollten wir unbedingt:
a) mit einer unmissverständlichen und fairen Haltung an sie herangehen und dabei Menschenrechtsverletzungen offen aussprechen, nicht davor zurückschrecken, sie unparteiisch zu behandeln und nicht der Versuchung eines kulturellen Relativismus erliegen;
b) betonen, dass Integration eine Aufgabe ist, die die Anstrengungen aller Mitglieder der Gesellschaft verlangt. Folglich ist es die Pflicht der Emigranten, als aktive und produktive Mitglieder der Gesellschaft zu leben, die Gesetze und die demokratische Basis des Staates zu respektieren und seine Grundprinzipien zu akzeptieren, insbesondere jene, die die Geschlechtergleichheit und die freie Meinungsäußerung betreffen. Die Mehrheit der Bevölkerung hat ihrerseits die Pflicht, die Würde der Emigranten zu respektieren, sie als ihresgleichen zu behandeln und sich klar zu machen, dass Ausländer zu sein nicht bedeutet, „unterlegen" zu sein. Zu akzeptieren, dass in ihren Gesellschaften ein demografischer Wandel stattfindet, heißt, einen Schritt auf dieses Ziel hin zu machen;
c) anerkennen, dass Religion – oder der Islam – bei vielen Integrationsproblemen, die die europäischen Gesellschaften bewältigen müssen, nicht der wesentliche Faktor ist. Die Religion kann Teil der Probleme sein, wenn Eltern oder Ehemänner sie als Vorwand missbrauchen, um ihre (patriarchalischen) Forderungen

durchzusetzen. Die Religion kann ein Problem sein, wenn verlangt wird, die Vorschriften der islamischen Jurisprudenz in unserem Rechtssystem anzuwenden. Und die Religion ist durchaus ein großes Problem, wenn sie genutzt wird, um Teile dieser Minderheit zu reislamisieren und sie von den Gesellschaften, in denen sie Aufnahme gefunden haben, zu entfernen;

d) anerkennen, dass das beste Instrument gegen Integrationsprobleme ein offenes Staatssystem ist, das allen Mitgliedern die gleichen Chancen bietet. Es sollte Jugendliche in die Wirtschaft eingliedern, ihnen eine Perspektive geben und sie als Gleichberechtigte betrachten;

e) der Versuchung widerstehen, die Emigranten auf ihre religiöse Identität zu reduzieren. Je mehr wir uns dazu hinreißen lassen, jemanden mit einem Etikett abzustempeln, desto wahrscheinlicher ist es, dass er diesem Etikett irgendwann auch entsprechen wird.

Solch ein Aktionsplan ist vonnöten, wenn man auf faire und klare Weise mit Integrationsproblemen umgehen will. Nur wenn wir sie anpacken, werden wir in der Lage sein, der Argumentation des „Wir-gegen-sie" die Stirn zu bieten. Schenken wir diesen Problemen keine Beachtung, so führt dies zu Frustration und Zorn – Gefühle, die von den Extremisten beider Seiten für ihre jeweiligen Zwecke missbraucht werden können.

Darüber hinaus werden Fairness und Klarheit den Weg für eine neue Weise des Sprechens über den Islam ebnen. Sie wird jenen Menschen, die eine ernsthafte Kritik an den bestehenden Auslegungen ihrer islamischen Religion anstreben und eine Reform des Islam wollen, ermöglichen, ihren Plan in Angriff zu nehmen. Sie wird ihnen ihr Vorhaben erleichtern. Müssen sie jedoch ständig befürchten, dass ihre Argumente in einem Angst-Diskurs gegen Menschen islamischer Herkunft instrumentalisiert werden, so besteht die Gefahr, dass sie sich diesem Druck beugen und ins Schweigen zurückfallen.

Was mich betrifft, so habe ich mich entschieden: Ich werde nicht mehr schweigen!

Zweiter Teil
Für einen humanistischen Islam

„O Wunder! Ein Garten inmitten der Flammen.

Mein Herz ist offen geworden für alle Formen: Es ist eine Weide für die Gazellen und ein Kloster für christliche Mönche, und ein Tempel für Götterbilder und die Kaaba des Pilgers, und die Tafeln der Tora und das Buch des Korans.

Ich folge der Religion der Liebe: Welchen Weg die Kamele der Liebe auch nehmen, er ist meine Religion und mein Glaube."

Ibn Arabi (1165–1240), Tardschuman al-aschwaq

Fünftes Kapitel

Warum brauchen wir einen humanistischen Islam?

Dieser Entscheidung, Muslimin zu bleiben, liegt dieselbe Annahme zugrunde, auf die ich auch meine Argumentation für einen humanistischen Islam stütze: Alle Religionen sind Veränderungen unterworfen. Menschen haben sich die Religionen angeeignet und sie umgewandelt, und alle Religionen müssen oder mussten reformiert werden – manche mehr als andere.

Kennen Sie eine Religion, die von ihrem Anbeginn an eine klare Vision von den Menschenrechten hatte, wie wir sie heute verstehen? Ich nicht. Kennen Sie eine Religion, die von Anbeginn an Frauen gleichberechtigt behandelte oder gleiche Rechte für beide Geschlechter innerhalb der Familie forderte? Alle Religionen strebten, was die familiären Belange anging, eine Art der Beziehung an, in der die Ehefrau dem Ehemann zu gehorchen hatte. Und das gilt für den Islam, das Christentum, das Judentum und den Hinduismus. Die Liste ließe sich ergänzen.

Ich habe hier nicht die Absicht, mit dem Finger auf andere Religionen zu zeigen. Ich stelle nur eines fest: Das Ziel der Religionen – jeder einzelnen Religion – war stets einfach: eine Vision zu bieten, wie man sich Gott in einem ganz bestimmten historischen Augenblick nähern konnte. Die Menschenrechte, wie wir sie heute verstehen, waren nicht ihr Anliegen, obwohl jede Religion ihr Bestes versuchte, um den Benachteiligten das Leben zu erleichtern. Letztlich wäre es merkwürdig, zu erwarten, dass die Religionen bereits in der Zeit ihrer Entstehung jene klare Vision von Menschlichkeit boten, die erst Mitte des 20. Jahrhunderts vollständig entwickelt wurde.

Diese Auffassung von Religion machte mir klar, dass viele der Fragen, die ich mir über meine eigene Religion stellte, auch für andere Religionen galten – wiederum für manche mehr als für andere. Und wenn das der Fall war, warum sollte ich dann zu einer anderen Religion konvertieren? Arbeite an dem, was du hast, nimm nicht hin, was deinen Sinn für Humanität oder Würde verletzt, und denke differenziert. Das war meine Schlussfolgerung.

Ein humanistischer Islam basiert auf der Annahme, dass jede Religion von den Menschen geprägt wird, die sich ihre Lehren angeeignet und sie verbreitet haben; und als solche spiegelt sie die Überzeugungen, Traditionen und das Weltbild dieser Menschen wider, und – was am wichtigsten ist – sie spiegelt die historischen und gesellschaftlichen Rahmenbedingungen der Gesellschaft wider, der sie entstammte.

Das sollte keinesfalls vergessen werden, wenn wir eine Reform des Islam in Angriff nehmen wollen. Denn vieles von dem, was wir als Bestandteil der islamischen Lehren betrachten, ist von der Geschichte geprägt. Ein gutes Beispiel ist die beharrliche Behauptung der Islamisten, eine wahrhaft muslimische Gesellschaft solle körperliche Bestrafungen durchführen, zum Beispiel einem Dieb die Hand abschneiden. In Wahrheit spiegeln solche Strafen lediglich die Auffassungen von Strafe wider, wie sie im 7. Jahrhundert nach Chr. üblich waren. Sie sind weder heilig noch göttlich, sondern Mittel zur Bestrafung, die vor vierzehn Jahrhunderten zum Einsatz kamen. Und so wie wir keine Kamele mehr benutzen, um von einem Land zum anderen zu reisen, sondern Flugzeuge und Autos, können wir uns von solchen Auffassungen lösen, indem wir konstatieren, dass es grausam ist, einem Dieb die Hand abzuschneiden. Und ganz sicher wird es Menschen nicht davon abhalten, erneut zu stehlen. Eine Gefängnisstrafe und anschließende Resozialisierung gelten heute als geeignete und moderne Mittel der Bestrafung.

Aus demselben Grund hebt man bei dieser Herangehensweise an den Islam hervor, dass religiöse Lehren in ihrer Umsetzung stets den historischen Zeitpunkt reflektieren, an dem die jeweilige Gesellschaft stand. Die Tatsache, dass die Steinigung zur jüdischen Tradition gehört, war für den Staat Israel kein Grund, sie als legitimes Bestrafungsmittel in sein Rechtssystem aufzunehmen. Saudi-Arabien und der Iran hingegen haben genau dies getan, trotz der

Tatsache, dass diese Art körperlicher Bestrafung im Koran an keiner Stelle erwähnt wird.

Wenn ich hier auf das Menschliche in den Religionen zu sprechen komme, so will ich damit nicht ihre himmlische oder göttliche Natur in Abrede stellen. Eine Religion hat einen Kern – nennen wir ihn das Herzstück –, der bestrebt ist, die Wirklichkeit zum Besseren zu verändern, was bedeutet, dass er im Wesentlichen darum bemüht ist, eine gerechte Welt für die Menschen zu schaffen. Überdies ermöglicht er den Menschen, mit Gott – wie sie ihn begreifen – in Verbindung zu treten. Tatsächlich ermöglicht er uns, mit dem Gott in uns selbst in Verbindung zu treten. Es ist dieses Herzstück, das ich als göttlich erachte. Es ist dieses Herzstück, das eine Botschaft in sich trägt, die die Zeiten überdauert.

Der Ursprung dieses Kerns wird unterschiedlich gedeutet. Aber ob er die göttliche Offenbarung eines höheren Wesens ist, also eine Inspiration, oder der Intuition eines Philosophen entstammt – Tatsache ist, dass dieser Kern stets nach dem Guten strebt. Sein Ziel besteht nicht darin, den Menschen mit seinen Lehren zu ersticken, sondern vielmehr, dazu beizutragen, dass diese Welt zu einem besseren Ort zu leben wird. Ziel ist also das Wohlergehen des Menschen.

Gemäß dieser Auffassung ist Religion wie ein Samen: Nachdem man ihn in die Erde gepflanzt hat, sollte man ihn wässern, nähren und sorgsam pflegen, damit er wächst und zu einem blühenden Baum wird.

Es ist sinnvoll, für die Religion dieses Bild eines Baumes zu verwenden. Denn die Art und Weise, wie der Islam heute praktiziert wird, vermittelt den Eindruck, dass Religion in Stein gemeißelt wurde – einen Stein, der weder angerührt noch verändert werden darf. Ich betone, dass man nur dann den Weg für eine Reform des Islam ebnen kann, wenn man die Religion als etwas Organisches betrachtet, als etwas, das wachsen und gedeihen kann.

Ich habe immer wieder den Ausdruck „Reform des Islam" verwendet. Ich verwende ihn bewusst, direkt und ohne Umschweife, um nicht in eine Falle zu gehen und irrtümlich zu behaupten, das Problem des heutigen Islam habe nur mit dem Reislamisierungsprozess zu tun, der in vielen arabischen und islamischen Staaten stattfindet, einem Prozess, der auf einer rigiden und kompromisslosen Interpretation des Islam beruht.

Denn konzentriert man sich nur auf diesen Prozess, der durch politische und wirtschaftliche Faktoren verursacht wurde, auf die ich später eingehen werde, und hält man ihn für den Kern des Problems, so führt dies gedanklich in die Irre. Damit lässt man die Ursachen des Problems außer Acht. Tatsache ist, dass es ganz bestimmte wichtige Themen in der islamischen Religion gibt, die überdacht und reformiert werden sollten. Die Schwierigkeit, vor der wir heute stehen, hat viel mit unserer Unfähigkeit oder auch dem Unwillen zu tun, uns mit dieser problematischen Seite eingehend zu befassen.

Damit dies gelingt, das heißt, damit ein Reformprozess in Gang kommt, müssen wir die Dinge unmissverständlich beim Namen nennen, rational und differenziert an die Kernthemen herangehen und Mut, viel Mut aufbringen, um zum Zentrum des Problems vorzudringen. Und wir brauchen Liebe, um diese Aufgabe gut bewältigen zu können.

Wiederum glaube ich, dass die Idee von einem humanistischen Islam eine Weise ist, an diese Aufgabe heranzugehen. Sie akzeptiert die Vielfalt innerhalb der islamischen Tradition, versucht, eine ideologische Alternative zu den wichtigsten Eckpunkten des politischen Islam zu bieten und betont, dass es unerlässlich ist, die Kernthemen anzupacken, die in der islamischen Tradition bewältigt werden sollten. Die Religionsfreiheit ist eines dieser Themen.

In den folgenden Abschnitten möchte ich zunächst auf die Vielfalt innerhalb der islamischen Traditionen zu sprechen kommen; dann werde ich zum Aufstieg des politischen Islam und seiner Erfolgsgeschichte übergehen. Ich hoffe, dass am Ende der beiden Abschnitte klar sein wird, warum eine Veränderung nicht nur geboten, sondern unerlässlich ist.

Die vielen Gesichter des Islam

Der Islam ist vielfältig. Das werde ich nicht müde zu betonen. Es ist diese Vielfalt, die den Islamisten im Laufe des 20. Jahrhunderts ein Dorn im Auge war. Sie behaupteten, es gebe nur einen Islam – ihren Islam; eine Tradition – ihre Tradition; eine Auslegung des Islam – ihre Auslegung. Diese Botschaft wiederholen sie so lange, bis die Menschen der verschiedenen islamischen Traditionen anfingen, sie zu glauben.

Sie hatten vergessen, dass der Islam immer vielfältig war, nicht homogen. Und dass es nicht einen einzigen Islam gibt, sondern dass er viele Gesichter hat, dass es nicht *den* Muslim gibt, sondern Menschen unterschiedlicher Nationalitäten mit islamischen Traditionen, die sich ebenso voneinander unterscheiden wie ihre Nationalitäten.

Die arabische Welt ist Gegenstand meiner wissenschaftlichen Arbeit. Ich habe in verschiedenen arabischen und islamischen Ländern gelebt und sie bereist. Die unterschiedlichen Gesichter des Islam kenne ich aus eigenem Erleben. Sie zeigen sich in den verschiedenen Konfessionen des Islam und auch anhand der unterschiedlichen gesellschaftlichen Rahmenbedingungen, in denen er praktiziert wird.

Unterschiedliche Konfessionen: sunnitischer und schiitischer Islam
Es ist bekannt, dass der Islam, eine Weltreligion, die im frühen 7. Jahrhundert im Zentrum der arabischen Halbinsel entstand, in zwei Konfessionen unterteilt ist: den sunnitischen und in den schiitischen Islam. Die Mehrheit der Muslime bekennt sich zum sunnitischen Islam (etwa 80 Prozent), wohingegen die Schiiten die Minderheit ausmachen (20 Prozent). Aber diese Zahlen sind nicht genau, ja, sie müssen nicht einmal richtig sein, weil viele arabische Staaten, insbesondere die der arabischen Halbinsel, nicht willens sind, genaue Zahlen über ein so heikles Thema zu veröffentlichen.

80

Die schiitischen Bevölkerungsgruppen in Ländern wie Saudi-Arabien, Bahrain und Kuwait werden ausgegrenzt, weil diese Regierungen sie als eine „fünfte Kolonne" des Iran betrachten, des größten schiitischen Staates der Welt. Die Tatsache, dass die schiitische Minderheit in Saudi-Arabien als zweitklassig behandelt wird, dass Schiiten die Mehrheit der Bevölkerung Bahreins ausmachen, obwohl das Land von einer sunnitischen Minderheit regiert wird, und dass die Schiiten in Kuwait mit zunehmendem Misstrauen betrachtet werden, macht jede Behauptung, es gebe dort eine einheitliche islamische Identität, zu einem bitteren Scherz. In einem solchen Land wird man nicht als *Muslim* behandelt. Man ist entweder ein Sunnit oder ein Schiit. Und wenn man Schiit ist, wird man stets unter dem Druck stehen, zu beweisen, dass man loyal ist – nicht gegenüber dem eigenen Land, sondern gegenüber dem sunnitischen Staat.

Zur Entstehung der beiden Konfessionen kam es aufgrund eines Disputs. Wer sollte nach dem Tod Mohammeds, des Propheten, im Jahr 632 nach Chr. Kalif werden? Das war die Frage, die die Spaltung hervorrief. Diese Frage, die große Schwierigkeiten mit sich bringen und ernsthafte politische Auswirkungen auf die Zukunft des neu entstandenen islamischen Staates haben sollte, war beispielhaft für die Stammesnatur der Region, in der der Prophet gelebt hatte.

Eine Seite, die später sunnitisch genannt wurde, forderte, die Position des Kalifen solle den Mitgliedern der *Sahaba* – der Gefährten und Begleiter Mohammeds – vorbehalten sein.[70] Politisch betrachtet bedeutete dies, dass die Wahl eines Kalifen sich auf Mitglieder des Stammes der Quraish beschränkte, den Stamm des Mohammed. (Mit der Zeit wurde diese Vorschrift flexibler, als der islamische Staat expandierte und nun auch Regionen und Länder umfasste, die außerhalb der arabischen Halbinsel lagen.)

Die andere Seite, die später schiitisch genannt wurde, beharrte darauf, dass nur Ali Ibn Abi Talib – Cousin des Propheten und Ehemann der Tochter des Propheten, Fatima – und seine Nachkommen für die Stellung des Kalifen in Frage kämen.[71] Dies schränkte die Zahl der Berechtigten noch weiter ein, nämlich auf die Mitglieder des Hashim-Clans – des Clans, aus dem Mohahmmed hervorgegangen war und der zum Stamm der Quraish gehörte.

Die Frage, die die Spaltung bewirkte, war also eigentlich politischer Natur und spiegelte lediglich den Machtkampf zwischen verschiedenen rivalisierenden Stammesclans innerhalb der frühen islamischen Gemeinde wider. Doch mit der Zeit entwickelten die jeweiligen Anhänger der beiden Richtungen auch unterschiedliche Meinungen über theologische Belange.

Die Rolle des Imam oder Kalifen und ihr Wesen machen den wesentlichen Unterschied aus, der die beiden Denominationen voneinander trennt. Bedeutsam ist dabei, dass es im sunnitischen Islam keine klerikale Hierarchie gibt. Das erklärt, warum jeder sunnitische Sheikh, der zu irgendeiner Angelegenheit ein Urteil fällt, eine Fatwa erlassen kann. Die sunnitische Denomination glaubt, dass der Kalif nur eine zeitlich begrenzte Rolle ausfüllt. Die schiitische Denomination hingegen glaubt, dass die muslimische Führerschaft erblich und von einem Imam besetzt sein sollte, der ein Nachkomme des Hauses Ali sein muss.

Die Unterschiede zwischen den beiden Konfessionen nahmen also Formen an, die sich unmittelbar auf die alltägliche Religionsausübung auswirkten. Die sunnitischen Muslime beten fünf Mal, wohingegen die schiitischen Muslime drei Mal täglich beten. Die Schiiten beten mit ausgebreiteten Armen, wohingegen die Sunniten ihre Arme beim Gebet falten und „Amin" singen (was dem christlichen „Amen" entspricht). Diese Unterschiede in den Ritualen der Gebete werden oft mit großer symbolischer und emotionaler Betonung aufgeladen, mit dem Ergebnis, dass die Sunniten sich weigern, in schiitischen Moscheen oder hinter einem schiitischen Imam zu beten. Dasselbe gilt für die Schiiten.[72]

Unterschiede in der konfessionellen Praxis
Die Vielfalt in der islamischen Religion beschränkt sich nicht nur auf die Spaltung von Sunniten und Schiiten. Im Laufe der islami-

schen Geschichte haben sich verschiedene islamische Gruppierungen entwickelt. Der Ismailitismus, der Ibadismus, der Zaydismus, die Aleviten und die Drusen sind nur einige Beispiele dafür.

Die **Ismailiten,** deren Bewegung sich im 9. Jahrhundert aus der breiten Masse der Schiiten entwickelte, sind hauptsächlich in Ostafrika, Pakistan, Indien, im südlichen Saudi-Arabien und im Jemen zu finden. Sie betrachten das Universum als zyklischen Prozess, in dem „die Entfaltung eines jeden Zyklus durch die Ankunft der sieben ‚Redner' gekennzeichnet ist – Gesandte Gottes mit der Heiligen Schrift –, von denen wiederum auf jeden sieben ‚Stumme' – Gesandte ohne offenbarte Schriften – folgen". Zudem folgen auf den Propheten Mohammed, den letzten Redner, sieben Imame, die den Willen Gottes interpretieren und daher höher als der Prophet stehen, denn sie erhalten ihr Wissen direkt von Gott und nicht vom „Engel der Offenbarung". Nur eine hierarchische Organisation, der der Imam vorsteht, hat Zugang zur „geheimen Weisheit", und dieses Wissen wurde „durch Boten verbreitet, die die Gläubigen durch sorgsam gestaffelte Ebenen in die Elite einführten". Ismailiten haben keine Moscheen, sondern „Versammlungshäuser", und ihre Gottesdienstrituale haben nur wenig Ähnlichkeit mit denen der anderen Muslime.[73]

Der **Ibadismus** ist weder sunnitisch noch schiitisch. Er stammt von der Bewegung der sogenannten Kharijiten – Abtrünnigen – ab, die im 8. Jahrhundert entstand und nach ihrem Gründer Abdallah ibn Ibad heißt. Er unterscheidet sich von den Sunniten und Schiiten dadurch, dass er für das Recht eintritt, den Imam aus der Gesamtheit der muslimischen Bevölkerung zu wählen.[74] Die Abtrünnigen waren zähe dogmatische Kämpfer, die blutige Revolten gegen die Kalifen ausfochten und in der frühen Geschichte des Islam furchtbare Gräueltaten begingen. Doch die Ibaditen von Oman, Ostafrika und einigen Teilen Nordafrikas sind heute wohlbekannt für ihre gemäßigte und tolerante Auffassung der religiösen Lehre. Fanatische Sunniten betrachten sie als Anhänger einer abweichenden Form des Islam.

Der **Zaydismus,** der in der Gebirgsregion des Jemen und in der südlichen Provinz von Saudi-Arabien weit verbreitet ist, wurde im 8. Jahrhundert von Zayd ibn Ali ins Leben gerufen, dem Enkel al-Husains. (Al-Husain wiederum war der Enkel von Mohammed und der Sohn des Ali.) Obwohl er als schiitische Sekte gilt, wird er häufig als den Sunniten nahestehend betrachtet. Die Zayditen glauben nicht an die heilige Rolle des Imam und auch nicht, dass er von Gott gewählt wird; für sie darf der Imam nur aus den Nachkommen Alis heraus gewählt werden.

Was den Zaydismus von den anderen islamischen Gruppierungen fundamental unterschied, war, dass er – zumindest in den frühen Phasen seiner Entwicklung – viele der rationalen Grundsätze von al-Mutazila mit einbezog (einer philosophischen islamischen Bewegung, die Rationalität und die Kontrolle des Menschen über sein Schicksal betonte). Eine der politischen Kernüberzeugungen des Zaydismus ist ein Prinzip, das er entwickelte, lange bevor John Hobbes darauf kam: das Prinzip der Revolte – al-Khuroug ala al-Thalimiin –, das die Muslime dazu aufrief, sich gegen jeden Imam zu erheben, der sich als ungerecht erwies, und ihn aus seiner Stellung zu vertreiben.[75]

Das **Alevitentum,** das in Syrien und im türkischen Antakya anzutreffen ist, stellt eine weitere islamische Strömung dar, die sich im 9. Jahrhundert herausbildete. Es basiert auf den Lehren von Mohammed ibn Nusayr – einem aus Basra stammenden Zeitgenossen des zehnten schiitischen Imam. Das Alevitentum wird ebenfalls als Strömung der schiitischen Tradition angesehen, beinhaltet jedoch ganz andere Lehren, etwa, dass Gott sich den Menschen siebenmal zeigte: durch Adam, Noah, Jakob, Moses, Suleiman, Jesus und Mohammed. Der Name der Sekte ist von Ali, dem Cousin des Propheten, abgeleitet, den die Aleviten verehren, aber sie beten auch Jesus an und feiern seine Kreuzigung. Die religiösen Rituale der Aleviten werden im Geheimen abgehalten, und sie sind dafür bekannt, dass man dabei nicht betet oder fastet, wie die meisten Muslime es beim Gottesdienst tun. Die Frauen sind nicht ge-

84

zwungen, Kopftücher zu tragen, aber sie dürfen auch nicht an den religiösen Zeremonien teilnehmen und erhalten zudem keine Unterweisung in den religiösen Lehren. Eine Kerndoktrin der alevitischen Lehre bildet die Reinkarnation der Menschen und der anderen Lebewesen.[76]

Die syrischen Aleviten sollten nicht mit den türkischen Aleviten verwechselt werden; Letztere stellen eine andere religiöse Tradition dar. Die Entstehung der türkischen Aleviten kann anhand der Lehren der Sufi-Orden der Safaviden im persischen Ardabil (türkisch Erdebil) bis ins 15. Jahrhundert zurückverfolgt werden. Der Begründer dieser Orden, Safiy ad-Din, sah seine Wurzeln im siebten schiitischen Imam, Musa Kazim, und folglich in Ali ibn Abi Talib.[77] Die türkischen Aleviten glauben an eine Trinität aus Gott (der Schöpfer, der Gerechte, der Allgegenwärtige und Weise lässt zugleich alle Lebewesen an sich Anteil haben), Mohammed (Gottes Prophet) und Ali (Gottes Freund). Zudem glauben sie an „eine Identität, eine geistige Gleichartigkeit zwischen Gott, Mohammed und Ali und sprechen als Kultspruch ‚aalah-muhammed-ali'". Überdies sind sie von einer „heiligen Kraft" Gottes überzeugt, die sich allen Menschen offenbart und an alle weitergegeben wird.[78] Den Lehren der türkischen Aleviten zufolge werden Frauen als den Männern gleichgestellt betrachtet; sie nehmen mit den Männern an religiösen Ritualen teil und sind nicht gezwungen, den Schleier zu tragen. Polygamie ist verboten, Scheidung ohne „rechtmäßigen Grund" kann zum Ausschluss aus der Gemeinschaft führen.[79]

Wie die syrischen Aleviten glauben auch die **Drusen,** die in Syrien, im Libanon, in Palästina und in Israel anzutreffen sind, an die Reinkarnation aller Lebewesen. Sie glauben, dass der sechste Fatimiden-Kalif, der von 985 bis 1021 lebte, eine Inkarnation Gottes war. Das Wort „Druse" ist im Grunde ein unrichtige Bezeichnung, und die Anhänger dieser Glaubensrichtung ziehen es vor, „Muwahhidun" genannt zu werden, was „die an die Vorstellung des Tawhid glauben" heißt. „Tawhid" kann mit „Glaube an die Gotteseinheit und an die Manifestation dieser Einheit in der gesamten

Schöpfung" übersetzt werden.[80] Sie betrachten ihre Glaubensrichtung als „Islam und Judentum verwandt", wie ein Druse, dem ich in Syrien begegnete, mir erklärte. Interessanterweise verbietet ihre Sekte die Polygamie und hat sehr strenge Ansichten über die Monogamie, was sie zu einem eher entfernten Verwandten von Islam und Judentum macht.[81]

Zu Ende dieses Abschnitts möchte ich unbedingt noch den **Sufismus** erwähnen, der einen Zweig der islamischen Tradition darstellt, die mit dem sunnitischen und dem schiitischen Islam gleichermaßen assoziiert wird. Diese religiöse Strömung – mit ihren verschiedenen Gruppierungen – ist in Zentralasien, in Nordafrika und in Teilen der Türkei, Saudi-Arabiens, des Jemen, Syriens und Ägyptens weit verbreitet und betont die mystische Seite des Islam. Einige dieser Bewegungen legen einen Schwerpunkt auf die persönliche Pflicht und Verantwortlichkeit des Menschen und lehren, dass er sowohl geistig wie körperlich mit Gott verschmelzen kann. Für andere sind vor allem die Mitgliedschaft in einem Sufi-Orden und Gehorsam gegenüber dem Sheikh oder der Sheika des Ordens von Bedeutung.[82] Die Anhänger des Sufismus besuchen auf ihren Pilgerreisen die Grabmäler der Sufi-Heiligen. Um mit Gott in Verbindung zu treten, setzten diese Heiligen auf Liebe, nicht auf äußerliche Rituale.

Ibn Arabi, mit dessen Gedicht ich diesen Abschnitt einleitete: „Ich folge der Religion der Liebe: Welchen Weg die Kamele der Liebe auch nehmen, er ist meine Religion und mein Glaube" – gilt in der sufistischen Tradition als Autorität.

Sehen Sie, wie das Bild eines homogenen Islam verschwimmt? Und das ist erst der Anfang. Wenn ich im Folgenden über die verschiedenen Bräuche spreche, die ich in arabischen und islamischen Staaten erlebt habe, wird noch deutlicher werden, dass das einheitliche Bild des Islam nur in der Vorstellung existiert – ein Hilfsmittel, auf das wir zurückgreifen, um das „Andere" zu erfassen, das wir im Grunde nicht verstehen.

86

Vielfalt in der gesellschaftlichen Wirklichkeit

Sie brauchen die islamischen Konfessionen und verschiedenen Gruppierungen gar nicht im Einzelnen zu studieren, um die enorme Vielfalt der arabischen und islamischen Gesellschaften zu erkennen. Dazu genügt es, in einer islamischen Gesellschaft zu leben und danach in eine andere umzuziehen.

Ich habe die Vielfalt der Sitten und Gebräuche erlebt, als ich mit meinem Vater von einem Land ins andere zog, da er im Laufe seiner Diplomatenkarriere verschiedene Posten in arabischen und islamischen Staaten bekleidete. Diese Erfahrungen ermöglichten mir zu begreifen, dass die Art, wie Menschen eine Religion leben, entscheidend ist. Jede Gesellschaft ist einzigartig und geprägt vom Wesen ihrer Mitglieder und ihrer Bräuche. Die Tatsache, dass sie dieselbe Sprache oder Religion mit anderen teilen, nimmt ihr nichts von ihrer Besonderheit.

Nehmen Sie das Beispiel Ägypten. Es ist nicht irgendein arabisches Land. Das kommt einem bald zu Bewusstsein, wenn man sich in diesem Land aufhält. Es ist *„umm al dunia"*, die Mutter der Welt. Wenn Sie einmal Wasser vom Nil getrunken haben, dann müssen Sie dorthin zurückkehren. Das ist eine Redensart, die man hier oft hört. Der Nil, die Pyramiden und die alte ägyptische Geschichte gehören zur ägyptischen Identität. Auch die Religion ist ein Teil dieser Identität. Die Ägypter sind bekannt für ihre religiöse Hingabe, ganz gleich an welche Religion sie glauben. Aber Ägypter zu sein beschränkt sich nicht auf die Religion. Es ist mehr als das. Unter allen arabischen Ländern, in denen ich lebte oder die ich bereiste, ist Ägypten besonders in der Art, wie seine Bewohner sich mit ihrer nationalen Identität identifizieren: „Wir sind Ägypter", sagen sie, und zwar voll Stolz. Und wenn Sie Araberin oder Araber sind, wird man Ihnen in unterschiedlichen Arten und Gesten die Botschaft vermitteln: „Du kannst gerne hierherkommen und bleiben. Aber du wirst nie Ägypter sein."

Ich erinnere mich daran, dass meine ägyptische Großmutter mich in die Altstadt Kairos mitnahm, um mit mir das Grab von al-Hussain, dem Enkel des Propheten, zu besuchen. Sie tat dies, obwohl sie der sunnitischen Shafii-Denomination angehörte. Für sie bedeutete es keinen Widerspruch zu ihren sunnitischen Überzeugungen, sein Grab zu besuchen, dort Koranverse zu lesen und um seinen Segen zu bitten. Warum auch? Diese Dualität gehörte zum ägyptischen Erbe. Das Land wurde fast zwei Jahrhunderte lang – von 909 bis 1171 – von einem ismailitischen Fatimiden-Kalifat regiert. Das erklärt, warum manche Menschen Ägypten als sunnitisch in der Tradition und schiitisch im Geist bezeichnen. Nebenbei bemerkt konnte man in der Zeit, in der meine Großmutter lebte, seine Religion ausüben, ohne sie in Kategorien einteilen zu müssen. Es war eine Zeit, in der man seinen Überzeugungen in einfachen Akten Ausdruck verlieh und sich nicht genötigt fühlte, sie anderen aufzudrängen. Meine Mutter, ebenfalls eine sunnitische Shafii, missbilligte diese Besuche der „Heiligen"-Gräber, ließ aber dennoch zu, dass meine Großmutter mich mitnahm.

Und ich war stets erstaunt und entzückt über ihre religiöse Hingabe.

Als ich mit sieben Jahren in den Iran zog, machte ich andere Erfahrungen. Einen prägenden Eindruck hinterließ bei mir, was in der *Encyclopedia Britannica* unter „Feier der Leidensgeschichte" nachzulesen ist. So wie fromme Christen die Kreuzigung Jesu in besonderen Gottesdiensten feiern – was so weit gehen kann, dass sie die Ereignisse der Passionsgeschichte selbst nachleben, wie man es auf den Philippinen beobachten kann –, so feiern die schiitischen Iraner Aschura, den Todestag von al-Hussain in Trauerprozessionen. Männer jeden Alters – Kinder, Jugendliche und Erwachsene – kommen in Scharen zusammen, wandern durch die Straßen und schlagen mit schweren Ketten auf ihren Oberkörper ein. Dadurch bringen sie ihre Reue über die Ursprungs-„Sünde" ihrer Vorväter zum Ausdruck – die ersten Schiiten, die es ablehnten, Ali und seine Söhne zu unterstützen, als diese es am meisten benötigten.

Mein Vater nahm mich zusammen mit meinem Bruder zu dieser Feier mit. Das Bild der Männer, die mit Ketten auf ihre entblößte Brust und ihren Rücken einschlugen – wobei manche ihrem Körper richtige Wunden zufügten –, alle im Zustand der Aufgelöstheit und Ekstase, faszinierten und verwirrten mich.

„Das ist ihre Tradition", flüsterte mein Vater mir zu. „Ihre, nicht unsere!" Im Jemen feiern die Zayditen ebenfalls Aschura, aber mit besonderen Mahlzeiten, die eigens für diesen Anlass zubereitet werden. Die Passions-Prozession gehört jedoch nie dazu.

Der Iran ist persisch. Reisen Sie dorthin, und Sie werden rasch verstehen, wie wichtig das stets war und noch immer ist. Die Sprache der Iraner ist Persisch, nicht Arabisch, wie manchmal angenommen wird, und sie sind sehr stolz auf ihre alte, berühmte *persische* Zivilisation (ich betone hier das Wort „persisch" bewusst). Es ist deutlich spürbar, wie sehr dieser Faktor das Bewusstsein der iranischen Gesellschaft prägt. Die persische Kultur kann nicht der arabischen untergeordnet werden.

Die Rivalität zwischen den beiden Kulturen durchzieht die gesamte islamische Geschichte. Sie spiegelt die Animosität zwischen den beiden Ethnien wider, die ihren Ursprung in der frühen Hegemonie der Araber über die Perser hat und ihren Anfang nahm, als die arabischen Muslime Persien eroberten. Doch mit der Zeit lernten die neuen persischen Muslime die Sprache ihrer Eroberer, und damit hinterließen sie deutliche Spuren in der Literatur, der Philosophie und der Politik.

Später bekam die Rivalität zwischen den beiden Gruppen eine konfessionelle und politische Dimension, als die Savaid-Dynastie, die den Iran vom 16. Jahrhundert an regierte, den schiitischen Islam zur Staatsreligion erklärte. Das Osmanische Reich hingegen, das im 15. Jahrhundert von einer türkischen Dynastie geschaffen wurde und damals über viele arabische Provinzen herrschte, proklamierte den sunnitischen Islam (die sunnitische hanafitische Schule) zur offiziellen Staatsreligion.

Die beiden Imperien wetteiferten miteinander und bekämpften sich zuweilen auch. Wussten Sie beispielsweise, dass Basra – heute im Irak – den Osmanen im osmanisch-persischen Krieg von 1776 von den Persern abgenommen wurde? Dass Kuwait, ein kleines Scheichtum, das als Teil der Basra-Provinz betrachtet wurde, Schutz vor den beiden Imperien suchte, indem es sich mit Großbritannien aussöhnte?[83] Dieser Schritt sicherte dem Land seine langersehnte Unabhängigkeit.

Über Geschichte liest man nicht nur in Büchern. Sie wird lebendig, wenn man es am allerwenigsten erwartet. Das zeigte sich, als der Irak im Jahr 1990 in Kuwait einmarschierte. Saddam Hussein rechtfertigte seinen Angriff, indem er behauptete, das Emirat sei vor 215 Jahren ein Teil von Basra gewesen. Als sei die Zeit an diesem historischen Moment stehengeblieben!

Ich lernte diese Geschichte – gefärbt mit antipersischen/-schiitischen Untertönen – in der irakischen Schule, die ich von 1978 bis 1982 in Marokko besuchte. Die persisch-arabische Rivalität war damals besonders ausgeprägt, weil der Irak gegen den Iran Krieg führte. Dieser erste Golfkrieg, der von 1980 bis 1988 dauerte, war aufgrund der zweihundertjährigen territorialen Streitigkeiten ausgebrochen. Doch er wurde in meiner irakischen Schule und in irakischen TV-Programmen als Teil des kontinuierlichen alten Konflikts dargestellt, der die beiden Ethnien trennte. Geschichte war nicht nur Geschichte. Sie war ein Mittel, um alte Wunden, alte Spaltungen und alten Hass wiederzubeleben.

In Marokko erlebte ich eine andere Welt – faszinierend durch ihre reiche Kultur, durch ihre Gastfreundschaft und Offenheit. Der Umzug vom Nordjemen, wo ich zwei Jahre, von 1976 bis 1977, verbracht hatte, nach Marokko war äußerst spannend. Der Unterschied zwischen den beiden Gesellschaften hätte nicht auffallender sein können. Zunächst einmal gab es in der marokkanischen Gesellschaft keine Geschlechtertrennung wie im Jemen.

In den Städten des Nordjemen leben beide Geschlechter in getrennten Welten, und wenn sie sich begegnen, dann in ihrem abgeschlossenen Familienkreis. Doch wie in jeder Gesellschaft, in der Geschlechtertrennung herrscht, finden Männer und Frauen Wege, die strengen Regeln zu umgehen. Durchbrechen Frauen jedoch diese Regeln, dann laufen sie Gefahr, ihren guten Ruf zu verlieren, zuweilen mit schlimmen Folgen.

Zwei Universen, die nebeneinander existieren. So nahm ich den Jemen gewöhnlich wahr, wenn wir dorthin zurückkehrten. Die Tatsache, dass im Jemen nicht von mir verlangt wurde, mich nach den dortigen gesellschaftlichen Regeln zu richten, wirkte verwirrend, ja sogar quälend auf mich. Ich hatte Glück, wofür ich dankbar war. Aber es war auch eine Last. „Du bist verschont worden, doch was ist mit den anderen?"

Von mir wurde nicht erwartet, dass ich den Sharshaf trug (das ist der jemenitische Name der beiden schwarzen Kleiderstücke, die eine Frau von Kopf bis Fuß verhüllen, ergänzt durch eines, das auch das Gesicht bedeckt) – auch dann nicht, als eine Familiendelegation zu meinem Vater kam und genau dies forderte, nachdem ich elf Jahre alt geworden war. Ich trug keinerlei Verschleierung, und ich nehme an, es wirkte auf manche Mitglieder der Familie meines Vaters etwas irritierend, dass ich lieber Hosen als Kleider anzog. Hosen waren praktischer für ein Mädchen, das mit seinem Bruder und seinen in der Nachbarschaft wohnenden Cousins spielte.

Mein Vater bat mich zu einem Gespräch in unseren Mafraaj – das Wohnzimmer – und sagte zu mir: „Sie wollen, dass du den Sharshaf trägst. Was meinst du dazu?" Eine interessante Frage, an ein Mädchen in einer Gesellschaft, die oft die Entscheidungen für die Mädchen trifft.

Für mich war der Sharshaf eine Art Kostümierung. Ich zog ihn aus Spaß an, wenn ich meine Cousine Samira besuchte. Er ähnelte den Verkleidungen als Pirat oder Prinzessin, die meine Tochter heute mit ihren Freunden zur Faschingszeit trägt. Meine Antwort spiegelte diese naive Auffassung wider, und ich erwiderte: „Das wäre toll!"

Sie können sich die Enttäuschung meines Vaters vorstellen.

Aber mein Vater war klug. Er ignorierte einfach, was ich gesagt hatte. Ich sollte erst später erfahren, dass er seiner Familie mitgeteilt hatte, nicht sie, sondern einzig und allein er sei derjenige, der bestimmte, welche Regeln ich, seine Tochter, zu befolgen hätte. Was das wirklich bedeutete, merkte ich an dem Druck, den er auf mich ausübte, damit ich hervorragende Schulleistungen erbrachte, und daran, dass er mir wortlos zu verstehen gab, dass ich selbstverständlich erreichen konnte, was ich wollte: „Träume, arbeite hart, und mit ein bisschen Glück wirst du es schaffen!" Er gab mir das Gefühl, frei zu sein.

Meine Cousine Samira hatte weniger Glück. Als sie in der fünften Klasse war, nahm ihr Vater sie aus der Schule und verheiratete sie. Sie war damals elf Jahre alt. Er tat es, während mein Vater sich im Ausland aufhielt, weil er sich denken konnte, dass mein Vater versuchen würde, ihn daran zu hindern. Und das hätte er tatsächlich auch getan.

Als ich von Ägypten in den Jemen zurückkehrte, war Samira das zweite Jahr verheiratet. Sie war traurig. Das vertraute sie mir an. Und je mehr sie mir erzählte, desto schmerzlicher wurde mir klar, wie unterschiedlich unsere Geschicke waren. „Ich wurde verschont. Und sie?"

Im Bewusstsein, wie stark die jemenitische Gesellschaft von der Geschlechtertrennung geprägt war, zog ich nach Marokko, als ich etwa dreizehn war. Und wiederum war ich fasziniert darüber, dass es möglich war, nach Rabat zu fahren, ohne gesellschaftlichen Druck zu verspüren. Männer und Frauen haben zwar ihre unterschiedlichen Welten, aber diese vermischen sich – beide Geschlechter arbeiten gemeinsam und sie essen gemeinsam. Männer und Frauen küssen sich sogar gegenseitig auf die Wangen. Man stelle sich das im Jemen vor!

Das war in den späten siebziger Jahren in Marokko. Die Kluft zwischen den Armen und den Reichen sprang mir in die Augen; man hätte schon blind sein müssen, um sie nicht zu sehen, aber es gab keine Trennung der Geschlechter. Sicher, die traditionellen Frauen trugen die Djellabia – ein langes, loses Kapuzengewand mit langem Arm. Frauen der älteren Generation ergänzten es durch den Khimar – ein Kleidungsstück, das ihr Gesicht bedeckte. Aber sie waren in der Minderheit. Die Mehrheit zog die vielfarbige Djellabia ohne den Khimar vor. Und wenn eine Frau den Khimar trug, war er weiß. Welch ein Kontrast zu dem Schwarz, das die Straßen von Sanaa beherrscht.

Ich hoffe, dass ich deutlich machen konnte, wie unterschiedlich islamische Lebenswelten sein können, und dass wir nicht über *einen* Islam oder über *eine* Gesellschaft sprechen; tatsächlich sprechen wir über unterschiedliche Welten mit unterschiedlichen religiösen Traditionen.

Selbst wenn zwei islamische Länder dieselben religiösen Denominationen und dieselbe Rechtsschule haben, unterscheiden sie sich darin, wie sie ihre religiösen Vorschriften anwenden. Beispielsweise teilen sowohl Marokko als auch Kuwait – wo ich von 1985 bis 1989 lebte – dieselbe sunnitische Maliki-Rechtsschule.[84] Doch Marokko machte Gebrauch von einer alten islamischen Vorschrift, die es ermöglichte, dass Frauen ihrer Eheschließung zustimmen mussten. In Kuwait war diese Vorschrift ignoriert worden. Stattdessen hatte man dem männlichen Vormund das Recht verliehen, seine Tochter (oder Schwester usw.) sogar ohne ihr Wissen zu verheiraten. Was bringt eine Gesellschaft dazu, von einer Vorschrift Gebrauch zu machen, und eine andere, diese Vorschrift zu ignorieren? Auch hier sind es Menschen, die darüber entscheiden.

Der Islam ist also vielfältig. Dennoch betone ich, dass eine islamische Reform notwendig ist. Ich schlage das Konzept eines humanistischen Islam als Ansatz für diese Reform vor. Ist das kein Widerspruch in sich?

Der Vormarsch des politischen Islam und der gleichzeitige Prozess der Reislamisierung der arabischen Gesellschaften sind die unmittelbaren Gründe für meine Forderung. Die Menschen haben begonnen, ihre Vielfalt zu vergessen, und haben sich die Auffassung zu eigen gemacht, es gebe nur eine Auslegung des Islam – die der Islamisten.

In den arabischen und islamischen Staaten ist das „islamische Phänomen" heute eine unleugbare Tatsache, und die Reislamisierung dieser Gesellschaften ist ein Prozess, der Jahrzehnte brauchte, um sein gegenwärtiges Gepräge herauszubilden.

Die Gründe des „islamischen Phänomens" – wie der Soziologe Sami Zubaida in seinem Buch „Islam, the People and the State: Political Ideas and Movements in the Middle East" erklärte – sind wohlbekannte wirtschaftliche und demografische Probleme und deren katastrophale Folgen für die Regierungen: „Kontinuierliches Bevölkerungswachstum, insbesondere unter den jüngeren Altersgruppen; ein überholungsbedürftiges Bildungswesen; stagnierende Wirtschaften mit großen Überschuldungsproblemen, die noch durch die grassierende Korruption und durch Missmanagement erhöht werden; steigende Arbeitslosigkeit, Unterbeschäftigung und schlecht bezahlte Jobs ohne Aufstiegschancen; überlastete und korrupte Sozialsysteme."[85]

Der arabische Staat hat sich zurückgezogen, unfähig, für seine Bürger zu sorgen. Ja, er hat seine Bürger im Stich gelassen. Er hat sein Versprechen, einen erfolgreichen Entwicklungsprozess in Gang zu setzen (die arabischen Länder liegen in ihrer Entwicklung hinter anderen Regionen zurück), und das Leben seiner Bewohner zu verbessern, nicht gehalten. Ein arabischer Bürger bräuchte 140 Jahre, um sein Einkommen zu verdoppeln. Bürger anderer Regionen können dieses Ziel in zehn Jahren erreichen. Der Staat war auch nicht imstande, ein verlässliches und demokratisches System einzurichten (die Demokratisierung ist von den arabischen Regimes unter dem Vorwand, die Entwicklung habe Priorität, verschoben worden).[86]

Der Staat hat versagt, und da, wo er versagt hat, haben islamistische Bewegungen die Oberhand bekommen. Hier „gehen die islamischen wirtschaftlichen und sozialen Sektoren dazu über, Dienste und Hilfen zu bieten, teils in Form von wohltätigen Vereinigungen, zumeist aber gegen bescheidene Gebühren."[87]

Islamische Bewegungen haben nicht nur den arabischen Staat

in seiner Struktur verbessert, indem sie den desorientierten Massen dringend benötigte Dienstleistungen boten. Seit Beginn der 1970er-Jahre wandelten sie sich auch von politisch marginalisierten Randgruppen zur populärsten politischen Kraft in der Region. Was für ein krasser Gegensatz zur Mitte des 20. Jahrhunderts, als die Muslimbrüder – die Kopforganisation, der die meisten islamischen Bewegungen entstammten – den Zorn des „säkularen" Establishments zu spüren bekamen. Wie brachten sie es fertig, da Erfolg zu haben, wo andere versagten? Im nächsten Abschnitt werde ich versuchen, diese Frage in aller Kürze zu beantworten.

Politischer Islam: eine Erfolgsgeschichte

Der Beginn des 20. Jahrhunderts war eine Zeit intensiver Debatten darüber, welches politische System die Araber wählen sollten. Es war eine Zeit der Krisen und des Aufruhrs. Die arabischen Völker befanden sich in einem Zustand des Schocks. Ihre Provinzen gehörten zum Osmanischen Reich, doch dieses Reich war im Zerfall begriffen. Zwei Kräfte drängten dieses Reich in zwei unterschiedliche Richtungen. Die erste war die Bewegung der Jungtürken, die in ihrem Versuch, das Reich auf einer konstitutionellen Grundlage zu reformieren, sein „Türkentum" betonten, womit sie die Nicht-Türken im Reich ausgrenzten – darunter auch die Araber. Die zweite Kraft war Sultan Abdul Hamid II. (1876–1909), dessen Bestrebungen, die absolute Macht zu behalten, ihn nötigten, die „islamische" Natur des Reiches zu betonen. Diese Akzentuierung diente zwei Zielen: Sie ermöglichte ihm zu behaupten, dass er als muslimischer Kalif der Schatten Gottes auf Erden sei und dass folglich seine Macht nicht angefochten werden dürfe; und er trotzte mit ihrer Hilfe den wiederholten nationalen Revolten verschiedener Ethnien in seinem Reich – er beschwor die „islamische" Identität, um seine Untertanen zu einen.[88]

Dass das Reich Mitte des 19. Jahrhunderts Reformen eingeleitet hatte, die auf Gleichheit aller seiner Untertanen – ungeachtet ihrer Rasse oder Religion – hinwirkten, spielte in dieser Phase keine Rolle mehr. Sowohl die Jungtürken als auch der Sultan suchten Wege, das Reich aus seiner Krise herauszuführen; beide Seiten strebten danach, ihre Interessen zu schützen, und beide machten sich dabei eine je unterschiedliche Art von „Identität" zunutze – eine nationale beziehungsweise eine religiöse.

Der Verlauf der Geschehnisse ergab, dass die nationale Identität die Oberhand gewann, was zur Abdankung von Abdul Hamid, zum Zusammenbruch des Reiches nach seiner Niederlage im Ersten Weltkrieg und zu seiner letztendlichen Aufteilung führte. Kemal Atatürk (1881–1938) – ein junger militärischer Anführer – wurde der erste Präsident dessen, was die „Türkei" genannt wurde, und überzeugt davon, dass der fortschrittliche Weg anders verlief, beschloss er im Jahr 1924, das Kalifat abzuschaffen. Für Atatürk war klar, wie die Lösung der Probleme aussah, vor die seine Nation gestellt war: Sie bestand in der Schaffung eines Nationalstaats, der durch ein umfassendes Reformprogramm modernisiert werden sollte, und in der Einführung des Säkularismus als Eckstein dieses Staates.

Die arabischen Völker standen dieser Entwicklung hilflos gegenüber – ihnen waren die Hände gebunden. Sie mussten mit ansehen, wie die Jungtürken sie durch ihre Hervorhebung des Türkentums ausgrenzten und ihr arabisches Erbe missachteten. (War es nicht genug, dass wir gezwungen waren, eure korrupte Verwaltung, eure schwerfällige Politik und eure Arroganz zu ertragen? Jetzt streut ihr zusätzlich Salz in unsere Wunden, indem ihr noch unsere bloße Existenz ignoriert.) Sie mussten mit ansehen, wie das Kalifat abgeschafft wurde. (Wie konntet ihr das Einzige zerstören, das uns zusammenhielt? Das Kalifat war nicht nur etwas, was euch allein gehörte. Es war unsere islamische Tradition.) Und sie mussten mit ansehen, wie das Osmanische Reich sich in einen Nationalstaat verwandelte, der sie zu Opfern der Kolonialmächte – Großbritannien, Frankreich, Italien und, in einem geringeren Ausmaß,

Spanien – machte, die bestrebt waren, diese Region untereinander in ihre Einflusssphären aufzuteilen. (Wir waren die Trophäen, die unter den Herrschenden, die uns betrogen, aufgeteilt wurden.)

Es gab zwei Reaktionen auf diese historischen Entwicklungen. Ich habe ihre Inhalte im ersten Teil kurz erwähnt. Für beide stellte Europa einen Bezugspunkt in ihren Überlegungen dar; beide suchten nach einer Lösung für ihre erst vor kurzem kolonisierte Region, und beide kamen zu unterschiedlichen Ergebnissen. Doch ihre jeweiligen Voraussetzungen waren nicht sehr weit voneinander entfernt.

Die erste Reaktion stammte von einer Gruppe von Denkern, die von einigen Experten als „frühe Salafis" bezeichnet werden – das Wort kommt von arabisch „Salaf" und bedeutet „Vorfahr". Es bezieht sich auf diejenigen, die danach strebten, den Islam neu zu beleben, indem sie sich auf klassische islamische Quellen und die ersten Jahrzehnte des islamischen Staates beriefen. An anderer Stelle werden sie auch als Denker der Renaissancebewegung bezeichnet. Diese Gruppe versuchte, die Fragen „Was lief falsch? Warum war es europäischen Nationen möglich, uns zu kolonisieren? Und warum sind sie so viel weiter fortgeschritten als wir?" zu beantworten. Obwohl sie von den Entscheidungen der Kolonialmächte ausgeschlossen wurden, waren sie von Europa fasziniert – vom Fortschritt seiner Wissenschaft, seinen politischen Systemen und seinen Kenntnissen. Europa war ein Modell, an dem sie sich orientierten, und Europa war die Zukunft, auf die sie zusteuern wollten. Sie wollten wie die Europäer sein, gleichzeitig jedoch Muslime bleiben.

Diese Denker kamen auf eine Lösung, die sich in etwa wie folgt zusammenfassen lässt: „Wir müssen moderner werden. Die Gesellschaft sollte die europäischen Institutionen übernehmen, und die Menschen müssen lernen, den Islam richtig zu deuten."

Diese Gruppe versuchte, den Europäern wie sich selbst mit aller Macht zu beweisen, dass der Islam tatsächlich mit der Moderne vereinbar ist. Aber weil sie sich so sehr bemühten, diese Erklärung zu beweisen und bereits im Voraus wussten, zu welcher Schlussfolgerung sie gelangen wollten, vermieden sie es, die für ihre Suche entscheidenden Fragen zu stellen. Der Koran, sein Wesen, die religiösen Texte und die damit verbundenen ideellen Annahmen wurden nicht hinterfragt, wie es eigentlich nötig gewesen wäre. Diejenigen, die versuchten, diese Fragen zu stellen, wie beispielsweise Taha Hussein (1889–1973) – ein Pionier in der kurzen Aufklärungsbewegung Ägyptens, der in seinem 1926 veröffentlichten Buch „Über vorislamische Poesie" die Meinung vertrat, der Koran solle nicht als objektive Quelle verwendet werden – verstummten mit der Zeit.

Die zweite Reaktion kam von der Muslimbrüderschaft, die im Jahr 1928 im ägyptischen Ismailia von einem Dorfschullehrer namens Hassan al-Banna (1906–1949) gegründet wurde. Auch für diese Gruppe stellte Europa der Bezugspunkt dar, aber genau im umgekehrten Sinne – die Muslime sollten sich *nicht* daran orientieren. In der Ideologie der Muslimbrüder bestand eine eindeutige Teilung der Welt in zwei Lager: „Wir", die guten Muslime, gegen „sie", das heißt, den moralisch korrupten, aber wissenschaftlich fortgeschrittenen Westen.

Die Ideologie der Muslimbrüder ist klar, die Idee einfach. Es gibt zwei Alternativen, zwischen denen ein Muslim wählen muss: Die erste ist der Weg des Islam, mit seinen Grundsätzen, seinen Regeln, seiner Kultur und Zivilisation; die zweite ist der des Westens, mit seinen Lebensweisen, Systemen und Vorstellungen. Welche Alternative ist besser? Der islamische Weg natürlich.

Hassan al-Banna erklärte, warum der islamische Weg die bessere Wahl sei: „Der Islam ist ein umfassendes System, das alle Sphären des Lebens mit einschließt. Er ist ein Staat und eine Heimat (oder eine Regierung und eine Nation). Er ist moralische Instanz und Macht (oder Gnade und Gerechtigkeit). Er ist eine Kultur und ein Gesetz (oder Wissen und Rechtsphilosophie). Er ist Besitz und Reichtum (oder Gewinn und Wohlstand). Er ist eine Aufgabe und ein Aufruf (oder eine Armee und ein Anliegen). Und schließlich ist er wahrer Glaube und Verehrung."[89]

Al-Bannas Antwort lieferte das Fundament, auf das der politische Islam seither seine Argumente gründet: Der Islam ist eine Lebensweise! Er bestimmt jeden Aspekt der Gesellschaft, auch die Politik. Und die Muslime müssen ihren Willen seinen Bestimmungen unterordnen.

Von der ersten Phase ihrer Gründung an bestand das Hauptanliegen der Muslimbrüder darin, eine klare Position gegen den Säkularismus einzunehmen. Doch es war der von Atatürk eingeführte Säkularismus, den sie angriffen – schließlich hatte er ihnen das Kalifat genommen. Folglich konzentrierte sich ihre Ideologie auf das Konzept der Umma – der islamischen Nation – als genauem Gegensatz zur Idee des „Nationalstaats" mit seinen nationalen geografischen Grenzen, und auf die „islamische Identität" als Alternative zur „nationalen Identität".

Die Muslimbrüder kritisierten die Nationalisten, weil sie den Islam nicht als die Nationalität der Muslime betrachteten und „sich um nichts kümmern als um die Belange dieses begrenzten und kleinen Teils der Welt" (eines Staates mit Grenzen). Ihre Alternative? „In unseren Augen ist jedes Stück Land, wo ein Muslim lebt, der sagt: ,Es gibt keinen Gott außer Gott, und Mohammed ist der Gesandte Gottes', ein Vaterland."[90] Daher sollte das Ziel darin bestehen, „dass ein Muslim die Pflicht hat, etwas von seiner Person, seinem Blut und seinem Vermögen zu geben, um an der Aufgabe teilzuhaben, auf die er vertraut, nämlich, die Menschheit mit dem Licht des Islam zu leiten und das Banner des Islam weit über die Erde zu schwingen …"[91]

Wenn dies das Ziel der Muslimbrüder ist, dann muss die Frage erlaubt sein: Was meinen sie mit „Islam"? Auch darauf hat al-Banna eine Antwort: „Wir sind Muslime, und das ist genug. Unser Weg ist der Weg des Boten Allahs, und das ist genug. Unser Glaube gründet auf dem Buch Allahs und der Sunna (den Aussagen des Propheten und seines Lebens), und das ist genug."[92]

Abd Alqader Auda (1907–1954), der Stratege, der die ideologische Grundlage der Muslimbrüder mitprägte, fügte dem Islam, den sie sich vorstellten, ein weiteres Element hinzu – die Anwendung der Scharia: „Der Grund für unsere Rückständigkeit war, dass wir die Scharia nicht in ihrer Gänze und Richtigkeit anwendeten. Und wenn der Grund für unsere Rückständigkeit unsere Missachtung der Scharia ist, dann wird es uns nicht helfen, das (positive) Gesetz anzunehmen; das würde unsere Rückständigkeit nur noch weiter fördern. Das wirksame Heilmittel besteht darin, den Grund für die Rückständigkeit zu beseitigen – und zu den Vorschriften der Scharia zuückzukehren."[93]

Es wird deutlich, dass Hassan al-Banna den Islam, zu dem er aufrief, nicht genauer definierte. Vermutlich vermied er dies nicht absichtlich. Er dachte tatsächlich, das, was er sage, sei genug. Denn schließlich war doch nur allzu offensichtlich, was er meinte: Der Islam ist der Islam. Er bedarf keiner Definition. Er ist der Koran, die Hadith (die Aussprüche Mohammeds) und die Sunna (sein Leben und seine Taten). Es spielt keine Rolle, dass man Dutzende von Wegen zur Verfügung hat, um sich all diesen Quellen zu nähern. Es spielt keine Rolle, dass es verschiedene Arten gibt, diesen Islam zu leben. Es spielt auch keine Rolle, dass die Frühgeschichte des Islam, auf die al-Banna ständig als seine Quelle der Inspiration verwies, nicht so ideal war, wie er gerne glauben wollte. Sie war durchzogen von Konflikten, Kriegen und Bluttaten. Aber all das war nicht von Bedeutung. Die Geschichte hatte hier keine Relevanz.

In gleicher Weise war auch Auda unfähig, klar zu definieren, was er mit dem Wort „Scharia" meinte. Bedeutete es die gesamte Rechtstradition, die die muslimischen Gelehrten im Laufe von 1400 Jahren überliefert hatten? Und wenn das der Fall war, nach welcher Rechtsschule wollte er sich dann richten? Nach der sunnitischen? Oder der schiitischen? Oh, ich vergaß zu sagen, dass der schiitische Islam – den Auslegungen der Muslimbrüder zufolge – als abweichende Form des Islam gilt. Oder vielleicht dachte Auda auch an eine neue Interpretation dieser Scharia? In seinem Buch „The Islamic Penal Code in Comparison to Positive Law" betonte er ostentativ, dass das Gesetz von Menschen gemacht wird, die

Scharia hingegen von Gott stammt. Auf dieser Grundlage kann das Gesetz geändert werden, doch die Scharia wird keiner Veränderung bedürfen, ganz gleich, wie die Länder und die Zeiten sich geändert haben. Die Scharia ist, Auda zufolge, nicht von Menschen gemacht; vielmehr ist es die Scharia, die die Menschen macht – sie schafft gute Individuen, gute Menschen, einen idealen Staat und eine ideale Welt.[94]

Der Islam ist eine Lebensweise. Die Scharia sollte die Gesellschaft regieren. Und „der Dschihad ist eine religiöse Pflicht, die für jeden Muslim obligatorisch ist".[95] Folglich ist der Dschihad das dritte Element der Ideologie des politischen Islam. Wiederum äußerte sich Hassan al-Banna ganz eindeutig über den Dschihad, den er im Sinn hatte, und das war kein friedlicher Dschihad. Er sagte: „Gott hat jedem Muslim den Dschihad als religiöse Pflicht auferlegt, kategorisch und rigoros, der er weder ausweichen noch entkommen kann. Er hat ihn zum obersten Wunschziel erklärt und hat die Belohnung für die Märtyrer und Kämpfer zu etwas ganz Besonderem gemacht, denn er hat in die Belohnung nur jene miteinbezogen, die dementsprechend gehandelt und sich in ihrer Ausübung des Dschihad ganz danach ausgerichtet haben."[96]

Mit dem Dschihad wird das Gepräge der Ideologie verständlich, die von den Muslimbrüdern propagiert wird. Es ist eine Ideologie, die die Welt in zwei Lager teilt: Gläubige gegen Ungläubige. Für sie liegt die Identität in der Religion; sie glauben nicht an den Nationalstaat, sie glauben an die Umma; sie strebt danach, die Vorschriften der Scharia anzuwenden und nicht die positiven Gesetze in dieser Umma; und sie betrachten den Dschihad als Pflicht eines jeden Muslim. Die Anwendung der Scharia ist *das* Instrument gegen Rückständigkeit und der Weg, der den Muslim zur Erhabenheit führen wird: Der Islam ist die Lösung. Wie einfach. Und wie gefährlich.

Die Muslimbrüder waren Mitte des 20. Jahrhunderts nicht populär. Sie galten als Randgruppe und ihre Lehren als reaktionär. Ihre religiöse Sprache fand keinen Widerhall bei den Menschen auf der

Straße. Sie predigten über die Vergangenheit in einer Zeit, in der die Menschen begannen, in die Zukunft zu schauen. Denn die allgemeine Stimmung war damals optimistisch; die Menschen glaubten, dass sie, hätten sie erst einmal ihre Unabhängigkeit erlangt, auch ihr Schicksal beherrschen könnten. Es war eine Zeit der Träume. Nationalistische Bewegungen mit unterschiedlichen säkularen Grundlagen durchzogen die gesamte Region mit ihren Ideen über den neuen modernen Araber, und Hoffnung, viel Hoffnung lag in der Luft.

An diesem Punkt sollte erwähnt werden, dass die Konzentration der politischen Bewegungen auf den Kampf für die Unabhängigkeit eine ungewollte und sehr unheilvolle Folge hatte: Die ersten Salafi-Reformer des Islam und auch jene, die versuchten, in ihrem Vorhaben gründlich und überlegt vorzugehen, wurden nicht ermutigt. Die Unabhängigkeit hatte Vorrang, und sie erforderte die Einigkeit aller gesellschaftlichen Kräfte. Diskussionen über Themen, die in ihrer Art heikel, aber entscheidend waren – wie die Frage, wie die islamischen religiösen Vorschriften zu reformieren seien –, waren nicht willkommen.

Ein sehr signifikantes Beispiel dafür war das Schicksal des Tunesiers al-Taher al-Hadad (1899–1935), der im Jahr 1930 sein zum Klassiker avanciertes Werk über den Islam und die Rechte der Frau „Unsere Frau in Scharia und Leben" veröffentlichte. In seinem Buch legte er dar, dass die Verse des Korans den Mann privilegierten und vertrat die Ansicht, dass dies kein Hindernis sein solle, das Prinzip der gesellschaftlichen Gleichheit beider Geschlechter einzuführen.[97] Al-Hadads eindeutige und herbe Kritik an der gesellschaftlichen Wirklichkeit der Frauen in Tunesien musste religiöse und konservative Gruppen gegen ihn aufbringen. Erstaunlich dabei war, dass die weltlich gesinnten Kräfte nicht für ihn Partei ergriffen. Er wurde allein gelassen, konfrontiert mit einer konzertierten Kampagne von Konservativen, denen es gelang, ihm seinen akademischen Grad zu entziehen und seine Entlassung von dem Posten, den er an der Universität bekleidete, zu erwirken. Er starb jung und isoliert.

Ironischer-, aber sehr bezeichnenderweise lehnte es Habib Bourguiba (1903–2000) – ein Anführer des tunesischen Unabhängigkeitskampfes und später Tunesiens erster Präsident (1957–87), der für seine weltlichen Überzeugungen und seine Unterstützung der Frauenrechte bekannt war – damals ab, al-Hadad zu unterstützen. Er rechtfertigte seinen Standpunkt mit der Behauptung, das Problem der Frauenrechte sei mit der Tradition verknüpft: „Die Tunesier müssen ihre Traditionen bewahren, denn diese sind das Zeichen ihrer Besonderheit und daher der letzte Schutz einer nationalen Identität, die in Gefahr ist.“[98]

Als die arabischen Staaten ihre Unabhängigkeit erlangten, war der Panarabismus, nicht der Panislamismus die herrschende Ideologie. Der Panarabismus, der im späten 19. und im frühen 20. Jahrhundert entstand, basierte auf der Vorstellung von einer ethnischen und kulturellen Einheit, die alle verbinden sollte, die in den arabischen Staaten arabisch „sprachen“, einer Einheit, die letztendlich über ihre Religion und ihre ethnischen Spaltungen hinausgehen sollte.

Der Islam war keine wesentliche Inspirationsquelle für diese Ideologie. Tatsächlich war die Religion in dieser Zeit zwar Teil des religiösen Lebens der Menschen, aber dennoch in die Privatsphäre verbannt, und ihre Rolle war im Schwinden begriffen.

Aus demselben Grund schenkten die neuen unabhängigen Staaten dem Islam nicht viel Aufmerksamkeit, als sie begannen, ihre Institutionen einzurichten und Gesetze zu erlassen. Zwar wurde der Islam in ihren Verfassungen als „Staatsreligion“ und als eine „Quelle“ (unter anderen) der Gesetzgebung bezeichnet, aber es war klar, dass ihre wichtigste Inspirationsquelle die sozialistisch orientierten Doktrinen des Panarabismus waren und nicht der Islam.

Dennoch – diese Staaten waren nicht ganz und gar säkular. Nimmt man Tunesien einmal aus, so verwendeten alle arabischen Staaten positives Recht[99], um die öffentlichen Bereiche ihrer Gesellschaften zu regeln, aber sie lehnten es ab, es auch für die Privatsphäre der Familie gelten zu lassen. In diesem Bereich wendeten sie vielmehr die Scharia mit ihren unterschiedlichen Rechtsschulen an. Die Familie also sollte weiterhin auf der Basis religiöser Vorschriften gesetzlich geregelt werden, womit die Ungleichheit der Rechte von Männern und Frauen fortgeschrieben wurde.

Das war der erste fatale Irrtum im sogenannten „säkularen" panarabischen Plan. Indem man die Familie den religiösen Vorschriften überließ, wurde die Gesellschaft in einem Zwischenstadium belassen – weder modern noch traditionell. Es war, als ginge sie auf einem Bein.

Den zweiten fatalen Irrtum begingen die Anführer der neuen unabhängigen Staaten. Sie hintertrieben die Modernisierungsprojekte, verhinderten die Demokratie in ihren Ländern, beharrten darauf, dass die Zeit auch jetzt noch nicht reif für derartige „Luxusexperimente" sei, und verwandelten ihre neu gegründeten Staaten in autoritäre Regimes. Anstatt am Aufbau ihrer Nationen zu arbeiten, verfolgten sie das unrealistische Ziel einer Vereinigung der gesamten arabischen Welt, obwohl die Basis für eine solche Vereinigung nicht nur nicht ausreichend war, sondern in manchen Fällen schlichtweg nicht vorhanden. (Man stelle sich eine Vereinigung Tunesiens mit Saudi-Arabien vor.)

Der dritte fatale Irrtum, der das säkulare panarabische Vorhaben untergrub, war durch die äußeren Umstände bedingt, genauer: den Kalten Krieg. Die Welt war durch die ideologischen Demarkationslinien der Rivalität geteilt, die zwischen den Vereinigten Staaten und der Sowjetunion bestand. Die arabische Region blieb von dieser Konfrontation nicht ausgespart. Auch sie wurde in zwei rivalisierende Lager geteilt: Das erste wurde von Ägypten angeführt, das zwar eine panarabische bündnislose Ideologie befürwortete, sich in Wahrheit jedoch mit der Sowjetunion verbündete. Das zweite stand unter der Führung Saudi-Arabiens, das die eher westlich orientierten, doch konservativen Regimes repräsentierte.

In dieser Konfrontation wurde die Religion für die zweite

Gruppe zu einem Mittel zum Zweck – etwas, womit man der halb-säkularen, nationalistischen und sozialistischen Ideologie des geg-nerischen Lagers die Stirn bot. Saudi-Arabien, begann, von den Vereinigten Staaten unterstützt, seine Auslegung des Islam in die is-lamische Welt zu exportieren.

Dies war nicht irgendein Islam. Saudi-Arabien exportierte die Auslegung einer religiösen Sekte, den wahhabitischen Islam, der in den ersten Jahrzehnten des 20. Jahrhunderts als eine fundamenta-listische Religionsinterpretation galt. Im 18. Jahrhundert von dem Religionsgelehrten Mohammed ibn abd al-Wahhab begründet, fordert diese Sekte, die ihre Grundsätze von der sunnitischen han-balitischen Rechtsschule ableitet, die strikte Ausübung und wörtli-che Auslegung des Islam, absolute Einhaltung seiner Vorschriften – ungeachtet von Zeit und Raum – und die Ablehnung jeglicher Form von Vermittlung zwischen Gott und den Gläubigen. Darüber hinaus macht sie es jedem Muslim zur Pflicht, dem Aufruf zum Dschihad zu folgen – womit hier nicht das individuelle Streben ge-meint ist, nach den religiösen Prinzipien zu leben, sondern wie bei den Muslimbrüdern die wörtlich gemeinte Aufforderung, sich dem heiligen Krieg anzuschließen.

Es war kein Zufall, dass diese Sekte aus dem Najd stammte – der Wüstenregion, die im Zentrum der arabischen Halbinsel liegt. Ihre strenge Auslegung des Islam, die strikte Trennung der Geschlechter und der Aufruf zum Dschihad spiegelten die raue Wüstenumge-bung des Najd, die genau geregelten gesellschaftlichen Beziehun-gen, die geografische Isolation von der Außenwelt und die Knapp-heit der Ressourcen wider, die Plünderungen und Kriege in dieser Region zu etwas Alltäglichem machten.

Was die Religionsauffassung dieser Sekte für die Herrschenden ungefährlich erscheinen ließ, war die zentrale Bedeutung des Ge-horsams. Der Wahhabismus basiert auf der Doktrin, dass „Macht rechtmäßig ist, ganz gleich, wie man von ihr Besitz ergriffen hat, und dass Gehorsam dem gegenüber, der diese Macht ausübt, für alle Untergebenen Pflicht ist."[100] Gehorsam bedeutet auch, dem

Aufruf zum Dschihad Folge zu leisten.[101] Der Dschihad, der von der saudischen Außenpolitik propagiert wurde, hatte eine spezifische Rolle: dem Kommunismus im Kalten Krieg entgegenzuwirken und die ägyptische Führung in der arabischen Welt zu unterminieren. Die Religion wurde dazu benutzt, eine Alternative zur panarabischen Ideologie zu bieten, die das von Nasser regierte Ägypten propagierte. Und als beide – der Panarabismus und der Kommunismus – besiegt waren, wandten sich die Dschihadisten gegen diejenigen, die sie groß gemacht hatten …

Der Sechstagekrieg von 1967 und die schmachvolle arabische Niederlage brachten den panarabischen Plan zu einem demütigenden Ende und ebneten dem Aufstieg des politischen Islam den Weg. Die Niederlage bedeutete einen harten Schlag für die Völker der Region. Es war, als hätten sie sich einer schönen Fantasie hingegeben und erwachten jetzt in einem wahren Alptraum – eine traumatische Erfahrung. Ich bin 1966 geboren und wuchs mit der Geschichte dieser Niederlage auf. Mein Vater erzählte mir immer wieder, welche Gefühle, welche Demütigung und wieviel Scham sie in ihm ausgelöst hatte.

Befürworter des politischen Islam erkannten bald die Vorteile der Niederlage. Beispielsweise dankte der berühmte ägyptische Sheikh Mohammed Mutwali al-Scharawi in seinen Gebeten Gott für Ägyptens Niederlage von 1967, weil „die Umma auf diese Weise zu ihrer Religion zurückkehren wird".[102]

Und die Menschen suchten Trost in der Religion: „Wenn der Panarabismus eine Lüge war, sein sozialistisches Modell nur Korruption und eine Show und seine Versprechen ein Scherz, dann möge Gott uns unseren Irrglauben vergeben!"

Langsam, doch zur gleichen Zeit kristallisierten sich zwei Prozesse heraus. Der erste war politischer Natur. Saudi-Arabien, das aufgrund der Steigerung der Ölpreise nach dem Embargo von 1973 zu Reichtum gelangt war, erhob Anspruch auf die Führungsrolle der arabischen Welt und begann systematisch, seine islamische Außenpolitik weltweit durch die finanzielle und politische Unterstützung sunnitischer islamistischer Bewegungen zu ergänzen; zu nennen wären hier die Muslimbrüder und die Neo-Salafis (wahhabitische Gruppen). Dieser Geldfluss und die politische Macht ermöglichten es den islamischen Gruppen in den siebziger Jahren, sich auf Wohltätigkeit und soziales Engagement zu konzentrieren, wodurch sie ihre Botschaft ganz direkt unter den Menschen verbreiteten, die vom Versagen der arabischen Staaten am meisten betroffen waren.

Ihre religiöse Botschaft bekam zusätzliches Gewicht durch den Erfolg der einzigen Revolution, die jemals im Nahen Osten stattgefunden hat: die islamische Revolution im Iran. Diese Revolution, der es gelang, einzig durch die Macht des Volkes ein brutales Regime zu stürzen, wurde ein Modell, dem zahlreiche arabische Intellektuelle nacheiferten.

Gleichzeitig begann auch der revolutionäre Iran seine Art des schiitischen politischen Islam in die arabischen Länder hineinzutragen, in denen schiitische Minderheiten und Mehrheiten lebten. Besonders die schiitische Bevölkerung in den Ländern der arabischen Halbinsel, die sich traditionsgemäß linken und säkularen politischen Bewegungen anschloss, fühlte sich von dieser „religiösen" Revolution angesprochen. Da sie ihren Status als Menschen zweiter Klasse in ihren eigenen Ländern nicht länger zu akzeptieren bereit waren – der sogar in den Ländern bestand, wo sie die Mehrheit der Bevölkerung ausmachten, wie in Bahrain –, verlieh die iranische Revolution den Schiiten auch außerhalb des Iran einen gewissen Stolz und ein Selbstwertgefühl, das ihnen bis dahin gefehlt hatte.

Saudi-Arabien, das den Zusammenbruch des panarabischen Projekts mit Erleichterung zur Kenntnis genommen hatte, sah sich bald in eine weitere Auseinandersetzung verstrickt: die Rivalität zwischen dem sunnitischen politischen Islam, den Saudi-Arabien propagierte, und dem schiitischen politischen Islam, der vom Iran verbreitet wurde. Dieser Konflikt spielt auch im Hintergrund des gegenwärtigen Krieges im Irak eine gewichtige Rolle.

Schritt für Schritt gewann die Religion an politischem Einfluss und wurde zu einer Kraft, mit der man rechnen musste.

Die arabischen Regimes beteiligten sich aktiv an diesem Geschehen. Auch sie sahen ihren Vorteil darin, die Religion für politische Ziele zu nutzen. Als der ägyptische Präsident Anwar as-Sadat, der von 1970 bis 1981 regierte, an die Macht kam, bestand seine erste politische Handlung darin, von der ägyptischen Nationalversammlung den Entwurf einer feststehenden Verfassung zu verlangen, die „die wahre ägyptische Lebensweise und Tradition" zum Ausdruck bringen sollte.[103]

Seinem Ansuchen wurde stattgegeben, indem man Artikel 2 der Verfassung änderte, der nun besagte, das „der Islam die Staatsreligion ist. Arabisch ist die offizielle Sprache", und die Feststellung hinzufügte „die Grundsätze der islamischen Rechtssprechung (Scharia) sind eine zentrale Quelle der Gesetzgebung." Der Islam war nicht nur eine Religion. Nein, er sollte auch ein Regierungssystem sein.

Sadat nahm den Titel „der Gläubige" an. Ein Foto, das ihn in demütig betender Haltung zeigte und in den Massenmedien verbreitet wurde, war nur das erste von vielen Bildern von Königen und Präsidenten der arabischen Welt, die Moscheen aufsuchten, um ihre Glaubwürdigkeit zu unterstreichen. Diese politischen Führer, die sich ihres eigenen Versagens und der Korruption in ihrem Land wohl bewusst waren und die Popularität der islamischen politischen Bewegungen in ihren Gesellschaften fürchteten, versuchten ihr Image zu verbessern, indem sie dem religiösen Establishment gegenüber Avancen machten und Gesetze so abänderten, dass sie den religiösen Gefühlen der Massen entgegenkamen.

In Entsprechung zu diesem politischen Prozess nahm an der gesellschaftlichen Front etwas anderes Gestalt an. Die Reislamisierung der arabischen Gesellschaften war auf dem Vormarsch. Auch dieses Geschehen kann man nicht von wirtschaftlichen und demografischen Problemen losgelöst sehen, die die jeweiligen Regierungen unter Druck setzten. Doch die Tragweite dieser Reislamisierung veranschaulicht den wahren Erfolg der islamischen Bewegung.

Es gibt verschiedene Strömungen innerhalb der Bewegung des politischen Islam. Einige, wie die al-Dschihad-Gruppe, Jamat al-Islamiyya und al-Takfir wal Hijra sahen die Anwendung von Gewalt für die Verwirklichung ihres Ziels – die Errichtung eines islamischen Staates – als rechtmäßig an. Diese dschihadistische Strömung entwickelte sich aus den Muslimbrüdern. Ihre Organisation war aus den Jahren der Verfolgung und Inhaftierung mit der Überzeugung hervorgegangen, dass ein subtilerer Weg eingeschlagen werden müsse. Von nun an konzentrierten sie sich auf eine längerfristige Strategie, die darauf abzielte, gesellschaftliches Verhalten und Normen zu ändern. Sie entschlossen sich für ein schrittweises Vorgehen, das sich als sehr wirksam erweisen sollte. Sie arbeiteten systematisch inmitten der Massen und verbreiteten dabei ihre Ansichten darüber, wie der Islam definiert werden sollte. Gleichzeitig führte ihre wachsende Popularität dazu, dass viele ihrer Anhänger nun Schlüsselpositionen im Bildungssektor, in den Verbänden, in der religiösen Hierarchie, in den Medien und sogar im Gerichtswesen innehatten.

Ägypten übernahm wie gewöhnlich die Führung und erlebte als erstes Land diese allmähliche gesellschaftliche Umwandlung. Vergleichbare Prozesse vollzogen sich auch in anderen arabischen Ländern durch andere islamistische Strömungen, die sich ähnlicher Strategien und Rechtfertigungen bedienten.

Das Ergebnis dieser gesellschaftlichen Prozesse kann man in den Straßen der meisten arabischen Hauptstädte sehen und hören; man erkennt es auch am Verhalten der Menschen, an ihren neuerdings angenommenen religiösen Gewohnheiten und an der Art, wie sie denken.

Man kann es optisch erkennen an den verschleierten Frauen, die die Straßen Kairos bevölkern, einer Stadt, die früher einmal das Zentrum einer Frauenbewegung war, die ins 19. Jahrhundert zurückreicht. Heute werden die Frauen dazu aufgefordert, ja zuweilen direkt gedrängt, den Schleier zu tragen. Heute legt man ihnen sogar nahe, die saudische Burka zu tragen.[104]

Man kann es auch in den täglichen arabischen Radioprogrammen hören, in denen eine Religion gepredigt wird, die den Menschen suggeriert, sie sollten ihr Schicksal hinnehmen und zufrieden damit sein: „Danke Gott, dass du nicht reich geboren bist, denn über die Reichen wird Gott nach ihrem Tode hart urteilen." Diesen Satz habe ich nicht etwa erfunden. Er wurde von einem berühmten syrischen Prediger in seinem täglichen Programm im syrischen Radio geäußert.[105]

Die Reislamisierung zeigt sich auch entlang der Grenzlinien der islamischen Konfessionen. Bei meinem letzten privaten Besuch im Jemen im März 2008 war ich überrascht, zwei Arten religiösen Gesangs zu hören, die am späten Nachmittag in der engen Straße, die zum Haus meiner Familie führt, miteinander rivalisierten: einer war schiitisch und rief den Mahdi (Messias) zum Erscheinen auf, der zweite war sunnitisch und pries Mohammed, den Propheten.

Viele Menschen, insbesondere unter den jüngeren arabischen Generationen, benötigen für jede Handlung, die sie ausführen, eine religiöse Rechtfertigung, das heißt eine Fatwa. Sie wollen gute Muslime sein, und ihrer Auffassung zufolge können sie dies nur, wenn sie nach den islamischen Vorschriften leben. Was sie da finden, ist eine Version des Islam, die in eine andere historische Epoche gehört. Viele leben wie in einem Käfig, den sie selbst konstruiert haben. Andere, die dieser religiösen Strenggläubigkeit nicht zustimmen, fühlen sich eingeengt; sie ärgern sich über das, was um sie herum geschieht, konzentrieren sich auf ihre alltäglichen Belange und flüchten sich ins Schweigen.

Der Schaden, der durch den Reislamisierungsprozess in den gesellschaftlichen Beziehungen innerhalb der arabischen Gesellschaften entstanden ist, ist verheerend. Familien sind aufgrund konfessioneller Gegensätze verfeindet; Brüder brechen den Kontakt zueinander ab; Töchter und Söhne lehnen ihre eigenen Eltern ab und nennen sie ungläubig, weil diese gerne Musik hören, Kunst wertschätzen und das Leben genießen. Genau das geschieht im Jemen[106] und in unterschiedlichen Ausprägungen in Ägypten, Syrien und Marokko, ja sogar in Tunesien.

Deshalb betrachte ich die Geschichte des politischen Islam als Erfolgsgeschichte. Sein Erfolg zeigt sich in der Fähigkeit seiner diversen Strömungen, die arabischen Gesellschaften auf eine Art und Weise zu transformieren, die noch fünfzig Jahre zuvor undenkbar gewesen wäre.

Diese Überzeugung, dass der Islam wahhabitischer Prägung die einzig wahre Religion ist, scheint sich zunehmend auch bei Muslimen in Europa und in den Vereinigten Staaten breit zu machen. Auch hier beharren die Islamisten darauf, dass ihre Version des Islam die „einzige richtige Auslegung" ist. Was sie fordern, stellt – angeblich – den „wahren Ausdruck der islamischen Tradition" dar. Die ratlosen europäischen Regierungen und die amerikanische Administration scheinen das hinzunehmen. Erkundigen Sie sich einmal, welche Gruppierungen zu Konferenzen eingeladen werden, bei denen es um die muslimischen Minderheiten in Europa und in den Vereinigten Staaten geht. Sie werden überrascht sein!

Viele scheinen nicht mehr zu wissen, wie reich und vielfältig die islamischen Traditionen waren. Sie scheinen darüber hinaus vergessen zu haben, dass ihre Identitätsbildung nur selten mit ihrer Religion zu tun hatte, wie man sie heute glauben machen möchte.

Die Reislamisierung der arabischen Gesellschaften war verbunden mit ständigen Aufrufen der islamischen Parteien zur Einführung der Scharia-Gesetze. Diese Parteien sind zu einer mächtigen politischen Kraft geworden. „Der Islam ist die Lösung", so ihr Motto. Und die Gesellschaft scheint diese Behauptung akzeptiert zu haben. Doch es ist an der Zeit, sie in Frage zu stellen. Es ist Zeit für einen humanistischen Islam.

Das Konzept eines humanistischen Islam

Ein humanistischer Islam ist eine bestimmte Herangehensweise –
eine Herangehensweise an Religion und Leben. Er erhebt nicht
den Anspruch, die einzig wahre Manifestation von irgendetwas zu
sein. Er ist nur ein Rahmen. Sein Ziel ist es, eine Alternative zur
Weltanschauung der Islamisten zu bieten, die behaupten, ihr Islam sei der einzig gültige. Die Botschaft eines humanistischen Islam setzt sich aus vier Komponenten zusammen: Die erste betrifft
das Thema Identität. Sicherlich ist Ihnen aufgefallen, dass die „islamische Identität" der Kern der Botschaft der Islamisten ist. „Wir
sind in erster Linie Muslime." Manche Jugendliche, die in Europa
und in den arabischen Gesellschaften leben und aus verschiedenen Gründen desorientiert sind, finden Trost in einer solchen
Identität. Ich nenne sie die „Weglauf-Identität". Im Gegensatz
dazu schlage ich eine „humanistische Identität" vor. Ich hoffe,
dass es mir gelingen wird, deutlich zu machen, warum die Debatte über die Identität nicht bloß philosophischer Natur ist. Die
Identität hat immer ganz praktische Auswirkungen auf das tägliche Leben.

Die zweite, dritte und vierte Komponente des humanistischen
Islam bieten mehr als nur eine Alternative zu den Anschauungen
der Islamisten. Bei ihnen geht es um die Kernthemen der islamischen Religion, die im Laufe der islamischen Geschichte aus verschiedenen Gründen außer Acht gelassen wurden. Die zweite
Komponente stellt klar, für welche Art Religion ich mich entscheide: für eine, die auf den Grundsätzen von Wahlfreiheit und
Rationalität beruht.

Die dritte Komponente betrifft mein Recht als Mensch, der den
Islam als seine Religion betrachtet, mich mit den „verbotenen Be-
reichen des Denkens" zu beschäftigen. Über die menschliche und
historische Natur religiöser Schriften zu sprechen, ist beispielsweise ein solcher verbotener Denkbereich. Die Tatsache, dass ich
diese Bereiche „betrete", schließt mich nicht von meinem islami-

schen Glauben aus. Ja, selbst dann, wenn ich das Wesen des Korans in Frage stelle, bin ich noch immer Muslimin.

Die vierte Komponente des humanistischen Islam hat mit einem Kernthema zu tun, das, wenn es ernsthaft angegangen wird, meiner Ansicht nach die Zukunft der arabischen Welt ändern könnte: die Geschlechterfrage im Islam. Aus gutem Grund will ich hier ausdrücklich erklären, dass eine Frau ein Mensch ist. Sie ist vor Gott genauso ein Mensch, wie ein Mann es ist, und sollte ihm daher auch vor dem Gesetz gleichgestellt sein. Nachdem Sie meine Ausführungen gelesen haben, werden Sie verstehen, warum ich das so betone. Denn oft behauptet die strenggläubige Interpretation des Islam zwar, eine Frau sei einem Mann vor Gott gleichgestellt, lässt jedoch die Frage nach der Gleichberechtigung vor dem Gesetz außer Acht. In der Realität ist eine Frau, dieser Deutung des Islam zufolge, einem Mann in ihren Rechten nicht gleichgestellt – insbesondere im Bereich der Familie.

Sechstes Kapitel
Die erste Komponente eines humanistischen Islam: Menschsein kommt vor Religion

Wir nannten es ISH, was für „International Student House" (Internationales Studentenwohnheim) steht. Es lag – und liegt noch heute – in der R. Street Nr. 1825, North West, in Washington D.C. Doch für uns war es nur das ISH – die Vision einer neu geschaffenen Welt.

Das ISH ist der einzige Ort, an dem ich mich vom ersten Augenblick an zu Hause fühlte. Es war mein Heim. Hier lebten 80 Studentinnen und Studenten, die aus 32 Ländern kamen, mit unterschiedlichen Hautfarben, Religionen und Sprachen.

Im ISH waren wir alle Ausländer. So ergab sich aus der Gesamtheit aller Bewohner eine einzige Identität: die menschliche Identität. Wir waren in erster Linie Menschen. Und so gingen wir auch miteinander um. Wir waren verschieden, aber gleichgestellt. Und es war vollkommen egal, woher jemand kam, welche Farbe seine Haut hatte oder zu welcher Religion er sich bekannte. Das Wichtigste war, wie man sich anderen gegenüber verhielt. Und wenn man nach einem Partner Ausschau hielt, dann lautete die Frage: Mag ich ihn (bzw. sie) oder nicht?

Wir akzeptierten einander so, wie wir waren. Wenn Muna sich dafür entschied, während des Ramadan zu fasten, dann halfen andere ihr bei der Zubereitung ihres Sohour (der letzten Mahlzeit vor Sonnenaufgang). Und wenn Theo nach ihrem kanadischen Kalender Thanksgiving feierte, dann gesellten wir uns fröhlich zu ihr. Wenn Ramin sagte, er wolle die National Cathedral besichtigen, dann war ich, seine beste Freundin, die Erste, die sich ihm anschloss. Aber wenn jemand im Umgang mit anderen gewisse Grenzen nicht respektierte, dann merkte der Betreffende bald, dass das im ISH nicht ging. Hier hatte man sich zu benehmen.

Das, was uns in der Außenwelt voneinander unterschied, löste Ängste und Vorbehalte in uns aus. Daran bestand kein Zweifel. Aber im ISH lernten wir, uns gegenseitig kennenzulernen. Wir lernten, den ersten Augenblick der Hemmung zu überwinden und dann unsere Ängste zu besiegen.

Im ISH hatte ich meine ersten jüdischen Freunde. Zu ihnen gehörte Sylvia aus Peru. Sie war meine Zimmernachbarin und der Musik, die sie hörte, konnte ich immer entnehmen, ob sie sich gerade wieder einmal mit ihrem Freund gestritten hatte oder nicht. Wenn sie Gloria Gaynors Lied „I will survive" hörte, dann war sie deprimiert.

Als 1993 in Washington D. C. die offizielle öffentliche Zeremonie des Osloer Abkommens abgehalten wurde, veranstaltete das ISH eine symbolische Feier, und Sylvia und ich teilten ein Stück Brot miteinander. Dann aßen wir es. Es war merkwürdig, was für eine Bedeutung diesem Brot zukam. In Ägypten gibt es eine Redensart, die übersetzt etwa bedeutet: „Wir teilten Brot und Salz." Das heißt, uns verband etwas miteinander, das stärker war als

Freundschaft. Das Teilen des Brotes bedeutete genau das für mich. Ich glaube, Sylvia empfand es genauso. Natürlich waren wir dann von dem Friedensprozess enttäuscht, ja desillusioniert. Doch dieses Stück Brot hält uns noch immer zusammen. Und noch immer habe ich den Schlüsselanhänger, den Sylvia mir zu meinem Geburtstag schenkte und in den der einfache Satz eingraviert ist: „Es gibt nichts Besseres als eine gute Freundin."

Im ISH begegnete ich auch der Frau, die dann meine beste Freundin wurde. Sie war die „Eisprinzessin", ich die „Wüstenprinzessin", und wir waren Seelenverwandte. Heute arbeitet sie an der Boston University als Assistent Professor. Ich bin stolz auf sie.

Auch meinem späteren Ehemann, Thomas, begegnete ich im ISH. Eines Morgens kam ich zum Frühstücken in den Speisesaal des Studentenheims, und Theo, die vor mir hineingegangen war, stellte mir einen hochgewachsenen Mann vor: „Das ist Thomas, er kommt aus der Schweiz. Er macht hier ein Praktikum bei der Weltbank. Er hat im Jemen gelebt." Im Jemen! Ich glaube nicht, dass irgendjemand wirklich weiß, wer ich bin, wenn er oder sie nicht einmal eine Reise in den Jemen gemacht hat. Und dieser junge Mann war nicht nur in den Jemen gereist, er hatte dort sogar gelebt!

Ich schaute ihn an, neigte grüßend meinen Kopf, schaute auf seine Hände und freute mich. Ich vertraute ihm. Einfach so. Von diesem Augenblick an wusste ich, dass dieser Mann mein Lebensgefährte sein würde. Noch ehe er selbst es wusste, wusste ich es. Ein Jahr später, am 10. Mai 1995, heirateten wir in Washington D.C. und feierten unsere Hochzeit im ISH.

ISH – die Vision einer Welt, die neu geschaffen wurde. In diesem Haus lernte ich viel über mich selbst. Wenn Sie sich an einem Ort, der voller fremder Menschen ist, zu Hause fühlen, dann muss es einen Grund dafür geben. Hier ging mir auf, dass ich noch nie einen Ort „Heimat" genannt hatte. Ich war eine globale Nomadin gewesen.

Meine Identität hatte selten mit einem bestimmten Ort zu tun gehabt. Heimat war in mir selbst, aber ich ging nie in ein Heimatland zurück. Selbst wenn ich heute in den Jemen zurückkomme, in unser altes Haus in Sanaa, kehre ich in die Erinnerungen dieses Hauses zurück – nicht in meine Heimat. Ich streiche zärtlich über die Wände, liebkose mit meinen Augen die farbigen handgemeißelten Steine, atme tief den Geruch des Gartens ein und weiß, dass dieses Haus ein Teil von mir ist. Wie ich dieses Haus liebe. Es gehört zu meiner Geschichte.

Trotzdem weiß ich, dass ich nicht in (m)eine Heimat zurückkehre. Wenn man immer, an jedem Ort, an den man zog, Ausländer war, sogar in dem Land, wo einem die amtlichen Urkunden ausgestellt wurden, dann lernt man schnell, wie man sich an neue Umgebungen gewöhnt, wie man Freundschaften schließt, sich von diesen Freunden aber auch wieder verabschiedet, wenn man wegzieht, und wie man die Erinnerung an sie zwar im Hinterkopf bewahrt, sie aber gleichzeitig auch so schnell wie möglich vergisst, damit man wieder von neuem anfangen kann.

Mit zunehmendem Alter wird man dessen überdrüssig. Aber genau das musste ich immer wieder erleben, bis ich mich in der Schweiz niederließ. Hello und Goodbye. Es war schön hier, aber jetzt muss ich fortziehen. Wir sehen uns bestimmt wieder – oder auch nicht.

Dieser Vorgang wiederholte sich sogar im Jemen und in Ägypten, den beiden Ländern, in denen meine Familie in den Zeiten lebte, die zwischen den diplomatischen Missionen meines Vaters lagen.[107]

Ich bin in Mahala al-Kubra in Ägypten geboren, in demselben Bett, in dem meine Großmutter meine Mutter zur Welt brachte. Aber ich bin keine Ägypterin. Meine ägyptische Seite kommt von meiner Mutter. Sie wurde in Ägypten als Tochter eines jemenitischen Vaters geboren und aufgezogen. Ihre Mutter war Ägypterin. Und sie sprach und benahm sich wie eine Ägypterin. Aber ihr Vater wollte partout nicht, dass sie sein Land vergaß. Sie erzählte mir, dass er ihr den Nordjemen immer als ein Land beschrieb, in dem Milch und Honig flossen – eine Art Paradies. Als sie zum ersten Mal mit meinem Vater in den Jemen kam – sie war damals ungefähr zwanzig –, war sie schockiert von dem wahren Jemen, dem Jemen der 1960er-Jahre. Das Land, das noch immer unter der Isolation litt, die ihm vom Imamregime aufgezwungen worden war, lebte noch wie im Mittelalter. Hier war keineswegs das Paradies. Was ihr Vater ihr geschildert hatte, war ein von der Liebe zu seiner Heimat geprägtes Bild gewesen.

Durch die Erfahrungen meiner Mutter lernte ich, dass Menschen Vorurteile haben. Und dass manche dieser Vorurteile rassistisch geprägt sind. Vielleicht versuchen wir deswegen mit aller Kraft, diese zerstörerische Tendenz in uns zu bekämpfen.

Ich erkannte auch, dass Vorurteile zu unserem Menschsein gehören. Sie erleichtern uns zu definieren, wer wir sind, und setzen Grenzen, die uns von anderen trennen. Sie erleichtern es uns, unsere Ängste zum Ausdruck zu bringen. Hier in Europa stellt man sich „den Islam" mit einem zornigen Gesicht vor. Man denkt an eine von Kopf bis Fuß verschleierte Frau, die vielleicht sehr sexy im Bett ist, und an eine Bombe, die am Turban des Propheten Mohammed glimmt. In der Vorstellung der anderen Seite, das heißt, der arabischen Länder, hegt „der Westen" bekanntlich die Absicht, sie, ihre Kultur und ihre Religion zu vernichten; moralischer Verfall ist an der Tagesordnung, und leichtfertige Frauen können mit einem bloßen Pfeifen ins Bett gelockt werden.

Vorurteile kann man überwinden, wenn man Reisen unternimmt und erlebt, wie komplex die Wirklichkeit ist. Wenn man beginnt, sich gegenseitig kennenzulernen, dann entdeckt man vielleicht, dass „diese anderen" genauso sind wie man selbst und lediglich anders aussehen.

Doch es gibt eine andere Art Vorurteil – eines, das mit „Rassismus" besser beschrieben wird und das viel mehr schmerzt. Es ist jene Art von Vorurteil, mit dem meine Mutter konfrontiert wurde, als sie in den Jemen zog. Je geschlossener eine Gesellschaft ist, desto homogener ist sie auch und desto wahrscheinlicher ist es, dass sie Formen von Rassismus aufweist. Eine solche Gesellschaft existierte im Nordjemen.

Meine Mutter war „die Ägypterin", sie wurde niemals als „Jemenitin" akzeptiert. Schlimmer noch als die Bezeichnung Ägypterin war das Wort „Mischling" – *Muwalada*. Das ist ein jemenitischer Ausdruck, mit dem man im Jemen Menschen gemischter Rasse bezeichnet. Er bedeutete, dass sie lediglich etwas Halbes war: halb Jemenitin und halb Ägypterin. In Wirklichkeit bedeutete es, dass sie nicht reinrassig jemenitisch war. Sie war keine *richtige* Jemenitin.

Erinnert Sie das an etwas, hier in Europa – in Deutschland, Österreich oder in der Schweiz? Ich besitze einen Schweizer Pass. Aber oft zögere ich zu sagen, ich sei Schweizerin. Nicht etwa, weil ich mich dem Land nicht verbunden fühlte. Im Gegenteil, ich liebe es. Schließlich ist es das einzige Land, in dem ich seit mehr als dreizehn Jahren ohne Unterbrechung lebe. Und wenn ich mir die demokratischen und humanitären Traditionen der Schweiz ansehe, kann ich mich ganz sicher mit ihren Werten identifizieren. Trotzdem zögere ich, mich als Schweizerin zu bezeichnen, weil ich weiß, dass es in den Ohren eines Schweizers – eines *richtigen* Schweizers – merkwürdig klingt.

Einmal Ausländer – immer Ausländer. Das ist in Deutschland, Österreich oder in der Schweiz etwas Wichtiges. Es spielt eine Rolle. Sicherlich keine so große wie im Jemen, aber es gibt doch Ähnlichkeiten. Ein Türke, der in Deutschland geboren und aufgewachsen ist und nur Deutschland kennt, wird trotzdem nur als „halber" Deutscher betrachtet, nie als *richtiger* Deutscher – oder?

Der Fall meiner Mutter lag anders. Sie hatte keine Ahnung vom Jemen; sie war in Ägypten geboren und aufgewachsen und sprach den ägyptischen Dialekt. Ihre Verbindung zum Jemen ergab sich durch ihren Vater, der in Ägypten lebte und auch dort starb. Dennoch sehnte sie sich danach, von den Jemeniten akzeptiert zu werden. Sie wollte dazugehören. Und die Menschen um sie herum lernten sie zwar mit der Zeit lieben, nannten sie aber weiterhin „die Ägypterin".

Es machte mich wütend zu sehen, dass man einen Menschen dazu bringen konnte zu glauben, er sei weniger wert, weil er aus einer „gemischten" Ehe stammte. Und dass er aufgrund seines Blutes kein Recht hatte, dazuzugehören. Das machte mich wirklich wütend. Jahrelang forderte ich meine Mutter auf, nicht immer zu versuchen, etwas zu sein, was sie nicht war. Sie solle einfach nur sagen, sie sei eben Ägypterin. Es sei keine Schande, aus diesem Land zu stammen. Im Gegenteil, sie solle stolz darauf sein. Dass ich ihr diesen Rat gegeben hatte, fiel mir wieder ein, als meine Mutter – die nun getrennt von meinem Vater lebt – beschloss, wieder in ihre Heimat zurückzukehren. Heute lebt sie in Ägypten.

Was mich betrifft, so habe ich aufgehört, mich mit nationalen Bezeichnungen zu identifizieren, weil ich überall, wo ich hinkam, etwas anderes war. Im Jemen war ich meiner Körpergröße wegen die „große Ägypterin", in Ägypten war ich die „Jemenitin", im Iran war ich die „Araberin", in Kuwait war ich wieder, wie meine Mutter, die „Halbägypterin-Halbjemenitin" – ich konnte meinen ägyptischen Akzent nicht verleugnen –, und in Marokko war ich „Jemenitin" *und* „Ostaraberin". In Europa und in den Vereinigten Staaten war ich die Exotin: die Araberin, die Jemenitin. Seit einigen Jahren bin ich die Muslimin.

Anstrengend, nicht wahr – ständig mit irgendetwas identifiziert zu werden. Doch die Erfahrung lehrte mich etwas sehr Wertvolles: Menschen können mich nennen, wie sie wollen. Aber ich selbst bestimme darüber, wer und was ich bin. Und ich bin, was ich bin. Das ist genug. Heimat ist etwas, was in mir selbst ist. Und Heimat nenne ich meine Menschlichkeit. Nationale Grenzen haben mir stets wenig bedeutet, doch überall, wo ich hinkam, begegnete ich Menschen. Ich konnte durch ihre Hautfarben, ihre Religion, Traditionen und Ängste hindurch das Menschliche in ihnen sehen. Und diese Entdeckung war kostbar.

Ich bin also in erster Linie ein Mensch, doch ich zögere nicht zu sagen, dass ich auch Araberin bin. Ich identifiziere mich mit meiner arabischen Kultur – der Sprache. Die Wiege meiner arabischen Identität ist diese Sprache. Wie ich sie wertschätze, hege und pflege. Ich spüre mich selbst in ihr, als sei ich ein Ton in einer Melodie. Sie war das Einzige in meinem Leben, das mich stetig und ohne Unterbrechung begleitete.

Mein Vater weigerte sich, meinen Bruder und mich auf amerikanische Schulen zu schicken, obwohl es ihm eine Menge Mühe erspart hätte, denn alle seine Freunde taten genau das. Sie schickten ihre Kinder auf amerikanische Schulen, weil die in den meisten Ländern zu finden sind. Und überdies ist Englisch *die* internationale Sprache, nicht wahr? Dennoch legte er Wert darauf, uns Schulen besuchen zu lassen, in denen Arabisch als erste und Englisch als zweite Sprache gelehrt wurde. Er rechtfertigte dies mit dem Argument: „Lernt zuerst eure Sprache, und dann lernt andere Sprachen. Aber ihr müsst eure Muttersprache beherrschen, denn sie ist euer kulturelles Erbe." Er hatte Recht. Die Poesie, die mein Vater genauso liebte wie ich, seit ich ein Kind war, die Literatur, die er mir nahebrachte, und die Bücher, die er jeden Monat für mich kaufte – all das führte mich in eine Welt ein, die, wie ich fühlte, meine war. Die Sprache war das Einzige, das mich in den arabischen Ländern, in denen ich lebte, mit den anderen verband. Auch wenn sie noch so anders als ich waren – das klassische Arabisch war dasselbe. Natürlich unterschieden sich die Dialekte. Aber die lernte ich dann eben.

Die Identität ist – wie eine Nation – ein Fantasiekonstrukt. Wir suchen uns ihre Komponenten aus, während wir andere ignorieren, und oft tun wir dies im vollen Bewusstsein dessen, dass nicht jede Komponente auf rationalen Überlegungen basiert.

Wenn ich sage, ich bin Araberin, dann spiele ich damit auf meine arabische Volkszugehörigkeit an. Und könnte es bessere arabische Wurzeln geben als die jemenitischen? Immerhin erheben die Jemeniten voll Stolz den Anspruch darauf, von allen arabischen Ländern die wahre Wiege der arabischen Rasse zu sein. Natürlich wird dieser Anspruch durch Fakten gestützt, ganz gleich, wie fiktiv sie auch sein mögen.

Der Jemen ist die Heimat der Qahtan-Stämme, die als Nachkommen von Qahtan, dem Sohn Noahs, gelten. Diese Stämme

120

werden *arab-a'ariba* – das heißt, „die richtigen Araber" oder „Araber erster Klasse" genannt, im Gegensatz zu den Adnan-Stämmen, die man als Nachkommen von Adnan, einem Sohn Ismails, betrachtet. Sie sind vorwiegend in Saudi-Arabien, in manchen Teilen Omans und in den anderen Golfstaaten anzutreffen und werden *arab-musta'araba* – „neue Araber" oder „Araber zweiter Klasse" genannt.[108]

Im Klartext gesprochen: Die Jemeniten, die Nachkommen der Qahtan-Stämme, sind die richtigen Araber, was die Schlussfolgerung nahelegt, dass ich tatsächlich eine richtige Araberin bin. Oder? Nun, nicht unbedingt. Denn als ich versuchte, meiner Stammes- und Familienherkunft nachzugehen, machte ich eine interessante Entdeckung.

Mein Vater ist ein Mitglied des Bani-Hushaish-Stammes – eines von vielen Stämmen, die zum Bakil-Stammesbund gehören und ihre Wurzeln auf Himia'r bin Qahtan zurückverfolgen. Die Familie meines Vaters – die Manea – hingegen kam aus Bait al Noukhaif, einem Dorf, das einige hundert Jahre zuvor von einem Perser gegründet worden war, der beschlossen hatte, in den Jemen auszuwandern, und sich im Stammesgebiet der Bani Hushaish niederließ.

All das las ich in einer Quellenangabe, während ich mich 1993 im Jemen aufhielt. Als ich dann 2008 in den Jemen zurückkam, im Wissen, dass ich dieses Buch schreiben würde, suchte ich nach dieser Angabe, konnte sie aber nicht finden. Um mich zu vergewissern, erkundigte ich mich bei Dr. Fathel Abu Gahnem, der viel über die jemenitischen Stammesstrukturen publiziert hat, nach meiner damaligen Entdeckung. Er war nicht überrascht. „Der Jemen wurde im Laufe seiner Geschichte mehrmals von Persien beherrscht. Das führte zur Emigration von Persern in den Jemen. Diese Menschen ließen sich auch in Stammesgebieten nieder und heirateten in jemenitische Familien ein."[109]

Macht mich das zu einer Perserin? Nein, sicher nicht. Wir wählen unsere Identität selbst. Und wir wählen, welche Elemente wir hervorheben wollen. Ich erinnere mich noch immer an die Reaktion meines Vaters, als ich ihm diese Information mitteilte. *Dein Vorfahr ist vielleicht Perser gewesen.* Er schaute mich nur an und ignorierte meine Bemerkung. Er sagte kein einziges Wort. Er ignorierte, was er gehört hatte. Er war immer stolz darauf gewesen, Jemenit mit Qahtan-Herkunft zu sein. Und da kam ich mit meinem absurden Gerede über seine mögliche persische Abstammung daher. Tolerant, wie er ist, schenkte er dem einfach keine Beachtung; selbst wenn ich mit amtlichen Urkunden zu ihm käme, die bewiesen, dass sein Urgroßvater tatsächlich Perser war, würde er sie ganz einfach nicht zur Kenntnis nehmen. Wir entscheiden darüber, was wir sein wollen.

Natürlich drängt einen die eigene Umgebung manchmal dazu, sich mit einer Identität zu identifizieren, die man nicht will, und manchmal wird man dazu gedrängt, die Identität zu verleugnen, mit der man sich eigentlich identifizieren will. Meine Mutter wurde gedrängt, die Identität zu verleugnen, die tatsächlich ihre war: Ägypterin zu sein. Hier in Europa sagen mir die Leute, ich sei Muslimin. Aber das ist nicht meine Identität. Ich habe Stellung bezogen und nein gesagt. Sie können mich nennen, wie Sie wollen. Und ich werde Ihnen sagen, was ich bin. Und ich bin mehr als eine Angehörige einer bestimmten Religion. Religion ist keine Identität. Sie ist eine Entscheidung darüber, wie man seine Beziehungen zu Gott gestaltet. Und diese Entscheidung ist etwas Privates. Etwas rein Privates! Und Ihre Auffassung darüber, was diese Entscheidung alles bedeutet, hat zunächst einmal nichts mit mir zu tun.

Ich habe mich entschieden, Araberin zu sein. Aber ich habe dies ganz bewusst zur zweiten Schicht meiner Identität bestimmt. Eingangs dieses Buches habe ich die verschiedenen Schichten meiner Identität dargelegt. Die erste dieser Identitäten besagt, dass ich Humanistin bin, die zweite, dass ich Araberin bin, die dritte betrifft meine religiöse Wahl. Und immer bin ich Frau.

Warum habe ich beschlossen, in erster Linie Humanistin zu

sein? Warum sagte ich nicht, dass ich in erster Linie Araberin oder in erster Linie Muslimin bin? Weil Humanistin zu sein die eine Identität ist, in der alles enthalten ist – sie eint uns. Sie trennt Menschen nicht voneinander und ordnet sie nicht in Kategorien ein. Für sie ist unwichtig, welches Blut in unseren Adern fließt, und nur das, was wir tun, hat Bedeutung. Was wir tun, ist ausschlaggebend dafür, was wir sind.

Ethnische Zugehörigkeit, Hautfarbe, Religion, Geschlecht – all das sind Kategorien, die herangezogen wurden, um Menschen zu trennen, und nicht, um sie zu vereinen. Mit Ausnahme der Religion, die auf einer Wahl beruht, sind die anderen Merkmale – ethnische Zugehörigkeit, Hautfarbe und Geschlecht – natürliche Kategorien. Ich bin als Frau geboren, ich habe mir nicht ausgesucht, Frau zu sein. Aber im jemenitischen Staat werde ich durch die Gesetzgebung diskriminiert, weil ich eine Frau bin. Dieser Staat bestraft mich dafür, dass ich das bin, als was ich geboren wurde – eine Frau.

Die menschliche Identität nimmt alle diese Unterschiede, die den Menschen aufgezwungen werden, und stellt sie beiseite. Ja, Sie können eine Frau sein, Sie können schwarz sein, Sie können Deutsche türkischer Abstammung sein, Sie können Jüdin sein, aber Sie sind alle gleichberechtigt. Sie sind alle gleichberechtigt, weil Sie alle Menschen sind – eine Identität eint uns alle, die Identität der Liebe.

Diese Überlegung ist dann nicht mehr bloß philosophisch, wenn wir sie im politischen Kontext anwenden. Ich bin in erster Linie Mensch und nicht in erster Linie Muslimin. Zuerst Mensch! Und das heißt im Klartext: Wenn ich vor der Wahl zwischen beidem stehe, ist ganz klar, für welchen Teil ich Partei ergreife – für die menschliche Identität. Wenn jemand zu mir kommt und mir sagt, dass meine Religion mir befiehlt, andere zu hassen, dann werde ich ihm antworten: „Hass ist das Böse" und „Gott predigt den Hass nicht!" Wenn derselbe Mensch mir sagt, ich solle im Namen meiner Religion töten, dann werde ich zum Telefon greifen und die Polizei verständigen. Hier ist die Entscheidung ebenso eindeutig wie einfach.

Führen Sie diese Überlegung noch einen Schritt weiter, und Sie werden erkennen, dass sie im Bereich der Menschenrechte handfeste Konsequenzen hat. So wie ich mich weigere, den Islam als Identität anzusehen, verlange ich nachdrücklich, dass er der Privatsphäre zugeordnet wird, in die er gehört, und dass er als geistige Wahl betrachtet wird. Und ich sage klar und deutlich, dass ich, wenn ich zwischen der Allgemeinen Erklärung der Menschenrechte von 1948 und der Islamischen Erklärung der Menschenrechte zu wählen hätte (und es gibt davon zwei), ohne zu zögern die Allgemeine Erklärung der Menschenrechte von 1948 wählen würde.

Ich erwähne dies ganz bewusst, weil ich über zwei Arten von Statements sprechen möchte, die von zwei sehr unterschiedlichen Menschengruppen kommen. Beide Statements werden in guter Absicht geäußert, und beide können verheerende Folgen haben. Die erste Gruppe, die aus wohlmeinenden europäischen Intellektuellen besteht, sagt: „Warum sollen wir ihnen unsere Wertvorstellungen aufdrängen?" Mit „unseren Wertvorstellungen" meinen sie diesmal die Allgemeine Erklärung der Menschenrechte und mit „ihnen" meinen sie die Muslime. Die zweite Gruppe setzt sich aus den Muslimen selbst zusammen, die nicht unbedingt Islamisten sein müssen, aber nachdrücklich betonen, dass „der Islam eine Ordnung der Menschenrechte hat, die säkulare Menschenrechtserklärungen übertrifft" oder „dass die Unterschiede zwischen islamischen und säkularen Konstrukten der Menschenrechte lediglich unbedeutende philosophische Spitzfindigkeiten sind, die keine wesentlichen Folgen für Inhalt und Anwendung haben."[110]

Das erste Statement offenbart Arroganz, das zweite Ignoranz. Mit Arroganz meine ich die Annahme, die Allgemeine Erklärung der Menschenrechte sei in der Tat das Produkt „westlicher Werte und Nationen". Wenn Sie sich einmal die Zeit nehmen, nachzuforschen, wie es zu dieser Allgemeinen Erklärung kam, wenn Sie sich mit den internationalen Entwürfen beschäftigen, die damals eingebracht wurden, und mit den Beiträgen der internationalen Denker,

Intellektuellen und Humanisten – einer von ihnen war Mahatma Ghandi –, dann werden Sie möglicherweise überrascht sein, und vielleicht werden Sie dann erkennen, dass die Allgemeine Erklärung der Menschenrechte tatsächlich allgemein und universell ist.

Wissen Sie beispielsweise, dass es der Beharrlichkeit der indischen Delegierten der Menschenrechtskommission zu verdanken ist, dass der uneindeutige Ausdruck „all men" (der auch „alle Männer" bedeuten könnte) in Artikel 1 der Erklärung durch „Menschen" („human beings") ersetzt wurde?

Die amerikanische Vorsitzende der Kommission, Eleanor Roosevelt, war der Ansicht, dass „es heute üblich ist, ‚Menschheit' (mankind) zu sagen und damit unterschiedslos sowohl Männer als auch Frauen zu meinen".[111] Doch die indische Delegierte, Hansa Metha, war anderer Meinung. Ich vermute, sie wusste, warum. Sie beharrte darauf, dass Ausdrücke wie „all men" „so interpretiert werden könnten, dass Frauen ausgeschlossen werden, und daher veraltet sind".[112] Die Tatsache, dass sie dieses Thema anschnitt, und die Unterstützung, die ihrem Anliegen in der Folge zukam, bescherte uns Artikel 1, wie wir ihn heute haben: „Alle Menschen sind frei und gleich an Würde und Rechten geboren."

Lesen Sie diesen Artikel noch einmal, und stellen Sie sich dann die Frage, warum er spezifisch nur auf eine Kultur, nicht aber auf eine andere anzuwenden sein sollte? Was macht diesen Artikel *westlich*? Glauben Sie, die „armen Muslime" sind ungleich an Würde und Rechten geboren? Oder wäre es etwa wünschenswert, dass sie ungleich an Würde und Rechten geboren sind? Wenn dieser Artikel nicht allgemein und universell in seiner Bedeutung und seinen Wertvorstellungen ist, dann weiß ich nicht, welcher andere es wäre.

Wussten Sie auch, dass es der libanesische Delegierte der Kommission, Charles Malik, war, der darauf beharrte, dass dem Artikel über die Religionsfreiheit – Artikel 18 – das Recht, seine Religion zu wechseln, hinzugefügt wurde? Er rechtfertigte dies mit den Worten, dass „seine Heimat, der Libanon, ein Zufluchtsort für Menschen geworden sei, die aufgrund religiöser Verfolgung fliehen müssten, manche deshalb, weil sie ihre religiöse Zugehörigkeit gewechselt hätten.“[113]

Dank Malik haben wir diesen Artikel in seiner gegenwärtigen Form: „Jeder hat das Recht auf Gedanken-, Gewissens- und Religionsfreiheit; dieses Recht schließt die Freiheit ein, seine Religion oder Überzeugung zu wechseln, sowie die Freiheit, seine Religion oder Weltanschauung allein oder in Gemeinschaft mit anderen, öffentlich oder privat, durch Lehre, Ausbildung, Gottesdienst und Kulthandlungen zu bekennen.“

Sehen Sie etwas Westliches in der Auffassung, dass ein Mensch das Recht haben sollte, seine Religion zu wählen oder zu wechseln? Was ist so westlich daran? In vielen arabischen Gesellschaften kämpfen Menschenrechtsaktivisten für eben dieses Recht. Auch sie wissen, dass es universell ist. Wenn Sie selbst Verfolgung erleiden und wissen, was es bedeutet, in einer Gesellschaft zu leben, die diese universellen Rechte garantiert, dann wird Ihnen aufgehen, warum ich – aber nicht nur ich allein – so sehr darauf beharre, dass diese Rechte allgemein und universell genannt werden.

Das ist es, was ich mit „Arroganz“ meine. Mit „Ignoranz“ meine ich etwas anderes. Man muss die Allgemeine Erklärung der Menschenrechte von 1948 mit der Islamischen Erklärung der Menschenrechte vergleichen, um zu erkennen, warum es aus Sicht der Menschenrechte gefährlich ist, beide in einen Topf zu werfen.

Ebrahim Moosa, ein renommierter südafrikanischer Gelehrter muslimischen Glaubens, schrieb einen wissenschaftlichen Artikel, der die Überschrift trug „Das Dilemma der islamischen Rechtsordnungen“. In diesem Essay untersuchte er die Unterschiede zwischen der Allgemeinen Erklärung der Menschenrechte von 1948 und den beiden islamischen Erklärungen der Menschenrechte, wobei er sich auf die Allgemeine Erklärung der Menschenrechte im Islam von 1981 konzentrierte. Er wollte sehen, ob die Behauptung mancher Muslime gerechtfertigt ist, die Allgemeine Erklärung der Menschenrechte im Islam könne die Allgemeine Erklärung der

Menschenrechte von 1948 in ausreichendem Maße ersetzen. Doch sein Vergleich zwischen den beiden Erklärungen brachte ihn zu der Schlussfolgerung, dass die beiden „in der Tat von ihrer Konzeption her ganz unterschiedlich sind"[114] und dass das gegenwärtige islamische Menschenrechtssystem nicht ausreicht, um die grundlegenden Menschenrechte zu gewährleisten.

Moosa zufolge stellt die Allgemeine Erklärung der Menschenrechte im Islam ausdrücklich fest, dass „hinsichtlich unseres Bündnisses mit Gott unsere Pflichten und Verantwortungen wichtiger sind als unsere Rechte". Er behauptet, dass „diese Feststellung die islamischen Rechtsordnungen ganz deutlich von dem unterscheidet, was im Allgemeinen mit säkularen ‚Menschenrechten' gemeint ist, wo der Ausdruck Rechte bestimmte fundamentale und vorbehaltlose Ansprüche meint, die einfach aufgrund der Tatsache, ein Mensch zu sein, bestehen. Diese Darstellung der ‚islamischen Menschenrechte' enthält ein Paradox in Konzeption und Nomenklatur. Die islamischen Rechtsordnungen behaupten, dass Pflichten wichtiger sind als Rechte und dass nur die Erfüllung dieser Pflichten die Voraussetzung für die Rechte schafft, die reklamiert werden könnten. In einer solchen Konfiguration wäre es vielleicht angemessener, die Allgemeine Erklärung der Menschenrechte im Islam als Allgemeine Islamische Erklärung der menschlichen Pflichten zu bezeichnen."[115]

In einfachen Worten ausgedrückt: Die Menschenrechte, die von den Urhebern der Allgemeinen Erklärung der Menschenrechte angestrebt wurden, sind Rechte, die ein Mensch von Geburt an hat. Er oder sie hat einen Anspruch auf diese Rechte aufgrund der einfachen Tatsache, dass er oder sie als Mensch geboren ist. Ein Mensch, wie er von der Allgemeinen Erklärung der Menschenrechte im Islam von 1981 gesehen wurde, hat nur Rechte, insofern er oder sie seine oder ihre Pflichten vor dem Gesetz Gottes erfüllt. Das stellt ein großes Problem für die Menschen dar, die nicht an Gott glauben noch beabsichtigen, ihre Pflichten vor dem Gesetz Gottes zu erfüllen.

Überflüssig zu sagen, dass der Ausdruck „Gesetz", wie er in den erklärenden Anmerkungen der Erklärung erläutert wird, „die Scharia ist, das heißt die Gesamtheit der Verordnungen aus dem Koran und der Sunna und anderen Gesetzen, die aus diesen beiden Quellen durch Methoden abgeleitet werden, die in der islamischen Rechtswissenschaft Gültigkeit besitzen".[116]

Moosa merkt dazu an, dass es „verblüffend [ist], dass trotz der Allmächtigkeit und fast fetischartigen Beschwörung der Scharia im muslimischen legalen und ethischen Diskurs diese in der Allgemeinen Erklärung der Menschenrechte im Islam als unklare Prämisse vage und unbestimmt bleibt."[117] Diese Unbestimmtheit „bringt ein Element der Willkür in die Erklärung ein. Es könnte verschiedene Interpretationen geben, wie die Scharia einen bestimmten Punkt beurteilt; und da keinerlei institutionelle Regulierung der Scharia existiert, liegt die gesetzliche Macht bei den formell und informell eingesetzten religiösen Autoritäten, die die Scharia als letztendliche Vermittler von Gottes Gesetz auslegen."[118]

Die Folgen sind katastrophal, insbesondere, wenn Rechte, die ohnehin begrenzt sind, im Namen dieses vagen Konzepts der Scharia vorenthalten werden können. Die erklärende Anmerkung Nr. 3 der Allgemeinen Erklärung der Menschenrechte im Islam macht diese Auswirkungen hinreichend klar, wenn sie konstatiert, dass die Ausübung der erwähnten Rechte „... nur solchen Begrenzungen unterworfen werden soll, die vom Gesetz zum Zwecke der Sicherung der gebührenden Anerkennung und der Achtung der Rechte und der Freiheit von anderen und der Erfüllung der Erfordernisse von Moral, öffentlicher Ordnung und Allgemeinwohl der Gemeinschaft (Umma) vorgeschrieben sind".

Sehen Sie, wohin all dies uns führt? In Wirklichkeit öffnen die Menschenrechte, die von der Islamischen Erklärung angestrebt werden, nur der Tyrannenherrschaft von Menschen den Weg, die im Namen Gottes anderen ihre eigene Interpretation von Religion aufzwingen. Sie schaffen die Grundlage für einen theokratischen Staat. Wenn wir uns die Erfahrungen anschauen, die Menschen mit Theokratien gemacht haben, dann wissen wir heute, dass sie weder zum Fortschritt der Menschheit noch zur Entwicklung ihrer Gesellschaften beigetragen haben. Erst als es Europa gelang, die Kirche von der Staatspolitik zu trennen, waren Aufklärung und industrielle Revolution möglich. Die Beispiele des Talibanregimes in Afghanistan, des wahhabitischen Saudi-Arabien und des schiitischen Iran zeigen, dass Religion, sobald sie einmal politisiert ist, niemals eine Lösung ist. Sie ist ein Hemmnis für die menschliche Würde.

Folgerichtig kann die menschliche Würde nicht in einem Staat garantiert werden, der von der Allgemeinen Erklärung der Menschenrechte im Islam gelenkt wird. Beispielsweise werden in einem solchen Staat Minderheiten nicht als gleichberechtigte Bürger anerkannt, die dieselben Rechte wie ihre muslimischen Mitbürger haben. Nein, man behandelt sie wie Bürger zweiter Klasse, die „die Wahl haben sollen, ob sie in Bezug auf ihre zivilen und persönlichen Belange vom islamischen Gesetz oder von ihren eigenen Gesetzen regiert werden wollen" (Artikel X). In einem solchen Staat werden die Rechte eines Menschen auf Gedankenfreiheit und freie Meinungsäußerung eingeschränkt. Denn er oder sie werden nur ihre Meinung äußern dürfen „solange er (oder sie) innerhalb der vom Gesetz vorgeschriebenen Grenzen bleibt" (Artikel XIIa.); und in einem solchen Staat hat ein Muslim kein Recht auf eine frei gewählte Religion, weil die Islamische Erklärung versichert, dass „jeder Mensch das Recht auf Freiheit des Gewissens und des Gottesdienstes im Einklang mit seinen religiösen Überzeugungen hat" (Artikel XIII). Angesichts der Tatsache, dass dieses Recht in der bestehenden Auslegung des Islam nicht garantiert wird, besagt dieser Artikel in Wahrheit: „Ein Muslim hat kein Recht auf Religionsfreiheit."

Verstehen Sie meinen Standpunkt jetzt? Ich weiß nicht, wie es Ihnen geht, aber wenn ich die Wahl hätte, in einem Staat zu leben, in dem die Allgemeine Erklärung der Menschenrechte von 1948 gilt, oder in einem, in dem die Allgemeine Erklärung der Men-

schenrechte im Islam gilt, würde ich mich für den ersteren entscheiden, und zwar ohne zu zögern.

Die Identität ist im Reislamisierungsplan der Islamisten von ent-
scheidender Bedeutung: „Ihr seid in erster Linie Muslime. Das ist
eure Identität – eine Identität, die euch mit anderen Gläubigen ver-
eint. Ihr werdet euch sicher fühlen. Ihr werdet zu den Gläubigen
gehören."

Das ist eine machtvolle Botschaft, die auch hier in Europa ihren
Widerhall finden kann; daher sollte man sie nicht unterschätzen.
Bei Jugendlichen mit Migrationshintergrund, die verbissen darum
kämpfen, irgendwo dazuzugehören, und die von der einzigen Gesellschaft, die sie wirklich kennen, abgelehnt werden, spricht eine
solche Botschaft ein bislang ungestilltes Bedürfnis an: „Ich habe
mich wirklich bemüht, aber ihr seid einfach nicht imstande, über
meine Hautfarbe und mein Blut hinauszusehen. Ich brauche euch
nicht, ich habe meine Brüder. Sie akzeptieren mich. Sie nehmen
mich an. Mit ihnen teile ich eine Identität."

Doch diese islamische Identität ist eine, die den Jugendlichen
von den imaginären „anderen" zu trennen sucht. Sie macht sich
das Bedürfnis eines Menschen zunutze, irgendwo dazuzugehören,
und suggeriert ihm, diese Verbundenheit allein sei schon ausreichend. Und in extremen Fällen geht sie noch einen Schritt weiter
und verlangt von dem Betreffenden, im Namen der Verteidigung
dieser Identität Verbrechen zu begehen: „Töte im Namen deiner
religiösen Identität!"

Um dieser Botschaft entgegentreten zu können, sollten die europäischen Regierungen sich ernsthaft mit den Entfremdungspro-
blemen junger Menschen mit Migrationshintergrund auseinandersetzen. Man muss sie akzeptieren und als zukünftige Generation ernstnehmen. Ich übertreibe nicht, wenn ich sage, dass die Art
und Weise, wie Europa diese Probleme angeht, seine Zukunft entscheidend prägen wird.

Man kann dieser Botschaft von einer „islamischen Identität"

nur begegnen, indem man die Beschränktheit der islamistischen Ideologie deutlich werden lässt. Ein humanistischer Islam versucht, eine Alternative zu bieten. Er lehnt den Anspruch der Islamisten auf die Überlegenheit der islamischen Identität ab. Er lehnt schon den Grundsatz ab, der darauf abzielt, eine religiöse Zugehörigkeit zum alleinigen Definitionskriterium von Identität zu machen. Religion ist keine Identität. Sie ist zu begrenzt, um als Identität zu dienen. Sie umfasst nicht die Gesamtheit eines Menschen. Religion ist eine Wahl – eine Wahl darüber, wie man sich Gott nähert und mit ihm verbindet. Sie ist eine Entscheidung die man zu einem bestimmten Zeitpunkt seines Lebens fällt. Und manchmal handhabt man diese Entscheidung mit einer gewissen Gleichgültigkeit. Man beschäftigt sich einfach nicht genug damit. Aber ob man an Gott glaubt oder nicht, ob man eine Religion haben möchte oder nicht – die Religion, die man wählt oder ablehnt, ist ein Teil von dem, was man ist. Nur ein Teil. Die Tatsache, dass ein und dieselbe Religion auf verschiedene Arten praktiziert werden kann, dass sie an verschiedenen Orten und in verschiedenen Kulturen unterschiedlich ausgedrückt wird, spricht für die Annahme, dass es die Menschen sind, die eine Religion lebendig machen. Sie prägen ihr Gesicht durch die Art, in der sie sie leben.

Behandeln wir die Religion als Wahlmöglichkeit und als Teil dessen, was wir sind, aber nicht als Gesamtheit unserer selbst, so ermöglicht uns dies, die allumfassendste Identität von allen zu entdecken: die menschliche Identität.

Weil sie auf Liebe und Akzeptanz basiert, weil sie nicht danach strebt, Menschen in verschiedene Kategorien zu unterteilen, und weil sie die Gleichheit aller betont, ist es diese Identität, die das Beste aus uns herausholt. Wenn Sie ein Kleinkind in der Nähe eines Feuers spielen sehen, werden Sie instinktiv loslaufen und es von dieser Stelle wegholen. Fragen Sie sich etwa vorher, ob das Kind Muslim oder Jude ist?

Ich vertraue mehr auf die menschliche Identität, wohingegen ich die andere, die sich auf religiöse Überzeugungen beschränkt, mit Vorsicht behandle. Denn Sie oder ich könnten vor die Frage gestellt werden: Was ist, wenn man mir sagt, dass meine Religion es verlangt, andere zu verletzen? Werde ich blindlings Folge leisten, weil jemand sagt, Gott habe das befohlen? Oder werde ich eine Sekunde lang innehalten, darüber nachdenken und dann erkennen, dass Hass zu keiner Religion dazugehört? Denn das kann einfach nicht sein. Der Mensch in uns sollte es besser wissen.

Ich für meinen Teil habe in meiner Zeit in Washington erleben können, wie diese menschliche Identität die Wirklichkeit bestimmen kann. Im ISH, dem internationalen Wohnheim für Studierende, verlangte man nicht etwa von uns, dass wir vergaßen, woher wir kamen. Nein. Und wir wurden auch nicht dazu aufgefordert, zu verleugnen, wer wir waren. Man brachte uns nur dazu, „die anderen" zu sehen, wie sie waren – gleichberechtigt und menschlich wie wir selbst –, und ermutigte uns, unsere Unterschiede schätzen zu lernen, aber auch ständig neu zu überdenken, welches Verhalten akzeptabel war und welches nicht. Einen anderen Menschen verletzen – das ist die Grenze, die man nicht überschreiten sollte.

Siebtes Kapitel
Die zweite Komponente eines humanistischen Islam: Wahlfreiheit und Rationalität

Ich habe im letzten Abschnitt darüber gesprochen, dass Religion eine Wahl ist. Was mich betrifft, so habe ich eine Zeitlang erwogen, zum protestantischen Christentum überzutreten, mich dann aber anders entschieden.

Die Tatsache, dass ich eine solche Entscheidung suchte, zeigt, dass ich diesen Teil meiner Identität, diese spirituelle Seite, als wichtig erachte. Ich verleugne sie nicht. Gott ist für mich nicht tot. Im Gegenteil, er ist sehr lebendig. Selbst in Zeiten, wo ich an seiner Existenz zweifele, suche ich ihn hartnäckig und will ihn unbedingt lebendig erhalten. Ich brauche meinen Glauben.

Nichtsdestotrotz suche ich die Gegenwart Gottes nicht lediglich deshalb, damit er mir durch schwierige Zeiten hilft. Nein, es gibt eine Seite in mir, die sich nicht mit den materiellen Aspekten des Lebens begnügt. Shoppen ohne Ende macht mich nicht glücklich. Und wenn ich jeder Laune nachgebe, die mir in den Sinn kommt, so macht mich das auch nicht glücklich. Sinnliche Freuden genügen nicht, um mir das Gefühl des Erfülltseins zu geben. Es gibt eine Seite in mir, die jenseits all dessen nach Erfüllung verlangt. Ich nenne es meine spirituelle Seite. Ich strebe danach, sie mit dem Glauben an Gott auszufüllen. Ich weiß mich mit diesem Anliegen nicht allein. Viele Menschen sind einer Welt überdrüssig, die ohne Spiritualität ist.

Habe ich verständlich machen können, dass ich eine Entscheidung gefällt habe, eine rationale Entscheidung, um Gott in mein Leben zu bringen? Es ist eine Entscheidung, mit der ich eine Erfüllung meiner spirituellen Seite anstrebe, aber ich habe sie sehr behutsam gefällt. Sie erkennt die Bedeutung des Glaubens im menschlichen Leben an, verliert aber nicht die Tatsache aus den Augen, dass Religion ihrem Wesen nach dogmatisch ist. Selbst wenn ich gestehe, dass mir der Glaube etwas bedeutet – er bedeutet mir sehr viel –, so vergesse ich deswegen nicht seine problematische Geschichte. Religionen waren Anlass für Kriege und Zerstörung. Sie dienten als Rechtfertigung für Verfolgung. Und sie haben in der Vergangenheit nur selten eine Grundlage für Frieden dargestellt. Die Geschichte des Christentums ist ein Beispiel dafür. Die Geschichte des Islam ein anderes. Das Christentum hat in seinem Verlauf eine gewisse Reife erlangt. Die Geschichte des Islam ist noch immer in einem kindlichen Stadium. Denken Sie nur daran, wie es um das Christentum im Mittelalter stand, und Sie werden verstehen, warum ich der Meinung bin, dass der Islam sich noch immer in einem frühen Stadium seiner Entwicklung befindet.

Ich habe meine Entscheidung daher mit Bedacht und auf folgender Basis gefällt: Eine Religion ist kein Stein, sie ist ein organisches Wesen, ein Baum. Sie wächst wie die Menschen, die an ihr Wachstum glauben.

Mit anderen Worten, ich erkenne die menschliche Natur der Religionen an. So kann ich Forderungen zurückweisen, die etwa lauten: „So ist der Islam nun einmal, akzeptiere das oder halte dich davon fern" und stattdessen sagen: „Ich will mich nicht davon fernhalten, aber ich will den Islam so auch nicht akzeptieren. Ich kann ihn ändern, denn ich, der ich ein Mensch bin, kann das Beste aus der Religion herausholen, so wie ich auch das Schlechteste aus ihr herausholen kann."

Natürlich macht mich dies in den Augen mancher Menschen zu einer Ketzerin, selbst dort, wo viele das, was ich zu ändern versuche, als belanglos bezeichnen würden. Ich möchte Ihnen ein Beispiel dafür geben: In einer Debatte, die am 10. Juni 2006 in einem Programm namens „Gleichheit" auf dem arabischen Satellitenkanal „al-Hurra" ausgestrahlt wurde, forderte der Religionswissenschaftler Abd al-Fatah Idreas, der eingeladen worden war, um mit mir über meine Ansichten zu diskutieren, am Ende des Programms von mir, ich solle „bereuen" und auf den „wahren" Weg zurückkehren. Seiner Meinung nach war ich keine Muslimin mehr. Und wissen Sie, warum er so wütend war?

Ich hatte gesagt, dass ich das Recht zu beten hätte, ohne mein Haar zu verhüllen, und auch das Recht, es während meiner Menstruation zu tun. Ich stellte nicht in Abrede, dass es Gott gibt oder dass Mohammed ein Prophet ist. Ich formulierte lediglich mein Recht, zu allen Zeiten zu beten, ohne irgendwelche Ausnahmen aufgrund meines Geschlechts. Und deshalb behauptete dieser Wissenschaftler, ich sei keine Muslimin mehr.

Der Glaube an Gott ist bei Auseinandersetzungen dieser Art nicht mehr entscheidend. Im öffentlichen Gespräch über die Religion, wie es heute in vielen islamischen Gesellschaften stattfindet, geht es nicht um Gott oder um Spiritualität. Vielmehr beschäftigt es sich mit der Herangehensweise an eine Religion, die so indoktrinierend geworden ist, dass selbst der Versuch, ihre

Rituale in eine andere Richtung zu bringen, als Ketzerei betrachtet wird.

Kleine Dinge werden dann sehr wichtig: Betet ihr mit ausgestreckten oder gefalteten Armen? Streckt sie bloß nicht aus, sonst seid ihr wie die Schiiten. Faltet sie bloß nicht, oder ihr seid wie die Sunniten. Euer Haar, Frauen, ist der Ursprung vieler Sünden. Schwestern, bedeckt euer Haar, oder Gott wird euch in der Hölle brennen lassen. Wenn ihr betet, dann sorgt dafür, dass ihr euer Haar bedeckt, und zwar ganz und gar. Und dann bedeckt euer Gesicht. Ja, warum verschwindet ihr nicht überhaupt ganz? Kleine Dinge werden also sehr wichtig. Und kleine Dinge haben ernsthafte Folgen.

Kommen wir noch einmal auf die erwähnte Debatte zurück. Die Frage, die ich stellte, lautete: Wer hat eigentlich behauptet, das, was der Religionswissenschaftler sagte, stelle den Willen Gottes dar? Welche Autorität besitzt er, die ihn im Namen Gottes sprechen lässt? Die Tatsache, dass er eine bestimmte Interpretation des Islam vertritt, macht ihn nicht zu einem Sprecher Gottes. Was er sagt, stellt lediglich seine Auslegung dar. Ich habe eine andere. Seine Autorität hört in dem Moment auf, wichtig zu sein, wo ich entscheide, dass sie nicht wichtig ist.

Menschen sagen das, wovon sie meinen, es sei Gottes Wille. Sie sind nur Menschen. Ich behaupte nicht, dass das, was ich denke, das darstellt, was Gott will oder sagt; ich behaupte nur, dass die Art und Weise, in der der Islam heute praktiziert wird, nicht dem entspricht, was ich von einer Religion erwarte. Und ich erkläre hiermit nachdrücklich, dass ich dem Islam noch immer angehöre. Nach wie vor.

Nehmen Sie wiederum das Beispiel des Gebets. Der gegenwärtigen strenggläubigen Auslegung des Islam zufolge muss man fünfmal täglich beten. Ein Gebet genügt nicht. Auch zwei nicht. Man hat fünfmal am Tag zu beten – oder man bekommt Ärger! Ich möchte darauf hinweisen, dass im Koran von fünfmal Beten pro Tag nichts steht. Nur zwei Gebete werden ausdrücklich erwähnt.

Mohammed selbst soll manchen Quellen zufolge nur zweimal täglich gebetet haben. Die Schiiten beten dreimal täglich. Also ist die Anzahl der Gebete nicht so festgelegt, wie die sunnitische orthodoxe Auslegung es uns glauben machen möchte. Natürlich gibt es einen Hadith, einen überlieferten Ausspruch, der die Anzahl auf fünf festlegt. Aber dieser Hadith an sich ist so absurd, dass er beinahe zu einer Anekdote geworden ist. Diesem Ausspruch zufolge hat Gott ursprünglich Mohammed dem Propheten gesagt, die Muslime sollten *fünfzig* Mal am Tag beten! Doch Mohammed, der die Empfehlungen anderer Propheten befolgte, redete ihm das aus und brachte es fertig, die Anzahl auf fünf zu reduzieren. Wir sollten ihm wahrlich dankbar sein.

Wie oft soll ich also beten? Das ist für mich gar nicht die entscheidende Frage. Vielmehr lautet sie: Möchte ich beten oder nicht? Beten ist eine Art und Weise, mit Gott in Verbindung zu treten. Wenn ich das Bedürfnis habe, dies zu tun, werde ich beten. Würde ich die Gebete zählen, so bekäme das Ritual etwas höchst Oberflächliches. Ich bete, um ein spirituelles Bedürfnis zu erfüllen. Es ist dieses Bedürfnis, dem ich zu entsprechen versuche. Gott zählt meine Gebete sicherlich nicht. Ist es ihm wirklich wichtig, ob wir gebetet haben oder nicht? Wir sind es, die diese Verbindung zu ihm benötigen. Ich brauche diese Verbindung, deshalb bete ich. Man braucht mir nicht erst Angst einzujagen, damit ich bete. Ich will es aus freien Stücken.

Der Gott, den ich in mir fühle, ist kein Gott, den ich fürchten muss.

Ebenso richte ich mein Handeln in dieser Welt nicht am Jenseits aus. Ich verhalte mich nicht deshalb gut, weil ich auf diese Weise ins Paradies kommen werde. Gut zu sein, zu versuchen, das Richtige zu tun, die Bedürfnisse anderer mit Wohlwollen und Aufmerksamkeit wahrzunehmen – all das gehört zu dem, was mich menschlich macht. Es hat wenig mit Angst vor Bestrafung oder dem Versprechen einer Belohnung zu tun. Manche Menschen mögen pragmatisch sagen, so überlebt man eben besser. Ich ziehe die romantische

Auffassung vor, wonach man „das Richtige tun" sollte. Ich bin ein Mensch. Als Mensch will ich andere Menschen so behandeln, wie ich auch von ihnen behandelt werden will. Das ist die erste Regel, die zur Herausbildung einer Gesellschaft führt, die diesen Namen überhaupt verdient.

So wie der Gott, den ich in mein Leben bringe, sich von dem unterscheidet, den man mich in der Schule lehrte, so ist die Religion des Islam, an den ich glaube, an bestimmte Bedingungen geknüpft, nämlich Wahlfreiheit und Rationalität. Nur auf der Basis dieser beiden Grundsätze kann ich glauben.

Der erste Grundsatz beinhaltet die Überzeugung, dass eine Religion – jede Religion – die Entscheidung des Menschen respektieren und das Wohl dieses Menschen zum obersten Ziel erklären sollte. Der Mensch ist frei geboren; frei, ein Leben zu wählen, das er führen möchte; und frei, seine Religion zu wählen. Und für diese Freiheit trägt er selbst die Verantwortung. Sie ist aber auch sein Recht. Ein Naturrecht, auf das er aufgrund der bloßen Tatsache Anspruch hat, dass er als Mensch geboren ist.[119]

Die Religion, wie sie heute in vielen islamischen Gesellschaften – und insbesondere in den arabischen Gesellschaften – ausgeübt wird, glaubt nicht, dass der Mensch das Recht auf die Freiheit der Wahl hat. Menschen, die sich entscheiden, vom Islam zu einer anderen Religion zu konvertieren, werden nicht toleriert. Sie werden verfolgt, inhaftiert und gedemütigt. Und in manchen Ländern werden sie hingerichtet, wenn sie nicht „bereuen" und auf den „richtigen Weg" zurückkehren. Die Bestrafung basiert auf einer Scharia-Vorschrift, die verlangt, dass, wenn ein Muslim zu einer anderen Religion konvertiert oder seine Abkehr vom Islam erklärt und diese Entscheidung publik macht, die Behörden ihn auffordern, seine Erklärung öffentlich zurückzunehmen und sich wieder zum Islam zu bekennen. Man gibt dem Betreffenden drei Tage Zeit, um seine Entscheidung zu überdenken; wenn er darauf beharrt, wird er zur Bestrafung hingerichtet.

Diese Scharia-Regel wurde *nach* dem Tod von Mohammed eingeführt, als viele arabische Stämme beschlossen, an Abu Bakr, den ersten Kalifen, also Nachfolger Mohammeds, keine Armenabgabe, den sogenannten Zakat, mehr zu bezahlen. Abu Bakr war der Meinung, dass dies eine Verletzung der islamischen Überzeugungen darstelle und führte so lange Kriege – die sogenannten „Ridah-Kriege" (Abtrünnigkeitskriege) – gegen diese Stämme, bis sie sich bereit erklärten, den Zakat erneut zu bezahlen. Einige seiner Weggefährten stellten sein Handeln in Frage. Sie fanden, seine Reaktion sei übertrieben. Und das war sie auch.

Betrachten wir diese Vorschrift in ihrem historischen Kontext, so können wir ihr den ihr gebührenden Platz zuweisen und sie als politische Entscheidung eines Herrschers sehen, der einen neuen Staat schaffen wollte. Der Staat drohte zu zerfallen, daher schien Gewalt notwendig, um ihn zusammenzuhalten.

Diese Regel aus ihrem historischen Kontext herauszunehmen und sie zu institutionalisieren und so auszulegen, dass es ein Verbrechen ist, vom Islam zu einer anderen Religion zu konvertieren, ist nicht nur inakzeptabel; es ist gegen den Kern des Glaubens gerichtet. Um an etwas zu glauben, muss man die freie Wahl haben, es zu tun.

Noch eine zweite Botschaft wird vermittelt, wenn man einem Muslim das Recht abspricht, seine Religion frei zu wählen: die Überzeugung, dass der Islam eine „bessere" Religion als andere, ja, die „vollständigste" aller Religionen ist.

Denn es ist wahr, die Muslime rühmen sich der Tatsache, dass man, um an den Islam zu glauben, an andere Propheten glauben muss, insbesondere an Jesus und Moses. Nichtsdestotrotz gibt es eine islamische Überzeugung, wonach die heiligen Schriften der Christen und Juden von Menschen in unzulässiger Weise verändert, das heißt, verfälscht worden seien. Beim Koran hingegen geschah dies der allgemeinen Auffassung zufolge nicht, was der Behauptung Vorschub leistet, dass der Islam tatsächlich das letzte vollständige Wort darstellt, das den Menschen von Gott gegeben wurde.

Nichtsdestotrotz gibt es innerhalb des Islam eine Rivalität zwischen Sunniten und Schiiten. Verwandte Beispiele aus dem Christentum sind die unterschiedlichen Auffassungen von Protestantismus und Katholizismus darüber, was der Begriff „Kirche" bedeutet, sowie die Neuformulierung der Karfreitagsfürbitte im katholischen Gottesdienst nach Tridentinischem Ritus durch Papst Benedikt XVI., die zu heftigen Protesten auf christlicher und jüdischer Seite führte. Beides bedeutet einen Absolutheitsanspruch der katholischen Kirche, der auf Menschen protestantischen und jüdischen Glaubens kränkend wirken muss.

Der Absolutheitsanspruch ist somit nicht allein auf den Islam beschränkt. Der große Unterschied zu anderen Religionen freilich besteht darin, dass im Namen des Islam theologische Überzeugungen in Gesetze umgesetzt werden, die grundlegende Menschenrechte verletzen. Dass man Menschen wegen ihrer religiösen Überzeugungen tötete, ist zwar Teil eines dunklen Kapitels in der Geschichte des Christentums, aber es ist Vergangenheit. Der Islam, wie er heute auftritt, muss noch dahin kommen, dass er begreift: Eine Religion hat nicht das Recht, Menschen für ihr Recht, das zu glauben, was sie wollen, zu bestrafen. Eine ernsthafte Reform des Islam sollte mit diesem Grundsatz der Wahlfreiheit beginnen und ihn zu ihrem ideologischen Herzstück machen. Sie sollte den Menschen und sein Wohl an die erste Stelle setzen. Sie sollte den Menschen als ein Wesen betrachten, das frei ist, seine eigenen Entscheidungen zu treffen. Für diese Freiheit trägt der Mensch selbst die Verantwortung; sie ist daher sein Recht, ein Naturrecht.

Der zweite Grundsatz, auf den ich mein Konzept eines menschlichen Islam gründe, ist Rationalität. Mit Rationalität ist hier gemeint, dass diese Art der Auslegung nicht nur erfordert, dass man die religiösen Texte innerhalb ihres historischen Kontextes interpretiert sowie sorgsam und kritisch prüft, wie die religiösen Texte zustande kamen und überliefert wurden. Es braucht noch mehr, nämlich, dass die Koranlehren und die Vorschriften der Scharia nicht mehr angewandt werden, wenn sie gegen die Menschenrechte verstoßen, wie wir sie heute verstehen – als Bürgerrechte oder Geschlechtergleichheit.[120] Auch an dieser Stelle möchte ich ausdrücklich erklären, dass ich trotz dieser Auffassung Muslimin bleiben werde.

Lassen Sie mich den 34. Koranvers aus der 4. Sure als Beispiel anführen. Der 34. Vers ist lang, und ich möchte mich nur auf den Teil beschränken, in dem es heißt: „(…) Diejenigen aber, deren Widerspenstigkeit ihr fürchtet, warnt sie, meidet sie in den Schlafgemächern und schlagt sie. Und wenn sie euch gehorchen, unternehmt nichts weiter gegen sie; siehe, Allah ist erhaben und groß.“[121]

Dieser Teil des 34. Verses beschreibt die „disziplinarischen“ Schritte, die ein Ehemann im Fall der Widerspenstigkeit – noshouz – seiner Frau unternehmen kann. Das Wort „Noshouz“ ist im Allgemeinen mit „Erhebung gegen den Ehemann, Verlassen des Ehemanns oder Widerstand gegen den Ehemann“ definiert worden.[122] Fatima Mernissi hat betont, dass noshouz auch die „Weigerung, dem Ehemann beim Geschlechtsakt zu gehorchen“ bedeuten kann, wohingegen Amina Wadud der Meinung ist, das Wort bedeute „Störung der ehelichen Harmonie“.[123]

Unabhängig von der konkreten Übersetzung des Begriffs lautet die Frage, mit der sich viele Muslime herumquälen: „Wie soll man mit der Tatsache umgehen, dass dieser Vers einem Mann erlaubt, als letzte disziplinarische Maßnahme seine Frau zu schlagen?“

Bei der Beantwortung dieser Frage sind zwei Grundtendenzen erkennbar. Die erste ist ziemlich verbreitet und versucht, dieses Verhalten zu rechtfertigen; die zweite ist wissenschaftlicher Natur und versucht es mit einer hermeneutischen Methode zu erklären, gleitet jedoch häufig in ein *Leugnung*s-Syndrom ab. Beide gehen am Wesentlichen vorbei.

Die Strategie der Rechtfertigung wurde von männlichen muslimischen Predigern und Wissenschaftlern gleichermaßen propagiert, die folgende Richtlinie vertraten: Seine Ehefrau zu schlagen ist das letzte Mittel für einen Ehemann, dessen er sich bedienen kann, wenn seine Frau ihm beharrlich den Gehorsam verweigert. Frauen sind irrational, und manchmal erkennen sie nicht, wo ihre Interessen liegen. Dadurch könnten sie das Wohl ihrer Familie gefährden. Ein Mann muss, da er rational ist, zuweilen auf Schläge zurückgreifen, um seine Frau zur Vernunft zu bringen. Aber wenn er es tut, muss er ganz bestimmte Bedingungen einhalten, wie er sie schlagen darf. Er sollte sie nicht ins Gesicht schlagen. Die Schläge sollten keine Male auf ihrem Körper hinterlassen. Aber davon abgesehen kann er sie natürlich schlagen.

Wissen Sie, wie oft ich mir diesen Unsinn in saudi-arabischen, kuwaitischen, jemenitischen oder ägyptischen Fernsehsendungen schon anhören musste? Die Sender erörtern das Thema in ihren religiösen Programmen stets innerhalb der oben erwähnten Leitlinien und rechtfertigen den Koranvers. Und natürlich vergisst man nie zu erwähnen, dass Mohammed, der Prophet, niemals Gewalt gegen seine Frauen anwandte und dass er die muslimischen Männer immer wieder dazu aufrief, ihre Frauen nicht zu schlagen. Logik ist nicht die Grundlage, auf der diese Art Rechtfertigung basiert.

Der zweite Ansatz ist wissenschaftlicher Natur. Er wird hauptsächlich von feministischen muslimischen Wissenschaftlerinnen vertreten und soll aus hermeneutischer Sicht eine Erklärung für den Vers liefern. In diese Kategorie fallen Amina Wadud mit ihrem Buch „Qur'an and Woman" („Koran und Frauen") sowie eine Gruppe von Wissenschaftlerinnen mit ihrer Publikation „Ein einziges Wort und seine große Wirkung".[124] Beide Bücher versuchten, die Zweifel über das Wort „daraba" – „schlagen" – auszuräumen, indem sie geltend machten, es könne auch eine andere Bedeutung haben als „schlagen". Amina Wadud beispielsweise behauptete, dass dieses Wort in einigen Quellenangaben „nicht unbedingt auf Gewalt schließen lässt", sondern vielmehr dazu verwendet wird, um auszudrücken „ein Zeichen setzen" oder „jemanden verlassen".[125]

Kein Zweifel, diese Art der wissenschaftlichen Forschung verdient es, dafür gelobt zu werden, dass sie einen anderen und feministischen Ansatz zum Verständnis des Korans verfolgt. Doch es gibt Grenzen dafür, wie weit man mit dieser Methode gehen kann. Die Bedeutung des Wortes „schlagen" wird sich nicht ändern, insbesondere dann, wenn es im Zusammenhang mit dem gesamten Vers gelesen wird. Ein Mann, der verhindern will, dass seine Frau ihm den Gehorsam verweigert, kann verschiedene Mittel anwenden, wovon das letztgenannte das stärkste ist: sie zu schlagen. Wenn die Frau ihm „gehorcht" hat, dann sollte er diese Maßnahmen wieder einstellen.

Auch wenn Sie sich die größte Mühe geben – die Bedeutung des Verses kann nicht von seinem historischen Kontext getrennt werden, der den Grund darstellte, warum dieser Vers überhaupt zustande kam. Dies geschah, nachdem sich eine Frau, die von ihrem Mann geschlagen worden war, darüber beim Propheten beklagte. Der beschloss, den Mann zu bestrafen, aber der Vers stellte dann die Weichen dafür, wie in einem solchen Fall gewöhnlich zu verfahren sei.

Fatima Mernissi liefert eine hervorragende Darstellung der schwierigen politischen Situation, in der der Prophet sich befand, selbst innerhalb seiner eigenen muslimischen Gemeinschaft. Seine Ablehnung, Gewalt gegen Frauen einzusetzen, brachte ihm viel Groll ein. Der Vers war notwendig, um die aufgebrachten muslimischen Männer zu beruhigen.[126]

Das ist es, was ich meine, wenn ich sage, dass es Grenzen dafür geben muss, wie weit wir dem oben erwähnten Interpretationsansatz folgen dürfen. Das Ergebnis, zu dem er kam, spiegelt eher die Annahme wider, dass nicht sein kann, was nicht sein darf: „Der Koran kann nicht billigen, eine Frau zu schlagen. Daher bedeutete das Wort ,schlagen' vielleicht gar nicht ,schlagen'." Leugnung ist keine gute Strategie.

Der ägyptische Denker Nasr Hamid Abu Zaid sagt zu diesem Thema ganz nüchtern: „Daraba ist korrekt mit schlagen zu übersetzen; nach diesem Vers ist es erlaubt, wenn auch nur in einem bestimmten Kontext. Man sieht an diesem Vers, dass er sich ganz offensichtlich an männliche Zuhörer richtet. Der Koran ist ein vornehmlich an Männer gewandter Text, einfach weil er in einer männlich dominierten Umgebung entstand."[127]

Der Koranvers spiegelt also den gesellschaftlichen Kontext der Zeit wider, in der Mohammed lebte. Einen Kontext, der als männlich, stammesorientiert und patriarchalisch bezeichnet werden kann. Lässt sich im Hinblick auf diesen Kontext realistischerweise eine Aussage zugunsten der Gleichheit zwischen den Geschlechtern erwarten, die unserem heutigen Verständnis entspricht?

Ein humanistischer Islam stellt den Vers in seinen historischen und politischen Kontext und bietet eine Erklärung dafür. Aber gleichzeitig erkennt er die Grenzen eines solchen Ansatzes für unser tägliches Verhalten an. Denn die Frage, die sich nun stellt, lautet: Wenn wir diesen Vers tatsächlich in seinem historischen Kontext sehen, was sollten wir dann als Nächstes tun? Es dabei belassen und sagen: Ja, der Koran enthält einen Vers, der es billigt, eine Ehefrau zu schlagen, aber das gehört in eine andere Epoche? Das ist ein Schritt in die richtige Richtung, aber er allein wird nicht ausreichen. Wenn Menschen diesen Vers dazu heranziehen, häusliche Gewalt zu rechtfertigen, so ist es notwendig, klare Grenzen zu ziehen.

Daher wird die Rationalität, auf der ein humanistischer Islam basiert, betonen, dass das Verständnis für den historischen Kontext dieses Verses ein Schritt in die richtige Richtung ist. Der logische Schritt, der dann folgen sollte, ist, gleichzeitig klarzumachen, dass dieser Vers kein Bezugspunkt sein darf, wenn es um familiäre Beziehungen geht. Und in einem weiteren Schritt sollte man klar und deutlich sagen, dass dieser Vers nicht mehr relevant für die Gegenwart ist. Richtet man sich nach diesem Vers, so stellt dies eine Verletzung der Menschenrechte der Frau dar. Denn heute wird davon ausgegangen, dass Mann und Frau gleichwertige Partner sind, wenn sie beschließen, eine Familie zu gründen. Und heute nennen wir es häusliche Gewalt, wenn ein Lebensgefährte oder Ehemann seine Partnerin oder Ehefrau schlägt. Es wird als Delikt verstanden.

Der humanistische Ansatz erfordert, dass wir zwischen zwei Ebenen der islamischen Religion unterscheiden: a) einer spirituellen Seite, die eine Verbindung zwischen dem Individuum und Gott herzustellen sucht, und b) einer legalistischen und Scharia-Seite, deren Vorschriften ernsthaft überprüft und in Frage gestellt werden sollten.

Oft ist es diese legalistische Scharia-Seite der Religion, in der die Muslime festgefahren zu sein scheinen. Es ist, als wären sie in einer bestimmten historischen Periode steckengeblieben und innerlich gelähmt, als seien sie unfähig, sich davon zu lösen und ins 21. Jahrhundert aufzubrechen. Sie haben immer dieselben Denkmuster und Argumentationen verwendet, wenn es um die wichtigste Frage ging, die sie vor langer Zeit schon hätten thematisieren müssen: Was ist das Wesen des Korans? Stellen wir diese Frage, so führt uns das zu der Erörterung der dritten Komponente eines menschlichen Islam: der Aufhebung von Denkverboten.

Achtes Kapitel
Die dritte Komponente eines humanistischen Islam: Schluss mit den Denkverboten

Sieht man sich genauer an, wie in der/den islamischen Welt(en) Ideen erzeugt werden, insbesondere, wenn es um Themen geht, die für den Islam von zentraler Bedeutung sind, dann begreifen wir, dass jedes intellektuelle Unterfangen prinzipiell durch „verbotene Denkbereiche" und „sichere Grenzen des Denkens" eingeschränkt wird. Eine humanistische Auslegung des Islam erfordert jedoch, dass wir nicht an die Existenz verbotener Denkbereiche glauben noch uns darauf beschränken, innerhalb der sicheren Grenzen des Denkens zu bleiben.

144

So ist beispielsweise die Frage, wie die Koranverse gesammelt wurden und welche Rolle der Prophet und seine Weggefährten dabei spielten, ein verbotener Denkbereich. Zu behaupten, dass die Rolle der Menschen nur darin bestand, den Koran als „Gottes ureigenstes Wort" zu *schützen*, würde bedeuten, auf sicherem Terrain zu bleiben. Aber wenn Sie es wagen, die „menschliche Natur" des Korans zu erörtern, überschreiten Sie eine Grenze und stoßen in einen gefährlichen Denkbereich vor – etwas, das Ihr Leben in Gefahr bringen kann.

Das Vorhandensein von Denkverboten und die damit verknüpften Ängste sind symbolisch für die Unfähigkeit der Muslime, die Basis für eine Aufklärungsbewegung zu schaffen.[128] Wie sollten sie auch, wenn ihnen ständig der Tod als Bestrafung droht?

Obwohl ein humanistischer Islam sich der Ängste bewusst ist, die mit dem Betreten der verbotenen Denkbereiche verbunden sind, akzeptiert er die Einschränkung des Denkens nicht. Er verlangt, dass alles, auch die heiligen Texte, einer Kritik und Untersuchung unterworfen werden muss.

Darum möchte ich fragen: „Was ist das Wesen des Korans?"

Wissen Sie, dass es mich viele Stunden gekostet hat, diesen Satz zu beginnen und die Frage ganz direkt zu stellen? Eigentlich wollte ich mit dem Schreiben dieses Abschnittes schon früher anfangen, doch dann beschloss ich, zuerst noch etwas mehr über das Thema in Erfahrung zu bringen. Also ging ich noch einmal die Bücher durch, die ich bereits gelesen hatte. Und dann hatte ich endlich das befriedigende Gefühl, genug gelesen zu haben. Anschließend saß ich vor meinem Computer, starrte jedoch nur auf den Bildschirm. Daraufhin beschloss ich, meine tägliche Stunde Sport zu absolvieren. Dabei wurde mir schmerzlich bewusst, warum ich blockiert war. Ich kam zurück, verschob das Duschen auf später und fing stattdessen gleich an zu schreiben. Ich war zu dem Schluss gekommen, dass es besser wäre, dieses Thema anzugehen, indem ich beschreibe, wie ich mich dabei fühle.

Ich habe Angst, über dieses Thema zu schreiben. Wenn ich mich über das Wesen des Korans äußere, überkommt mich Furcht. Und es ist eben diese Furcht in uns, den Intellektuellen islamischen Glaubens, der wir uns stellen, die wir überwinden und besiegen müssen. Wir fühlen uns in der Falle und haben Angst, unsere Annahmen zu logischen Schlussfolgerungen zu führen, weil wir nur allzu gut wissen, dass Menschen, die versucht haben, dies zu tun, verfolgt und manchmal sogar umgebracht wurden.

Ein recht bekanntes Beispiel dafür ist die Hinrichtung des Theologen und Politikers Mahmoud Mohammed Taha, die das sudanesische Regime Gaafar Nimeirys im Jahr 1985 wegen dessen Schriften über den Koran anordnete. Taha hatte darin das Wesen des Korans an sich nicht einmal in Frage gestellt. Er versuchte lediglich, einen anderen theologischen Ansatz für seine Auslegung zu bieten. Er lehnte eine zentrale Voraussetzung für die strenggläubige Herangehensweise an den Koran ab, die nachdrücklich erklärt, dass einige Verse im Koran andere außer Kraft setzen, wenn sie sich gegenseitig widersprechen (*al nasikh wa al mansukh*). Wie nicht anders zu erwarten, setzten muslimische Theologen häufig die eher menschlich-freundlichen Verse des Korans (die in der Mekka-Zeit entstanden, ehe der Prophet seinen Staat in Medina gründete) durch die Anwendung eben dieses Prinzips außer Kraft. Taha wurde dafür, das er diese Vorgehensweise anzweifelte, vor Gericht gestellt und getötet.

Es ist nicht möglich, außerhalb rein akademischer Kreise die strenggläubige Interpretation des Korans anzufechten oder wissenschaftliche Methoden anzuwenden, wenn man sich mit ihm beschäftigt, und sein Wesen zu hinterfragen. Hinter verschlossenen Türen ist dies möglich; an die Öffentlichkeit gelangen sollte davon nichts.

Interessanterweise sind es im Unterschied zur Mehrheit der Muslime, die glauben, dass der Koran buchstabengetreu das Wort Gottes ist, die Intellektuellen, die sich der diesbezüglichen Zweifel bewusst sind und dennoch darauf beharren, dass diese Zweifel ausschließlich in akademischen Kreisen thematisiert werden sollten. Dies erklärt zu einem gewissen Grade die Reaktion eines arabischen Journalistenkollegen, der wenig Mitgefühl mit dem ägyptischen Denker Nasr Hamid Abu Zaid aufbrachte, als dieser strafrechtlich verfolgt wurde. Abu Zaids Anwendung wissenschaftlicher Methoden bei der Untersuchung des Korans in seinem historischen Kontext brachte ihm die Zwangsscheidung seiner Ehe ein und nötigte ihn, seine Stellung als Professor an der Universität von Kairo aufzugeben und stattdessen eine andere in Holland anzunehmen. Die Reaktion meines Kollegen fiel ausgesprochen nüchtern aus: „Aber er hatte sich entschlossen, das Thema an die Öffentlichkeit zu bringen!"

Das Wesen des Korans war und ist ein Tabu. Das wurde mir endgültig klar, als ich in zwei Abschnitten meines „Tagebuchs einer arabischen Frau" die Frage stellte, wie die Verse des Korans gesammelt wurden und wie Menschen diesen Prozess beeinflussten.[129] Daraufhin riefen einige Intellektuelle den Herausgeber des „Middle East Transparent" an, der das Tagebuch veröffentlicht hatte, und baten ihn, mich dazu zu überreden, nicht mehr weiter über dieses Thema zu schreiben. Sie machten sich Sorgen. Einer von ihnen teilte mir mit: „Mir gefällt, was Sie schreiben, und ich möchte es gerne auch weiterhin lesen. Deshalb sollten Sie aufhören, über den Koran zu schreiben."

„Kluge Menschen wissen, dass es Dinge gibt, die man am besten unter Verschluss hält. Und kluge Menschen wissen, dass es Illusionen gibt, die nicht zerstört werden sollten." Haben Sie je ein solches Argument gehört? Ich habe es nicht nur gehört, sondern auch erlebt. Und so sah ich mit an, wie Menschen in ihrer Kindheit sexuell missbraucht wurden, und verhielt mich ganz normal gegenüber denen, die sie missbrauchten. Und wenn jemand über Kindesmissbrauch in den arabischen Gesellschaften diskutieren wollte, dann lautete die Reaktion stets: „Kindesmissbrauch? Das gibt es doch nur im Westen!" Und *hier*? Stellen Sie diese Frage einmal, und die Antwort wird Schweigen sein.

Daher wissen kluge Menschen, dass gesellschaftliche Tabus vielfach eine Form des kollektiven Selbstbetrugs sind: „Unsere Welt ist intakt. Schau uns an, wir sind fast vollkommen. Das Leiden und Unrecht in der Welt sind die Probleme anderer."

Erklärt man die Frage nach dem Wesen des Korans für tabu, so sichert das überdies die Aufrechterhaltung des politischen und gesellschaftlichen Status quo. Die politischen und religiösen Eliten in den arabischen Staaten haben ein gemeinsames Interesse daran, weil der Ist-Zustand der Aufrechterhaltung ihrer Privilegien und Interessen am besten dient. Beide profitieren davon, dass sie diejenigen verfolgen, die versuchen, den religiösen Diskurs neu zu beleben, und beide haben viel zu verlieren, wenn ihnen das nicht gelingt. Ich glaube nicht, dass ich hier etwas Neues sage. Vielmehr handelt es sich dabei um ein Muster, das sich in verschiedenen historischen Epochen und sozialen Zusammenhängen wiederfindet. Es ist das Muster, das in der modernen arabischen Geschichte vorherrschend war.

Ich habe die Schicksale von Mahmoud Mohammed Taha und von Nasr Hamid Abu Zaid ganz bewusst angeführt, weil sie beispielhaft sind für die Art und Weise, in der dieses Muster Gestalt annimmt, und dafür, wie die Interessen des politischen und des religiösen Establishments miteinander verflochten sind.

Mahmoud Mohammed Taha war sowohl Politiker wie Theologe, und seine politischen Aktivitäten stellten eine Herausforderung für die Autorität des Nimeiry-Regimes dar. Da Präsident Nimeiry den Islam ebenfalls für seine politischen Ziele instrumentalisierte, indem er forderte, dass die Scharia die Quelle aller Gesetze im Sudan sein sollte, war es ihm wie auch dem religiösen Establishment – das über Tahas unorthodoxe theologische Methoden beunruhigt war –, ein Anliegen, Taha zum Schweigen zu bringen. Und selbstverständlich profitierte das religiöse Establishment von der herausragenden Rolle, die Nimeiry dem Islam – einem wahhabitischen Islam – in seinem Regime zugestand.

In ähnlicher Weise geriet Nasr Hamid Abu Zaid ins Visier, weil er in seinem Buch „Eine Kritik des religiösen Diskurses" darlegte, wie die politischen Eliten Ägyptens den religiösen Diskurs dazu benutzte, ihre Machtstellung unangefochten zu erhalten.[130] Abu Zaid war gefährlich, nicht nur, weil er die Schwächen des „religiösen Diskurses" aufdeckte; auch seine Fähigkeit, zu zeigen, wie der politische und der religiöse Diskurs miteinander verflochten waren und sich gegenseitig aufrechterhielten, gebot es, ihn „mundtot" zu machen.

Es steht viel auf dem Spiel! Daher ist nicht weiter verwunderlich, dass jene Intellektuellen, die beschlossen, das Schweigen nicht länger aufrechtzuerhalten und die Denkverbote offenbar brachen, heute *alle* entweder in Europa oder in den Vereinigten Staaten leben. Sie hatten keine andere Wahl, als zu fliehen.

Aber diese klugen Menschen wussten auch, dass man manchmal unbedingt die Mauer des Schweigens durchbrechen muss, wenn man etwas verändern will.

Ich möchte Ihnen nun meine Antwort auf die zuvor gestellte Frage geben: Was ist das Wesen des Koran?

Ich denke, dass der Koran menschlicher Natur ist, dass der Prophet Mohammed einen Großteil der Koranverse entwarf und dass diese Verse danach von Menschen gesammelt wurden, die sie aufschrieben. Daher sind die gesellschaftlichen und historischen Zusammenhänge des 7. Jahrhunderts, in dem Mohammed lebte, in vielen Koransuren erkennbar. Der Koran als solcher kann nicht von seinem historischen Kontext getrennt werden.

Indem ich das sage, stelle ich die strenggläubige Annahme in Frage, die immer wieder in islamischen und arabischen Schulen und Universitätsstudienplänen, in den Medien und in öffentlichen Diskursen vertreten wird, nämlich, dass die Verse des Korans wortwörtlich von Gott gesagt wurden. Diese Überzeugung ist in unserem Bewusstsein so fest verankert, dass es Brauch geworden ist zu sagen „Gott sagt – Qaal Allahu Ta'ala", bevor man einen Koranvers rezitiert. Stellt man die Frage: „Wann haben wir eigentlich begonnen, diese Redewendung zu verwenden?", erntet man erstaunte Blicke.

Die Wendung „Gott sagt" stellt alles, was danach zur Sprache kommt, in den Kontext des Heiligen. Wer würde wagen, etwas abzustreiten, was Gott gesagt hat?

Die Koranverse in Frage zu stellen, ihren Inhalt genau zu untersuchen und kritisch zu hinterfragen, ist jedoch genau das, was wir tun müssen, wenn wir eine wirksame Reform des Islam in Angriff nehmen wollen.

Wie lässt sich beispielsweise die Tatsache erklären, dass der Koran die Sklaverei niemals verurteilte? Zwar ermuntern einige Koranverse die Muslime dazu, Sklaven zu befreien, aber die Praxis selbst wurde niemals in Frage gestellt. Betrachten wir das Thema im historischen Kontext, so stoßen wir auf die gesellschaftlichen und wirtschaftlichen Realitäten von Mekka und Medina, wo der Prophet im 7. Jahrhundert lebte. Sklaverei und der Handel mit Sklaven waren wichtige Einkommensquellen für arabische Stämme. Mohammed hatte bereits eine andere Einkommensquelle von Mekka geschwächt, indem er den Monotheismus propagierte und Mekka damit einen Teil seiner bisherigen Bedeutung als Wallfahrtsort nahm – waren dort doch außer der Ka'aba auch die Götterstatuen der verschiedenen Stämme versammelt. Hätte er überdies noch die Sklaverei angeprangert, so hätte dies die arabischen Stämme gegen seine neue Religion aufgebracht und diejenigen vertrieben, die er am meisten benötigte.

Dies erklärt, warum das Thema Sklaverei im Koran weitgehend ausgespart bleibt. Aber es erklären bedeutet nicht, es zu akzeptieren. Hier liegen die Grenzen der Religion. Wenn ich die betreffenden Verse lese, sehe ich deswegen auch keine relevante universelle Botschaft in ihnen, noch finde ich spirituellen Trost darin. Offen gestanden irritieren sie mich. Ich sehe die *menschliche* Seite in diesen Versen, nicht die des *Göttlichen*.

Es soll hier nicht unerwähnt bleiben, dass frühe klassische islamische Quellen den Koran auf eine weniger rigide Weise betrachteten als die heutige Auslegung. Ich will hier nicht näher darauf eingehen, sondern verweise in diesem Zusammenhang vor allem auf die Mutazila – eine rationale philosophische Bewegung, die im 8. Jahrhundert entstand, auf unorthodoxe Weise mit dem Koran umging und damit zu überraschenden Schlussfolgerungen gelangte.

Vielmehr möchte ich ein Buch mit dem Titel „Al-itqan fi a'uloum al Quran" („Die Leistungen des Korans in den Wissenschaften") zitieren, das im 15. Jahrhundert von Jalal al-Din al-Siouti verfasst wurde.[131] Al-Siouti, besser bekannt für seine Kommentare über den Koran, beschreibt in diesem Buch, wie die Gefährten des Propheten die Koranverse nach seinem Tod sammelten, wie sie sich in ihren Berichten über das, was sie noch über den Koran in Erinnerung hatten, unterschieden, und wie sie zuweilen mit Hilfe ihres eigenen Urteils einige dieser Verse zu Suren zusammenstellten. Mit anderen Worten, al-Siouti, der die Heiligkeit des Korans nie in Frage stellte, war sich durchaus bewusst, wieviel „Menschliches" in der Sammlung der Verse steckte.

Der Koran, wie wir ihn kennen, wurde also nicht in Buchformat geschrieben. Seine Verse wurden über zwanzig Jahre hinweg zusammengestellt. Sie wurden mitunter auf Pflanzenblätter, Knochen und Lederstücke geschrieben, und manchmal prägten die Gefährten des Propheten sie sich auch einfach nur ein.

Wann die ersten Muslime begannen, diese Verse zu sammeln, ist umstritten. Die Schiiten glauben, dass der Koran zu Lebzeit des Propheten zusammengestellt wurde. Die Sunniten dagegen sind der Meinung, dass der Vorgang erst nach dem Tod Mohammeds einsetzte. Beide stimmen darin überein, dass der Koran, wie wir ihn heute kennen, während der Regentschaft des 4. Kalifen, Othoman ibn A'ffan (644–656) zusammengestellt, geordnet und in Buchform gebracht wurde.[132]

Ibn A'ffan war besorgt, so der offizielle Bericht, dass die Expansion des islamischen Staates zu einer Situation geführt hatte, in der die Menschen begannen, die Verse des Korans auf verschiedene

Arten zu lesen. Um die Muslime daran zu hindern, sich über die Koranverse zu streiten, beschloss der Kalif, sie in Buchform zusammenzufassen. Er bat die Tochter des 2. Kalifen Omar, Hafsah, ihm die Blätter zu schicken, die sie aufbewahrte. Dabei handelte es sich um Koranverse, über lange Zeit von einigen Gefährten Mohammeds gesammelt und während der Regentschaft des ersten Kalifen aufgeschrieben.

Aber Ibn A'ffan, der das zusammengestellte Buch anschließend zum „offiziellen Koran" erklärte und andere Versionen öffentlich verbrannte, war kein Mensch, der über jeden Verdacht erhaben war. Seine Herrschaft fiel in eine Zeit, in der ein Clan, der die Lehren des Islam am heftigsten ablehnte, zu neuer Stärke kam. Ibn A'ffan hatte immer wieder politische Streitigkeiten und Konflikte durchzustehen, die schließlich zu seiner Ermordung führten. Können wir wirklich davon ausgehen, dass sein Handeln bei der Erstellung des Korans frei von weltlichen Interessen war? Und wie können wir dem Erinnerungsvermögen derjenigen trauen, die diese Verse aufschrieben? Welche Absichten verfolgten sie dabei?

Sehen Sie, worauf ich hinauswill, indem ich die sicheren Grenzen des Denkens verlasse, denen zufolge „Gott den Koran geschützt hat", und stattdessen in die verbotenen Denkbereiche eintrete und frage „Was ist das Wesen des Korans?"

Ein humanistischer Islam berücksichtigt diese menschliche Natur des Koran. Denn sie stärkt nur die fundamentalen Annahmen, die der humanistischen Auslegung der Religion zugrunde liegen. Habe ich nicht zu Beginn des zweiten Teils gesagt, dass ein humanistischer Islam die Meinung vertritt, dass der Zweck der Religionen darin besteht, eine Vision zu bieten, wie man sich Gott zu einem bestimmten geschichtlichen Zeitpunkt nähern kann? Die Religionen versuchten, die Gesellschaft, an die sie sich wandten, zum Besseren zu ändern – wenn auch in den Grenzen ihrer historischen Rahmenbedingungen. Darüber hinaus sagte ich, dass diese Auffassung davon ausgeht, dass Religionen von den Menschen geprägt wurden, die ihre Lehren annahmen und verbreiteten, und als solche die Überzeugungen, Traditionen und Weltbilder dieser Menschen widerspiegeln, und – was am wichtigsten ist – die historischen und gesellschaftlichen Bedingungen der Gesellschaften erkennbar machen, denen sie entstammen. Der Islam bildet da sicherlich keine Ausnahme.

Welche Konsequenzen hat eine solche Schlussfolgerung? Wenn ich sage, dass es Menschen waren, die den Koran in der Form schufen, die wir heute haben, bedeutet das dann, dass a) ich keine Muslimin mehr bin? und b) ich auch meinen Glauben verloren habe?

Bin ich also keine Muslimin mehr? Wenn Sie nur wüssten, wie mir vor dieser Frage graut. Das hat nicht nur mit der Furcht zu tun, wegen meiner Ansichten verfolgt zu werden.

Wie ich schon an anderer Stelle sagte, haben viele Menschen in den arabischen und islamischen Gesellschaften das Gefühl, sie würden ständig von „Feinden" ins Visier genommen. Sie haben den Eindruck, ihre Religion werde angegriffen und solle zerstört werden. Die heftigen Reaktionen auf die in westlichen Zeitungen veröffentlichten Mohammed-Karikaturen – auch wenn sie ganz eindeutig von Islamisten und arabischen Staaten für politische Zwecke instrumentalisiert wurden – brachten zum Ausdruck, wie tief dieses Gefühl im öffentlichen Bewusstsein verankert ist.

Ist es also klug von mir, mich zu einem so heiklen Zeitpunkt mit diesem Thema zu beschäftigen? Bin ich verantwortungslos, wenn ich es tue? Und ist es wirklich nötig, dieses Tabu zu brechen?

Ich denke, die Antwort ist einfach, denn wenn man es unterlässt, sich mit diesem Thema zu beschäftigen, wird es zu keiner echten Reform des Islam kommen. Ist es nicht unglaublich, dass arabische und muslimische Wissenschaftler noch immer dieselben Fragen über die Stellung der Frauen, die Bedeutung der Scharia und körperliche Bestrafung wie vor anderthalb Jahrhunderten stellen? Ist das nicht symptomatisch? Immer dieselben Fragen werden wiederholt und erörtert, und mit den Antworten wird stets der

Status quo aufrechterhalten. Die Unfähigkeit, sie zu lösen, ist verbunden mit dem Unwillen, sich mit der Natur des Korans zu beschäftigen.

Der Koran wurde so behandelt, als sei er gleichbedeutend mit Gott. Als würden wir, wenn wir es wagten, die Natur des Korans in Frage zu stellen, auch unseren Glauben an Gott in Frage stellen und gleichzeitig auch noch unsere Ablehnung des Islam aussprechen. In diesem Sinne ist der Koran die Kirche des Islam. Mit dem Koran müssen wir uns befassen, wenn es uns gelingen soll, die Religion vom Staat zu trennen.

Aber wir können uns nicht nur hinter Universitätsmauern damit befassen. Die Diskussion sollte auch in die Öffentlichkeit hineingetragen werden. Sie sollte bekannt gemacht werden. Eine wahre Reform kann nur erfolgen, wenn die Öffentlichkeit mit einbezogen wird. Eine wahre Reform sollte die Intelligenz der Menschen respektieren und sie wie Erwachsene behandeln, nicht wie Kinder, die vor einer „schädlichen Information" geschützt werden müssen.

Ja, sie sollte bekannt gemacht werden – und zwar jetzt, weil es nie eine ideale Zeit geben wird, um dieses Thema zu erörtern. Es wird immer schmerzlich sein. Ich breche dieses Tabu nicht um des Zerstörens willen, noch tue ich es, um meine Ablehnung des Islam zu bekunden. Ich versuche lediglich zu sagen: „Es ist möglich, Muslimin zu bleiben und dennoch den Koran als einen Text zu begreifen, der von unterschiedlichen Menschen geschrieben und zusammengetragen wurde. Er ist ein Text, den ich respektiere und mit Ehrfurcht behandle. Er ist meine Tradition. Aber ich sehe sein menschliches Wesen, und daher sehe ich auch seine Grenzen, wenn es darum geht, die Gesellschaft im 21. Jahrhundert zu regeln. Aber mein Glaube dreht sich nicht um den Koran, und daher wird er durch meine Schlussfolgerung über dessen Natur auch nicht erschüttert. Mein Glaube gründet auf meinem Glauben an Gott selbst."

Neuntes Kapitel
Die vierte Komponente eines humanistischen Islam: gleiche Rechte für Frauen und Männer

Wir müssen uns mit dem Koran auseinandersetzen, wenn es uns gelingen soll, die Religion vom Staat zu trennen. Wenn es einen Bereich gibt, der die Dringlichkeit dieser Feststellung unmissverständlich veranschaulicht, dann ist es die Privatsphäre der Familie in den arabischen Gesellschaften. Der Grund ist einleuchtend: Das Familienrecht gründet sich – außer in Tunesien – einzig und allein auf religiöse Vorschriften.

Vielleicht kann diese Tatsache die Verwirrung erhellen, die viele Menschen hier in Europa befällt, wenn sie es mit arabischen Gesellschaften wie Ägypten, dem Libanon oder Syrien zu tun haben. Denn einerseits haben diese Staaten drastische Schritte unternommen, um nach ihrer Unabhängigkeit ihre rechtlichen Strukturen zu modernisieren. Andererseits rührten sie jedoch nicht an die religiösen Vorschriften, die die familiäre Sphäre betrafen. Sie versuchten einige dieser Vorschriften verschlüsselt zu formulieren und sie damit für Frauen „annehmbarer" zu machen. Aber die rechtliche Grundlage blieb religiös, wodurch Frauen prinzipiell benachteiligt sind.

Es ist Ihnen sicherlich aufgefallen, dass ich das Wort „Scharia" hier nicht verwende. Ich spreche von „religiösen Vorschriften". Denn arabische Frauen unterliegen bei der Regelung ihrer familiären Beziehungen den Gesetzen ihrer jeweiligen Religionen. Eine syrisch-orthodoxe Frau, eine libanesische Maronitin oder eine ägyptische Koptin, die sich von ihren Männern scheiden lassen möchten, sind den religiösen Gesetzen unterworfen, die von ihren jeweiligen Kirchen festgesetzt wurden. Und die sind, wenn auch fortschrittlicher als ihre islamischen Pendants, nicht gerade frauenfreundlich. Dies erklärt die scherzhafte Bemerkung einiger syrischer Frauenrechtlerinnen bei einem Abendessen, an dem ich im Sommer 2007 in Damaskus teilnahm. Die Frauen, die ein weites

Spektrum von Nichtregierungsorganisationen verschiedener ideologischer Richtungen (islamisch, christlich und säkular) vertraten, sagten lachend: „Der Vatikan und die arabischen Länder sind sich über alles uneins. Aber wenn es um unsere Rechte (beispielsweise in internationalen Konferenzen) geht, sind sie wundersamerweise stets einer Meinung."

Warum die arabischen Gesellschaften es unterlassen haben, ihr Familienrecht zu modernisieren und seiner religiösen Grundlage zu entheben, ist eine Frage, die ich in meiner Habilitation beantworte. Sie würde den Rahmen des vorliegenden Buches sprengen. Erwähnt werden muss hier aber, dass der Unwille dieser Gesellschaften, eine Modernisierung in Angriff zu nehmen, zeigt, dass die arabischen Staaten sich noch immer in einer Übergangsphase zwischen „traditionell" und „modern" befinden. Ein zentrales Merkmal dieser Übergangsphase ist die Abhängigkeit ihrer politischen Eliten von der traditionellen Machtbasis (sei sie stammesbedingt, religiös oder konfessionell). Diese Abhängigkeit wirkt sich nachteilig auf die Rechte der Frauen aus.

Beispiele für diese Beobachtung gibt es reichlich. So führte 1994 im Jemen der Sieg der Koalition aus der den Norden des Landes beherrschenden Partei „Volkskongress" und der „Islamischen Vereinigung für Reform" (Islah) gegen die „Sozialistische Partei des Südjemen" zur Änderung der Verfassung von 1990. Statt des Artikels 27, in dem stand, dass „alle Bürger vor dem Gesetz gleich sind und die gleichen Rechte und Pflichten haben, ohne Benachteiligung aufgrund ihres Geschlechts", nahm die geänderte Verfassung eine kürzere Version auf, in der zwar versichert wurde, dass „alle Bürger die gleichen Rechte und Pflichten haben" (Artikel 40), unterließ es jedoch, die Geschlechterdiskriminierung zu erwähnen. Zudem fügte sie einen neuen Artikel ein, der bestimmte, dass „Frauen die Schwestern der Männer sind. Sie haben Rechte und Pflichten, die durch die Scharia garantiert und zugewiesen sind und durch das Gesetz festgesetzt werden." (Artikel 31)

Die verfassungsmäßigen Änderungen haben Folgen für den

Alltag der Frauen. Leider besagt die Verfassung in dem Augenblick, wo sie das Wort Scharia im Zusammenhang mit Frauen verwendet, automatisch, dass sie eine Verletzung ihrer Rechte akzeptiert – wenn auch indirekt. Dies ist also eine schlechte Nachricht für die Frauen. Im Fall Ägyptens führte eine solche Gesetzesänderung zur Behinderung jeder ernsthaften Reform des Familienstandsgesetzes. Daher ist es zwar möglich, dass eine ägyptische Frau einen Ministerposten innehat, aber daran gehindert werden kann, an einer Konferenz in einem anderen Land teilzunehmen, wenn ihr Ehemann es so bestimmt.

Im Fall des Jemen sind die Folgen sogar noch gravierender. Das Familienstandsgesetz von 1992, das nach der Vereinigung von Nord- und Südjemen zunächst übernommen worden war, wurde gänzlich revidiert. Die beunruhigendste Veränderung war die Aufhebung eines Gesetzes, das das Heiratsalter für Mädchen und Jungen auf 15 Jahre festgesetzt hatte. Artikel 15 des geänderten Gesetzes von 1999 legt keine Altersgrenze fest und überlässt die Entscheidung den männlichen Vormunden (Vater, Bruder oder Cousin usw.). Mit anderen Worten, wenn ein Vater die Meinung vertritt, dass seine achtjährige Tochter „reif dafür ist, zertreten zu werden" (das ist der genaue Wortlaut des Gesetzes – saliha lil wat'a), dann kann er sie „zertreten" lassen (sic!).

Der Fall der achtjährigen Nojoud, die am 2. April 2008 einen Gerichtshof in Sanaa anrief, um ihre Scheidung von ihrem dreißig Jahre älteren Ehemann zu erreichen, wurde in den internationalen Medien sofort zur Schlagzeile und zeigte sehr drastisch, was diese Gesetzesbestimmungen zuweilen in der Realität bedeuten: „Können Sie sich vorstellen, dass er mir meine Kleider auszog und schlimme Dinge mit mir tat?" So beschrieb Nojoud ihrem Rechtsanwalt und dem Richter ihr Martyrium, wobei sie hinzufügte: „Und außerdem hielt er mich vom Spielen ab."[133]

Nojoud hatte Glück, dass ihr die Trennung gewährt wurde, um die sie ansuchte. Sie hatte Glück, weil die Frauenrechtlerin und Rechtsanwältin Shatha Nasr an diesem Tag im Gerichtssaal saß.

Nasr fiel auf, dass das Kind allein und verängstigt war, sich jedoch hartnäckig weigerte, das Gericht zu verlassen. Als Nasr mit Nojoud sprach und begriff, was sie wollte, sprach sie mit dem Richter Mohammed al-Qathi.[134] Glücklicherweise hielt dieser die Verheiratung eines Kindes für ein Verbrechen. Wäre Nojoud an einem anderen Tag gekommen, hätte ihre Geschichte möglicherweise ein weniger glückliches Ende gefunden.

Dieses Beispiel zeigt: Die Tatsache, wie der Islam interpretiert wird und wie religiöse Vorschriften angewandt werden, trägt in hohem Maße zu den Problemen der Frauen in den arabischen Gesellschaften bei. Meiner Ansicht nach ist eine Reform des Islam deshalb auch nur dann möglich, wenn man sich mit der Geschlechterfrage auseinandersetzt. Und eine echte Reform muss die Schwächen und die Beschränkungen der islamischen Bestimmungen, die für Frauen gelten, anerkennen. Dadurch wird der Weg für positives Recht geebnet, das die Unantastbarkeit der Frauen am besten schützt und sie den Männern in Würde und Rechten gleichstellt. Darum sind gleiche Rechte für Frauen die vierte Komponente eines humanistischen Islam.

In den nächsten Abschnitten möchte ich zunächst zeigen, dass das Thema Frauenrechte dem Bereich der Denkverbote zuzurechnen ist. Dann werde ich versuchen, gegen das Denkverbot anzugehen und ein Gegenargument nennen, das auf die Geschlechtergleichheit abzielt. Auf einer zweiten Ebene werde ich zwei Themen anschneiden, die viele als belanglos betrachten, ich hingegen als sehr wesentlich: den Schleier (bzw. das Kopftuch) und das Recht der Frauen, gemeinsam mit den Männern in einer Moschee zu beten.

Die Rechte der Frauen: ein Denkverbot

In einer Presseerklärung des saudischen Innenministers Prinz Naif bin abd al-Aziz erklärte dieser mit Nachdruck, dass „die saudische Frau seit Beginn des Islam und seit der Schaffung der nationalen

Einheit [die Gründung des saudischen Königreichs erfolgte 1932] ihre Rechte durch die Scharia erhielt."[135] Prinz Naif, der damit offenbar auf den letzten Bericht der Menschenrechtsorganisation „Human Rights Watch" über die Lage der Frauen in Saudi-Arabien und die lauten Proteste saudischer Frauenrechtlerinnen reagierte, behauptete, dass „die saudische Gesellschaft die Frau respektiert, denn sie ist Mutter, Schwester, Tochter und Ehefrau (…) und wird in all diesen Rollen geachtet."[136] Dann verglich er die saudische Gesellschaft, die „sich selbst und ihr Blut opfert, um die Würde der Frauen zu schützen" mit den westlichen Gesellschaften, „die die Frauen demütigen und sie dazu bringen, sich, um zu überleben, auf den Straßen zu verkaufen und damit eine Quelle der Lust für Männer zu werden".[137] Der Prinz schloss seine Verlautbarung mit der Frage: „Warum ehren sie [die westlichen Gesellschaften] die Frau nicht und geben ihr nicht ihre Rechte, damit sie solche Jobs für ihren Lebensunterhalt nicht benötigt?"

Jedes Mal, wenn ich diese Argumentation höre, steigt mein Blutdruck. Denn dies ist ein typisches, wenn auch extremes Beispiel dafür, wie das Thema Frauenrechte von einer gesellschaftlich komfortablen Perspektive aus erörtert werden kann: „Wer hat denn gesagt, dass die Lage der Frauen in unserer Gesellschaft problematisch ist? Wir haben keine Probleme. Wir behüten die Frauen und schützen ihre Würde. Sie sind unsere geachteten weiblichen Verwandten. Im Grunde bewahren wir sie vor dem Schicksal der Frauen in den westlichen Gesellschaften. Die armen Frauen dort müssen sich prostituieren, um ihre Existenz zu sichern. Gott sei Dank müssen unsere Frauen so etwas nicht tun."

Tatsächlich schneidet in der islamischen Welt nur das ehemalige Taliban-Regime in Afghanistan schlechter als Saudi-Arabien ab, was die Verletzung der Rechte von Frauen angeht. In dem bereits erwähnten Bericht von „Human Rights Watch" ist zu lesen: „Die saudische Regierung hat ein System geschaffen, in dem jede Frau einen Vormund haben muss – meist ist es der Vater oder der Ehemann –, der damit beauftragt ist, Entscheidungen für sie zu treffen.

Diese Strategie, die auf einer höchst restriktiven Auslegung eines mehrdeutigen Koranverses basiert, stellt das bedeutendste Hindernis für die Verwirklichung der Frauenrechte im Königreich dar. Die saudischen Behörden behandeln erwachsene Frauen im Wesentlichen wie rechtlich Minderjährige, die nur wenig Macht über ihr eigenes Leben und Wohlergehen haben."[138]

Der Bericht fügt hinzu, dass „die strikte Geschlechtertrennung eine saudische Frau daran hindert, voll am öffentlichen Leben teilzunehmen. Die saudische Regierung ist bereit, eine ganze Reihe fundamentaler Rechte zu opfern, um der Vermischung von Männern und Frauen vorzubeugen (…). Für Arbeitgeber stellt die Notwendigkeit, getrennte Büroräume zu schaffen, und die Tatsache, dass Frauen mit vielen Behörden nicht ohne männlichen Stellvertreter in Kontakt treten dürfen, ein signifikantes Abschreckungsmittel gegen ihre Einstellung dar. Im Bildungswesen bedeutet es oft, dass Frauen in weniger qualifizierte Ausbildungseinrichtungen geschickt werden, weswegen sie später dann auch geringere akademische Chancen haben."[139]

Was „Human Rights Watch" beschrieben hat, ist nicht neu. Sogar im Vergleich zu anderen Ländern der arabischen Halbinsel gilt Saudi-Arabiens systematische und institutionelle Diskriminierung von Frauen als extrem. Dies erklärt vielleicht, warum mein Vater ablehnte, als er 1985 an die jemenitische Botschaft in Riad berufen werden sollte. Seine Begründung lautete: „Ich habe eine Tochter." Kann man es den saudischen Frauenrechtlerinnen verübeln, wenn sie nicht auf die beschriebene Weise als Frauen „geehrt" sein wollen?

Eine andere Strategie, sich beim Thema Frauenrechte auf ein sicheres Terrain zu beschränken und Denkverbote zu umgehen, besteht darin, zu behaupten, dass „der Islam die Frauenrechte respektiert und sie immer garantiert hat; das Problem hat hauptsächlich mit der Gesellschaft zu tun, die diese Rechte zur Anwendung bringt. Es hat mit den Menschen selbst zu tun." Diese Argumentation wird von einigen Reformern und Islamisten beständig wiederholt. Für die Reformer ist sie ein Instrument, mit dem sie das Geschlechterproblem so lösen, wie sie es sehen. Islamisten dagegen beschwören damit die Frauen, ihre Stellung in einer „islamischen gesellschaftlichen Ordnung" zu akzeptieren.

Die an anderer Stelle bereits erwähnte US-amerikanische Professorin Amina Wadud kann als Beispiel für einen Ansatz zur Reform des Islam herangezogen werden, der in seiner Herangehensweise zu vorsichtig ist. Obwohl viele Probleme in der Lebenswirklichkeit islamischer Frauen mit den religiösen Texten und ihrer Auslegung zu tun haben, zieht dieser Ansatz die Texte nicht in Zweifel und stellt auch nicht die Frage nach ihrem Wesen. Vielmehr sucht er nach einem Ausweg, indem er sich im Hinblick auf problematische Verse des Korans verschiedener Interpretationsmöglichkeiten bedient, die letztlich darauf abzielen, die islamischen Vorschriften in Einklang mit der modernen Zeit zu bringen.

So vertritt Wadud etwa die These, dass Vers 4:3 des Korans, der von der Polygamie handelt, sich auf ein ganz spezielles Thema beziehe, nämlich auf den Umgang mit weiblichen Waisen, deren männliche Vormunde das Vermögen der ihnen Anvertrauten unrechtmäßig verwalteten. Eine vorgeschlagene Lösung besagt, dieser schlechten Verwaltung solle vorgebeugt werden, indem diese Vormunde die weiblichen Waisen heirateten. Wadud ist der Ansicht, das Ziel dieses Verses bestehe darin, den Waisen Gerechtigkeit widerfahren zu lassen. [140]

Charakteristisch ist auch, *wie* Wadud den Koranvers 4:3 zitiert[141]: „Und wenn ihr fürchtet, sonst den Waisen nicht gerecht werden zu können, nehmt euch als Frauen, was euch gut erscheint, zwei oder drei oder vier. Doch wenn ihr fürchtet, ihnen nicht gerecht werden zu können, heiratet nur eine… Dies schützt euch eher vor Ungerechtigkeit."

Wadud hat einen Teil dieses Verses nicht in ihr Zitat aufgenommen. Und sie ist nicht die Einzige, die so verfährt. Der ausgelassene

Satzteil lautet: „oder was deine rechte Hand besitzt – aw ma mala-kat aimanukum". Der Vers müsste demgemäß lauten: „Aber wenn ihr fürchtet, ihnen nicht gerecht werden zu können, heiratet nur eine oder was deine rechte Hand besitzt."

„Was deine rechte Hand besitzt" ist ein Ausdruck, der für Sklaven verwendet wurde. (Manche Übersetzungen des Korans lauten an dieser Stelle auch: „diejenigen, die ihr von Rechts wegen besitzt".) Wenn über den Vers diskutiert wird, werden diese „Sklaven" nie er-wähnt. Derselbe Vers, der einem Mann das Recht gibt, vier Frauen zu heiraten, besagt, dass *er auch noch andere Sklaven haben darf.* Heißt das, dass ein muslimischer Mann heute das Recht hat, Sklaven zu besitzen? Wenn ja, dann ist ihre Anzahl unbegrenzt, da der Vers die Anzahl der Sklaven, die ein Mann besitzen darf, nicht begrenzt.

Das klingt unerhört, nicht wahr? Niemand würde es heute noch wagen, die Sklaverei als rechtmäßigen Brauch zu betrachten. Und muslimische Wissenschaftler wissen das. Also ignorieren sie diesen Teil des Verses. Wenn sie aber die Stelle über die weiblichen Sklaven bewusst ignorieren, wohl wissend, dass sie ganz wörtlich den his-torischen Kontext widerspiegelt, in dem sie aufgeschrieben wurde, warum können sie dann nicht dasselbe mit den vier Frauen tun? Die Polygamie war im 7. Jahrhundert ein akzeptierter Brauch, heute ist sie das nicht mehr. Sie verletzt das fundamentale Recht der Frau – das Recht, sich in ihrem Heim sicher, respektiert und ge-achtet zu fühlen. Sie verletzt ihre Würde. Außer in dem Fall, wo eine Frau mit Hilfe ihrer Religion einer Gehirnwäsche unterzogen wurde, habe ich nie eine Frau getroffen, die begeistert davon war, dass sich ihr Mann eine andere genommen hatte. Die betroffenen Ehefrauen leiden meist sehr darunter.

Islamisten gehen das Thema anders an. Auch sie behaupten steif und fest, der Islam sei nicht das Problem. Aber anders als die Re-former, die – auch wenn sie diese Behauptung wiederholen – zu-mindest versuchen, unterschiedliche Interpretationen für das aus-zuarbeiten, was sie ganz eindeutig als problematische religiöse Vorschriften wahrnehmen, betrachten die Islamisten das, was der Islam einer Frau bietet, als ideales System, das ihr Würde und Schutz garantiert und ihrer „natürlichen Pflicht" angemessen ist. Sie bemühen sich gar nicht erst, zu einer neuen Auslegung des Islam zu kommen. Vielmehr sind sie bestrebt, die muslimischen Frauen davon zu überzeugen, die „islamische gesellschaftliche Ordnung" so zu akzeptieren, wie sie selbst sie sehen.

Während diese Überzeugung die islamischen Bewegungen eint, unterscheiden sie sich zuweilen in ihrer Auffassung, inwieweit eine Frau am gesellschaftlichen Leben teilnehmen kann. Ich will meine kritische Betrachtung auf das Argument beschränken, das von einer der bekanntesten islamischen Bewegungen der heutigen arabischen Gesellschaften stammt: von den Muslimbrüdern.

Hassan al-Banna, der Begründer der Muslimbrüder, hat mit seiner berühmten Schrift „Die muslimische Frau" die Diskussion der Frauenrechte aus islamistischer Perspektive maßgeblich beeinflusst. Sie enthält die folgenden Leitlinien zur Behandlung der Frau in einer muslimischen Gesellschaft:

a) Die Pflicht einer Frau: „Der Islam sieht, dass eine Frau die natürliche und fundamentale Pflicht hat, das heißt ihr Heim und die Kinder." Wenn sie aus zwingenden Gründen arbeiten muss, dann sollte sie wissen, dass „das Arbeiten außerhalb ihres Heimes die Ausnahme, nicht die Regel ist."
b) Erziehung: „Lehrt sie, was sie benötigt und was zu ihrer Aufgabe und Funktion passt, die Gott für sie geschaffen hat: sich um ihr Heim zu kümmern und Kinder großzuziehen."
c) Geschlechtertrennung: „Der Islam sieht in der Vermischung der Geschlechter ein echtes Risiko, und er trennt beide, außer wenn sie heiraten."
d) Der Schleier: „Der Islam verbietet einer Frau, ihren Körper zu enthüllen, mit einem Mann alleine zu sein und einen Mann zu imitieren." Er fordert von ihr, „zu Hause zu beten", und befiehlt ihr, „den Schleier zu tragen".[142]

Al-Banna entwickelte seine Ideologie weitgehend als Reaktion auf die Vision des türkischen Präsidenten Atatürk von einem nationalen und säkularen Staat. Ein wesentliches Element von Atatürks Vision war die Rolle der Frau, die ermuntert wurde, ihren Schleier abzulegen und aktiv am gesellschaftlichen Leben teilzunehmen. All dies wurde durch ein neues Familienrecht unterstützt, das die Türkei von der Schweiz übernahm. Auch wenn dieses Recht noch so konservativ gewesen sein mag, markierte es doch eine deutliche Abkehr von den islamischen Vorschriften des osmanischen Familienrechts.

Als Gegner der „säkularen nationalen Frau" hatte al-Banna eine andere Vision von der „muslimischen Frau", eine, deren Rolle sich in ihrem Heim erfüllt, die sich um ihren Mann kümmert und ihre Kinder großzieht, kurz, die Vision von einer Frau, die sich bewusst ist, dass ihr, einer säkularen Auffassung zufolge, nicht alle Rechte gegeben sind, die diese Tatsache jedoch akzeptiert, da Gott ihre Natur besser kennt.

In ihrem lange erwarteten Parteiprogramm, das im August 2007 – mehr als sechzig Jahre nach der Ermordung al-Bannas – verabschiedet wurde, wich die Bewegung der Muslimbrüder kaum von den Leitlinien ab, die ihr Gründer festsetzte. Dort ist zu lesen: „Wir sehen es als wichtig an, ein Gleichgewicht in den Rollen der Frau zu erreichen und ihre Rolle in der Familie und im öffentlichen Leben zu aktivieren, ohne ihr Pflichten aufzuerlegen, die ihrer Natur oder ihrer Rolle in der Familie widersprechen."[143]

Das Denkverbot aufbrechen

Bisher habe ich Argumente erörtert, die entweder versuchen, eine vorurteilsfreie und verschiedenartige Interpretation von religiösen Texten zu bieten – die sich mit dem Thema Frauen in der islamischen Theologie befassen – und dabei darauf beharren, dass der Islam an sich nicht das Problem ist. Zugleich habe ich die Islamisten zu Wort kommen lassen, die nicht in erster Linie ein Problem sehen, das zu lösen ist, und stattdessen die muslimische Frau beschwören, ihre Stellung in der gesellschaftlichen Hierarchie einer islamischen Ordnung zu akzeptieren.

Eine humanistische Auslegung des Islam hingegen will das Denkverbot aufbrechen, mit dem das Thema Frauenrechte belegt ist. Sie geht davon aus, dass es kontraproduktiv ist, zu behaupten, der Islam sei nicht das Problem, weil dadurch das Argument auf eine defensive Ebene gehoben wird. Verteidigt man eine „Idee", ist es schwierig, das Problem beim Namen zu nennen und rational anzugehen.

Eine humanistische Auslegung des Islam beharrt darauf, dass eine echte Reform des Islam die Grenzen der religiösen Texte anerkennen muss. Sie muss darüber hinaus zugestehen, dass die religiösen Texte in ihrem historischen Kontext gesehen werden und daher nicht mehr relevant sein können, wenn es darum geht, die Belange von Familie und Staat im 21. Jahrhundert zu regeln. Mit anderen Worten, eine humanistische Islam-Auslegung spricht sich für die Trennung von Staat und Religion aus. Damit diese Trennung erfolgreich bewerkstelligt werden kann, ist wiederum eine Auseinandersetzung mit dem Koran erforderlich.

Ganz offenkundig können die religiösen Texte nur bedingt Lösungen aufzeigen, wenn es um das Thema Frauenrechte geht. Mein besonderes Augenmerk gilt den Passagen in den Koranversen, wo es um die Stellung der Frau im täglichen Leben geht. Denn während der Koran in Vers 40:40 Frauen und Männer im Hinblick auf das Leben nach dem Tod gleichstellt, benachteiligt er in Bezug auf das gesellschaftliche Leben im Diesseits die Frauen und begünstigt die Männer. Diese Diskrepanz tritt ganz offenkundig in den Versen zutage, die die familiären Beziehungen, die sexuellen Beziehungen in der Ehe, Erbschaften und Zeugenaussagen regeln. Hier wird ganz deutlich, dass es tatsächlich klare Widersprüche zwischen den Vorschriften des Koran und der Allgemeinen Erklärung der Menschenrechte von 1948 (und dem Übereinkommen zur Beseitigung jeder Form von Diskriminierung der Frau) gibt.[144]

Diese Widersprüche sind mitnichten theoretischer Natur, wenn es um den Alltag von Frauen geht. Denn die Koranverse wurden in Gesetze übertragen, die die untergeordnete Rolle der Frau in Familie und Gesellschaft gutheißen.

Die gesellschaftliche Ungleichheit zwischen Mann und Frau wird mit Hilfe des Verses 4:34 gerechtfertigt, in dem zu lesen ist: „Die Männer stehen für die Frauen in Verantwortung ein, mit Rücksicht darauf, wie Allah den einen von ihnen mit mehr Vorzügen als den anderen ausgestattet hat, und weil sie von ihrem Vermögen (für die Frauen) ausgeben." Alle Familiengesetze in den arabischen Staaten haben sich – mit Ausnahme von Tunesien und, in geringerem Maß, Marokko – auf diesen Vers berufen, als sie die Rechtmäßigkeit der männlichen Vormundschaft über Frauen befürworteten. Das führt dazu, dass eine erwachsene Frau sich nicht verheiraten kann, wenn ihr männlicher Vormund ihr keine Einwilligung dafür gibt. Gelingt es ihr, dies trotzdem zu tun, kann der Vormund von einem Gericht verlangen, ihre Ehe zu annullieren, und das Gericht muss seinem Ansuchen Folge leisten.

Die Ungleichheit in den familiären Beziehungen wird anhand des Verses 2:229 gerechtfertigt, in dem steht: „Der Scheidungsspruch ist zweimal (erlaubt), dann aber müsst ihr sie in Güte behalten oder im Guten entlassen." Dementsprechend kann ein Mann sich durch eine einseitige Verstoßung von seiner Frau scheiden lassen, und zwar indem er dreimal das Wort „geschieden" ausspricht, ohne dass er irgendwelche Gründe angeben oder sein Handeln verteidigen müsste. Dieses Recht des Ehemannes ist in allen arabischen Familiengesetzen verankert, mit Ausnahme der Gesetze Tunesiens und Marokkos. Eine Ehefrau hingegen muss „beweisen", dass ihr Mann sie misshandelt oder seine Pflichten vernachlässigt hat, wenn sie eine Scheidung erreichen will. Gelingt ihr das nicht, dann kann sie etwas anstreben, das *Khulu* (Scheidung durch Loskauf) genannt wird: ein Verfahren, in dem eine Frau darin einwilligt, ihre finanziellen Rechte aufzugeben, und ihrem Mann den Brautpreis zurückzahlt.

Selbst wenn es ihr gelungen ist, eine Scheidung zu erwirken, kann ihr Ehemann seine Meinung ändern und sie *gegen ihren Willen* wieder zurück in die Ehe zwingen! In allen arabischen Familiengesetzen – wiederum mit Ausnahme von Tunesien und Marokko – hat ein Ehemann das Recht, innerhalb von drei Monaten nach Verkündung der Scheidung seine Frau in die Ehe zurückzuholen. Diese Vorschrift basiert auf Vers 2:228, in dem steht: „Und die geschiedenen Frauen sollen warten, bis sie dreimal die Periode gehabt haben. Und es ist ihnen nicht erlaubt zu verheimlichen, was Allah in ihren Schößen erschaffen hat, wenn sie an Allah glauben und an den Jüngsten Tag. Und ihre Ehemänner haben das Vorrecht, sie in diesem Zeitraum zurückzunehmen, wenn sie sich aussöhnen wollen."

Diese Vorschrift erklärt, warum Richter Mohammed al-Qathi entschied, die Ehe des jemenitischen Kindes Nojoud zu annullieren, anstatt ihr die Scheidung zu gewähren, um die sie gebeten hatte. Er wusste, würde er ihr die Scheidung gewähren, so würde ihr Ehemann vielleicht seine Meinung ändern, sie zurückholen und noch mehr Geld fordern.

Die Ungleichheit zwischen Mann und Frau wird sogar in den intimen Beziehungen festgeschrieben. Ein Mann kann mit seiner Frau Geschlechtsverkehr haben, wann immer und in welcher Stellung er will. In Vers 2:223 steht: „Eure Frauen sind euch ein Saatfeld. Geht zu euerem Feld, wie ihr wollt …" Die Auslegung dieses Verses führte zu der in der Gesellschaft fest verankerten Überzeugung, eine Frau habe kein Recht, die sexuellen Annäherungsversuche ihres Mannes zurückzuweisen. Sie muss ihnen stets Folge leisten. Tut sie dies nicht, so belegen viele dem Propheten zugeschriebene Aussprüche, dass die Engel sie sonst verfluchen werden. Also schläft sie wohl besser mit ihm!

Zu guter Letzt werden Frauen auch in Erbsachen und bei Zeugenaussagen nicht gleich behandelt wie Männer. Vers 4:11 stellt fest: „Allah schreibt euch hinsichtlich euerer Kinder vor, dem Knaben zweier Mädchen Anteil zu geben. Sind es aber (nur) Mädchen, mehr als zwei, sollen sie zwei Drittel des Nachlasses erhalten. Gibt es nur ein Mädchen, soll es die Hälfte haben …" Folglich erhält ein Mädchen die Hälfte des Anteils, den ein Knabe erhält, wenn beide dieselbe Art der Beziehung zu dem Verstorbenen hatten.

Desgleichen gelten die Zeugenaussagen von zwei Frauen so viel wie die eines Mannes. Vers 2:282 besagt: „(…) Und nehmt von eueren Leuten zwei zu Zeugen. Sind nicht zwei Männer da, dann sei es ein Mann und zwei Frauen, die euch als Zeugen passend erscheinen; sodass, wenn eine der beiden irrt, die andere sie erinnern kann." Obwohl dieser Vers sich auf Streitigkeiten in finanziellen Belangen bezieht, interpretieren viele arabische Staaten ihn so, als würde er sämtliche rechtliche Angelegenheiten mit einschließen.

Sehen Sie, warum eine humanistische Auslegung des Islam darauf dringt, dass wir uns mit dem Koran befassen, wenn wir die Religion vom Staat trennen wollen? Die Koranverse sind in der grundlegendsten Einheit der Gesellschaft – der Familie – und in ihren Beziehungen tief verwurzelt und sorgen dafür, dass ein System der Ungleichheit zwischen Ehemann und Ehefrau aufrechterhalten wird. Eine ernsthafte Reform wird sich mit dieser Ungleichheit auseinandersetzen müssen. Die Frage lautet daher, wie geht man das am besten an?

Eine Art, sich mit dem Problem auseinanderzusetzen, besteht darin, eine selektive Auslegung des Korans vorzunehmen und zu versuchen, ein Argument herauszuarbeiten, dass die Gleichheit der Geschlechter in familiären Beziehungen bestätigt. Es gibt im Koran etliche Verse, die bezeugen, dass Mann und Frau in ihren religiösen Pflichten vor Gott gleichgestellt gesehen werden. Das Problem dieser Herangehensweise besteht allerdings darin, dass man, sobald man den Koran zu seinem Bezugspunkt macht, zwangsläufig auch mit den Passagen konfrontiert wird, die das Gleichheitsargument nicht stützen.

Pickt man sich also nur einige Rosinen heraus, so ist das ganze Vorgehen nur begrenzt wirksam; dies wurde offenkundig, als Frauengruppen versuchten, Veränderungen im Familienrecht einzuführen und dazu religiöse Argumente heranzogen. Um einer Frau das Recht zu gewähren, sich scheiden zu lassen, ohne einen erlittenen Schaden „beweisen" zu müssen, schlugen ägyptische Frauenrechtlerinnen *Khulu* vor – das Verfahren, in dem eine Frau sich bereit erklärt, ihre finanziellen Rechte aufzugeben und ihrem Ehemann den Brautpreis zurückzuzahlen. Im Jahr 2000 wurde das ägyptische Familienstandsgesetz dementsprechend geändert und diese Veränderung als Sieg gefeiert. Eine Frau muss alle ihre finanziellen Rechte aufgeben, um eine Scheidung zu erreichen. Ist ein solches System gerecht?

Nein. Will man das Problem von einer humanistischen Islamdeutung aus angehen, so darf man zur Regelung der familiären Beziehungen den Koran nicht mehr als Referenz heranziehen und muss ihn durch das Übereinkommen zur Beseitigung jeder Form von Diskriminierung der Frau ersetzen, das gerechte Leitlinien für die Gleichheit zwischen den Geschlechtern in Familie und Gesellschaft bietet.

Das erfordert – ich wiederhole es –, dass wir zwischen zwei Ebenen der islamischen Religion unterscheiden: einer spirituellen Seite, die nach einer Verbindung zwischen dem Individuum und Gott strebt, auf die sich der Glaube gründet; und einer legalistischen und Scharia-Seite, deren Vorschriften in Frage gestellt werden sollten. Es erfordert ebenso die Trennung zwischen dem Koran und dem Staat. Säkularismus ist ein Muss!

Manche mögen gegen diese Herangehensweise Einwände erheben und sagen, die islamischen Gesellschaften seien nicht reif für einen solchen Schritt. Für diese Kritiker kommt der Säkularismus einem westlichen System gleich, das – angeblich – darauf abzielt, ihre Religion zu zerstören. Und sie haben nicht ganz Unrecht. Das Wort „Säkularismus" wurde nach der demütigenden Niederlage im Sechstagekrieg in den arabischen Medien und in der öffentlichen Kultur mit „Unglaube, Ketzerei und Boshaftigkeit" gleichgesetzt.

Wollen wir dieses „Imageproblem" angehen, so müssen wir daran arbeiten. Es brauchte fünfzig Jahre stetiger islamistischer Propaganda, die arabische Auffassung vom Schleier zu ändern und ihn von einer „reaktionären Tradition" in eine „religiöse Pflicht" zu verwandeln. Wenn es heute jemand wagt, zu sagen, der Schleier sei keine religiöse Pflicht *(faridha),* so beschuldigt man ihn, nicht an den Islam zu glauben.

Es braucht also harte Arbeit, die öffentliche Meinung über den Säkularismus zu ändern, und diese Arbeit sollte beinhalten, dass die Bedeutung des Säkularismus aufgezeigt und dargelegt wird, warum er, wenn er von der Demokratie gestützt wird, die Lebensqualität der Menschen verbessern kann.

Ich selbst habe damit in meinem Tagebuch begonnen, als ich erklärte, dass ich „Säkularistin" bin und gleichzeitig „an Gott glaube". Mit anderen Worten: Wenn man befürwortet, dass der Säkularismus in den arabischen Gesellschaften Einzug hält, so muss man deswegen nicht seinen Glauben aufgeben. Im Gegenteil, nur der Säkularismus kann mir mein Recht sichern, zu glauben oder nicht zu glauben. Zu verändern, womit die Menschen den Begriff „Säkularismus" in ihrem Denken assoziieren, ist der erste Schritt, das Imageproblem zu bewältigen.

Um zusammenzufassen: Wenn es um die Geschlechterfrage in der islamischen Theologie geht, so vertritt eine humanistische Auslegung des Islam die Ansicht, dass eine ernsthafte Reform die Grenzen der religiösen Texte bei der Erarbeitung von Lösungen anerkennen muss.

Das ist die erste Ebene, auf der eine humanistische Religionsauslegung die Geschlechterfrage angeht. Die zweite Ebene ist gesellschaftlicher Natur. Sie betrifft Bräuche, die angeblich religiös sind, in Wahrheit aber nur die gesellschaftlichen Überzeugungen widerspiegeln, die für eine ungleiche soziale Ordnung stehen.

Auf dieser Ebene wollen wir die Koranverse beiseite lassen und uns anschauen, wie Frauen in der Gesellschaft tatsächlich wahrgenommen werden. Dabei ist unbedingt hervorzuheben, dass eine Frau ein Mensch ist wie ein Mann. Sie ist ihm vor Gott gleichgestellt, und er ist ihr vor Gott gleichgestellt. Er, der Mann, ist nicht der Maßstab dafür, was ein vollkommener Mensch ist. Beide sind Menschen. Beide sind unvollkommen.

Es mag Ihnen absurd vorkommen, dass ich das eigens hervorhebe. Aber ist es wirklich so offenkundig? Wenn es einer Frau untersagt ist, mit Männern in einer Moschee zu beten, weil man fürchtet, diese könnten dadurch abgelenkt werden; wenn man von ihr verlangt, dass sie sich bedeckt – nicht nur in der Öffentlichkeit, sondern sogar dann, wenn sie allein betet; und wenn es ihr untersagt ist, in den Zeiten ihrer Menstruation zu beten oder den Koran auch nur in die Hand zu nehmen, stellen alle diese Vorschriften sie dann etwa dem Mann vor Gott gleich?

In den folgenden Abschnitten möchte ich zwei Themen erörtern, die ich von einem humanistischen Standpunkt aus für wichtig halte: die Verschleierung (bzw. das Kopftuch) und das Recht der Frau zu beten, ohne dass ihr wegen ihres Geschlechts Beschränkungen auferlegt werden.

Der Schleier

Wenn es etwas gibt, das die ganze Diskussion über politischen Islam, humanistischen Islam, Identität und die Probleme Europas mit seiner muslimischen Minderheit auf einen Nenner bringt, dann ist es der Schleier. Dieses Kleidungsstück hat eine große symbolische Bedeutung: Als die Schweizer Außenministerin Micheline Calmy-Rey im März 2008 in den Iran reiste, um dort Präsident Mahmud Ahmadinedschad zu treffen, und zum Zeichen ihrer „kulturellen Sensibilität" ein weißes Kopftuch trug, brach in der Schweiz ein Sturm der Empörung los – mit gutem Grund, wie ich hinzufügen möchte.

Die Schweizer Außenministerin reiste in den Iran, um bei der Unterzeichung eines milliardenschweren Erdgas-Liefervertrags zwischen dem Iran und einem Schweizer Unternehmen offiziell Präsenz zu zeigen. Dies war eine Bedingung der iranischen Regierung gewesen: „Iran machte seine Unterschrift von der Anwesenheit eines Vertreters der Eidgenossenschaft abhängig."[145]

Anscheinend bestand der Iran zudem darauf, dass die Ministerin während dieses offiziellen Besuchs ihr Haar bedeckte. Sie kam dem Ansuchen nach: „Calmy-Rey hat den Schleier akzeptiert, weil sie ohne ihn nicht nach Iran hätte reisen können. Wichtiger als diese Subordination waren ihr das Zustandekommen des Gasliefervertrags und das kurze Gespräch mit Ahmadinedschad, bei dem sie ihn, wie sie sagte, an die zahllosen Menschenrechtsverletzungen erinnerte, die in Iran täglich begangen werden. Offenbar hat die EDA-Vorsteherin ihre Persönlichkeit bewusst der Politik untergeordnet."[146]

Die Schweizer Außenministerin wurde dafür sowohl von Iranerinnen als auch von Schweizer Politikern scharf kritisiert. In Teheran erklärte eine junge iranische Philosophiestudentin: „Ich bin enttäuscht von dieser Frau", und fügte hinzu: „Wir kämpfen weiter gegen den Kopftuchzwang, auch wenn westliche Politikerinnen ihre Unterwerfung offenbar freiwillig zelebrieren."[147] FDP-Ständerätin Christine Egerszegi äußerte: „Ich verstehe Calmy-Reys Beweggründe nicht. (…) Es ist unnötig, ein Kopftuch zu tragen."[148]

Als Reaktion auf den Tumult rechtfertigte die Ministerin ihr Handeln mit den Worten: „Das war keine Unterordnung, sondern Respekt gegenüber den Regeln des Landes."[149]

Respekt?

Ging es hier wirklich um Respekt? Ich möchte es einmal anders ausdrücken. Wenn Präsident Ahmadinedschad der Schweiz ganz offiziell einen Besuch abgestattet hätte, hätte er dann in Erwägung gezogen, seinen Bart abzurasieren? Hätte er seine Hand ausgestreckt und diejenige Calmy-Reys geschüttelt? Die Außenministerin unterließ es, Ahmadinedschad die Hand zu geben, aus Respekt vor seinen religiösen Überzeugungen. Hätte er also dasselbe getan, wenn er in ihr Land gekommen wäre, hätte er dieses Zeichen des Respekts bekundet? Nein, das hätte er nicht. Diese symbolischen Gesten beruhen niemals auf Gegenseitigkeit. Und wenn sie nicht gegenseitig sind, dann hat das nichts mit Respekt zu tun. Ahmadinedschad hätte dieses Zeichen des „Respekts" nicht bekundet, weil Kopftuch, Handschlag und Bart religiös konnotierte Symbole sind. Seine Auslegung des Islam will es, dass er einen Bart trägt, dass er einer Frau nicht die Hand schüttelt und dass sie ihr Haar verhüllen sollte. „Sollte" ist hier das angebrachte Wort.

Ministerin Calmy-Rey entschied sich aus *pragmatischen* Gründen, dieses Zeichen des Respekts zu zeigen – sie wollte einen lukrativen Erdgasvertrag abschließen. Sie hätte dies auch ohne Kopftuch tun können, wenn sie darauf bestanden hätte, dass sie den Iran als offizielle Schweizer Amtsträgerin und nicht als Frau besuchte. Die deutsche Bundeskanzlerin Angela Merkel tat genau dies, als sie 2007 Saudi-Arabien besuchte. Und ich kann mir nicht vorstellen, dass sie ein Kopftuch tragen würde, wenn sie sich mit Präsident Ahmadinedschad träfe. Es war Ministerin Calmy-Reys eigene Entscheidung, ein Kopftuch zu tragen.

Wie die Teheraner Philosophiestudentin erklärte, haben Frauen im Iran nicht das Privileg dieser Wahlfreiheit. Ob sie es wollen oder nicht – sie müssen den Schleier tragen. Der Schleier war das Symbol, mit dem die islamische Revolution der Welt ihr Gesicht zeigte, indem sie verfügte, dass alle Frauen sich verhüllen sollten. Wenn Frauen im Iran die Freiheit hätten, zu wählen, ob sie den Schleier tragen oder ablegen wollten, dann hätte mich Calmy-Reys Handeln nicht gestört. Nicht ihr Haar interessiert mich, sondern die Botschaft, die sie mit ihrer Geste vermittelte.

Die Schweizer Ministerin drückte keineswegs Respekt aus. Das Tragen des Schleiers ist im Iran nicht Tradition, sondern gesetzlich vorgeschrieben. Und das Gesetz erlaubt der „Sittenpolizei", Frauen festzunehmen, die sich nicht schicklich und ordnungsgemäß kleiden, und sie zu zwingen, ein Dokument zu unterschreiben, in dem sie versprechen, „sich in Zukunft zu bessern". Manche werden auch vor Gericht zitiert, man erlegt ihnen unter Umständen eine Geldstrafe auf, ja, schlimmstenfalls schickt man sie sogar ins Gefängnis.[150]

Das Gesetz im Iran verletzt die Menschenrechte der Frau, denn es respektiert ihre Wahlfreiheit nicht. Und weil dieses grundlegende Recht nicht existiert, war die Handlung der Ministerin eine offizielle Botschaft, die diese Rechtsverletzung verharmloste – und ein Ärgernis für die iranischen Frauen, die fortwährend versuchen, sich dem Gesetz zu widersetzen. Wenn sie dies nicht ständig täten, gäbe es dann die Notwendigkeit, wiederholt gegen iranische Frauen in der Öffentlichkeit vorzugehen? Warum zollte die Ministerin dem Präsidenten Ahmadinedschad und seinem dogmatischen politischen Islam „Respekt", anstatt diesen Frauen ihren Respekt zu erweisen?

Das Thema ist symbolisch und betrifft das grundlegende Recht auf Wahlfreiheit. Dass bei diesem Thema das Symbolische eine so gewichtige Rolle spielt, kompliziert die Diskussion über den Schleier.

Der Schleier wurde von den islamischen Bewegungen als Symbol für eine andere Identität genutzt, die sie forderten – eine, die der nationalen säkularen Identität von Atatürks Türkei und der halbsäkularen Identität des Panarabismus trotzen konnte und eine, die den Anspruch erhebt, den wahren Islam zu vertreten. Passend zu dieser Ideologie benötigten sie eine Kleidervorschrift, das heißt, den Schleier, der den Körper der Frau bedeckt und nur ihre Hände und ihr Gesicht frei lässt.

Die Muslimbrüder waren die ersten, die zu einer Zeit auf dieser Kleidervorschrift bestanden, als Frauen in den arabischen Ländern ihre neu gefundene öffentliche Freiheit feierten und dabei eben dieses Symbol, den Schleier, benutzten, um ihre Rechte geltend zu machen.

Die ägyptische Frauenrechtlerin Huda Sha'rawi (1879–1947) war Vorreiterin dieser Initiative und nahm ihren Schleier im Jahr 1923 öffentlich ab. Die arabischen Frauenrechtlerinnen im Südjemen, in Syrien, Tunesien usw. gingen noch einen Schritt weiter und verbrannten ihre Schleier öffentlich. Das war in den 1950er-Jahren. Der Appell der Muslimbrüder an die Frauen, den Schleier zu tra-

174

gen, wurde nicht nur für absurd gehalten, er wurde auch als reaktionär empfunden. Diese Tatsache offenbart den politischen Charakter des Schleiers.

Erst nach der demütigenden Niederlage im Sechstagekrieg bekam der Appell der Muslimbrüder eine eminente Bedeutung – die Menschen begannen, nach Antworten zu suchen, und fanden Trost in der Religion. Allerdings handelte es sich um eine politisierte Form der Religion. Was danach geschah, ist wohlbekannt. Der Aufstieg des politischen Islam, der anhaltende Prozess der Reislamisierung und die stetig wiederholte Botschaft eines riesigen Medienimperiums, das von prominenten saudischen Persönlichkeiten finanziert wurde, leisteten der Meinung Vorschub, der Schleier sei tatsächlich die Kleidervorschrift des Islam. Eine gesellschaftliche Veränderung vollzog sich, und das Symbol dieser Veränderung war der Schleier.

Der Schleier ist ein Symbol des politischen Islam. Aber die Frauen, die ihn heute tragen, glauben, dass sie damit Gottes Willen erfüllen. Sie meinen, wenn sie ihn tragen, wären sie „gute Musliminnen". Einige meiner weiblichen Verwandten in Ägypten, die in den siebziger Jahren gerne Miniröcke trugen, begannen in den neunziger Jahren, den Schleier zu tragen – aus freien Stücken. Junge Immigrantinnen islamischen Glaubens tragen ihn heute, um ihre Identität zu behaupten – eine Identität der Abgrenzung. Mir sind Fälle von jungen Frauen bekannt, die über die dänischen Mohammed-Karikaturen so wütend waren, dass sie seither das Kopftuch tragen. Ihr Entschluss war nicht religiös begründet – er war ihre Art, ihre Wut und ihre Auflehnung auszudrücken.

Und dies verkompliziert die Dinge, insbesondere dann, wenn wir die Frage stellen: Wie soll der Staat in einer liberalen, säkularen und demokratischen Gesellschaft mit den Frauen umgehen, die erklären, dass sie den Schleier aus freien Stücken tragen?

Ich scheue mich, eine Antwort anzubieten, ohne zuerst einmal die folgende Tatsache zu betrachten: In arabischen und europäischen Ländern, wo der Schleier verboten ist oder mit Argwohn betrachtet wird, behaupten die Islamisten steif und fest, das Schleiertragen beruhe auf der „Wahl der Frauen". Und sie fordern diese Staaten auf, „die Frauen ihre Wahlfreiheit zum Ausdruck bringen zu lassen". Doch in dem Augenblick, wo die Islamisten gesellschaftlich erstarken oder gar die Macht gewinnen, rauben sie den Frauen genau diese Wahlfreiheit. Plötzlich wird aus der „Wahl" eine „islamische Pflicht".

Weil mir der politische Charakter dieses Themas durchaus bewusst ist und auch, wie Islamisten es für ihre Zwecke nutzen, und weil ich zudem um den gesellschaftlichen Druck weiß, der damit verbunden ist, zögere ich nicht, mich zur Frage des Schleiertragens in europäischen Gesellschaften zu äußern.

Meine Argumentation unterscheidet zwischen zwei Entscheidungsebenen: einer persönlichen und einer öffentlichen. Die persönliche betrifft das Recht einer Frau, ihre Kleidung selbst zu wählen. Als liberal denkender Mensch kann ich nichts gegen das Recht einer Frau einwenden, sich für das Kopftuch zu entscheiden, wenn sie diese Entscheidung aus freien Stücken und ohne Druck seitens ihrer Familie oder der Gesellschaft gefällt hat.

Aber damit eine Frau dieses Recht nutzen kann, muss sie erwachsen und imstande sein, diese Entscheidung zu fällen. Mit anderen Worten, Kindern sollte es nicht gestattet werden, das Kopftuch zu tragen. Die Islamisten rechtfertigen ihre Forderung mit der Behauptung, das Kopftuch solle die Sexualität einer Frau verhüllen. Ein Kind ist keine Frau. Zwingt man einem Kind eine solche Kleidervorschrift auf, dann raubt man ihm seine Kindheit und degradiert es zu einem Sexualobjekt. Schulen sollten das Kopftuch nicht erlauben. Die Entscheidung Frankreichs, das Kopftuch in Schulen zu verbieten, war sicherlich ein Schritt in die richtige Richtung. Wenn eine Frau achtzehn Jahre alt ist und sie kraft ihres eigenen Willens, ohne Druck seitens der Familie oder der Gesellschaft, beschließt, das Kopftuch zu tragen, dann ist das ihre Entscheidung, ihre *persönliche* Wahl.

Die zweite Ebene des Themas betrifft Frauen in öffentlichen Positionen. Die Frage lautet hier: „Hat eine Frau, die eine öffentliche Funktion in einer säkularen Gesellschaft innehat – also etwa als Lehrerin oder Richterin –, das Recht, das Kopftuch zu tragen?"

Die Antwort auf diese Frage fällt mir nicht leicht. Ich will keineswegs behaupten, dass eine Frau, die das Kopftuch trägt, nicht imstande wäre, eine solche Position zu bekleiden. Die Hälfte der weiblichen Mitglieder meiner Familie, die in Ägypten oder im Jemen leben, sind als Rechtsanwältinnen, Ärztinnen oder Ingenieurinnen tätig. Ein Kleidungsstück, das die Haare einer Frau bedeckt, entscheidet nicht darüber, was sie kann oder nicht kann. Und ich bin mir auch der Tatsache bewusst, dass manche Frauen islamischen Glaubens aus familiären Gründen das Kopftuch tragen müssen. Ich weiß das von Frauen, die mir ihre Geschichten erzählt haben. Ich verwende hier das Wort „manche Frauen", um Verallgemeinerungen zu vermeiden, die vielleicht nicht der Wirklichkeit entsprechen. Ich äußere hier keine allgemeingültige Behauptung über alle Frauen, die das Kopftuch tragen.

So schwierig es auch sein mag, ein Urteil über dieses Thema muss anhand der grundlegenden Prinzipien diskutiert werden, auf denen eine säkulare Gesellschaft beruht. Noch einmal: Mich interessiert hier nicht das Verhüllen der Haare, sondern die Botschaft, die damit vermittelt wird.

Eine Person, die eine öffentliche Position in einer säkularen Gesellschaft bekleidet, muss deren wichtigstes Prinzip vertreten: die Trennung von Staat und Religion. Folglich wird von ihr verlangt, die Neutralität des Staates zu repräsentieren. Trägt sie ein Kopftuch, so verletzt sie diese Neutralität, weil sie damit ihre religiösen Überzeugungen bekundet. Noch beunruhigender ist die Botschaft, wenn das Kopftuch Frauen oder Mädchen islamischen Glaubens (zum Beispiel Schülerinnen einer Schule) suggeriert: „Nur wenn du deine Haare bedeckst, bist du eine gute Muslimin." Ich verwende hier das Wort „nur", weil es genau in dieser Ausschließlichkeit von den Befürwortern des Kopftuchs gebraucht wird. Gestattet man einer Lehrerin, das Kopftuch zu tragen, so wird sie damit augenblicklich zu einem Rollenmodell, das von anderen imitiert wird. Dies ist jedoch kein Modell, das Neutralität und Säkularität des Staates vermittelt.

Bisher habe ich von einer allgemeinen Warte aus über das Thema Kopftuch gesprochen. Aber wie passt das Kopftuch in den Rahmen einer humanistischen Islamauslegung? Nun, sie respektiert natürlich das Recht einer erwachsenen Frau, ihre Kleidung selbst zu wählen, aber sie lehnt das Kopftuch ab. Sie vertritt die Auffassung, dass es nirgendwohin führt, wenn man das Thema von einer religiösen Perspektive aus erörtert. Die Koranverse zu diesem Thema verlangen von den Frauen, bescheiden zu sein, aber sie führen nicht weiter aus, auf welche Weise sie dies sein sollten. Die Islamisten behaupten, „bescheiden" sein bedeute, dass die Frau ihren Körper und ihre Haare bedeckt. Die Säkularisten hingegen meinen, dass der Islam keine spezielle Kleiderordnung vorgeschrieben habe. Beide glauben, im Recht zu sein.

Eine humanistische Islamauslegung betrachtet das Thema lieber von einer anderen Ebene aus und fragt, welche Argumente eigentlich herangezogen werden, um eine Frau davon zu überzeugen, dass das Kopftuch eine Pflicht ist; im nächsten Schritt macht sie deutlich, dass diese Argumente in Wirklichkeit lediglich eine gesellschaftliche Überzeugung widerspiegeln, wonach eine Frau – wiederum – nicht als Mensch wahrgenommen wird, sondern als Sexualobjekt, dessen Körper jeden Mann erregt. Diese gesellschaftliche Überzeugung begreift den Mann als „allzeit bereit", in Gedanken stets beherrscht vom Sex. Männer, so lautet diese Überzeugung weiter, können ihre Triebe nicht im Zaum halten; darum muss man sich vor ihnen in Acht nehmen. Folgerichtig muss eine Frau sich verhüllen, um den Mann vor dem Teufel zu schützen, der in ihm steckt.

Diese Argumentation spiegelt auch die gesellschaftlich vorherrschende Ansicht über die sexuellen Rollen von Mann und Frau in der Gesellschaft wider. Der Frau kommt die passive Rolle zu, wohingegen ein Mann als sexueller Akteur gilt. Als passives „Wesen" muss sie sich verhüllen, wohingegen dies vom Akteur nicht verlangt wird – ihre Haare sind etwas Sexuelles, seine hingegen nicht!

Ein humanistischer Islam wendet sich gegen solche gesellschaftlichen Vorurteile. Er vertritt die Ansicht, dass eine Frau wie ein Mann ist – eben ein Mensch. Ihr Körper ist nichts, dessen sie sich schämen sollte. Ihre Haare sind kein Sexsymbol. Und ein humanistischer Islam sieht kein Problem in der Schönheit einer Frau. Für ihn ist Schönheit nichts, was zu verbergen wäre. Auch die Sexualität einer Frau ist kein Problem, sondern – wie beim Mann – etwas natürlich Gegebenes. Ein humanistischer Islam betrachtet Mann und Frau als Erwachsene, die fähig sind, miteinander umzugehen, ohne von ihren sexuellen Begierden überwältigt zu werden. Denn schließlich sind sie mit Vernunft und Rationalität ausgestattet und im Besitz des Bewusstseins. Daher ist ein humanistischer Islam widerständig und scheut nicht davor zurück, Frauen islamischen Glaubens aufzufordern, die Argumentation der Islamisten nicht einfach hinzunehmen. Sie sollten sich nicht verhüllen, weil sie von Männern auf eine bestimmte Weise wahrgenommen werden. Ein humanistischer Islam fordert die Frauen auf, eigenständig zu denken und das Kopftuch abzunehmen.

Frauen in der Moschee

Ich äußere mich nicht gern zum Thema des Neubaus von Moscheen in westlichen Ländern. Es ist ein kompliziertes Thema, das unterschiedliche Emotionen und Ängste hervorruft, und doch rührt es an das grundlegende Recht einer religiösen Minderheit – einer Minderheit, die fordert, ihre religiösen Rituale offen praktizieren zu können. Dieses Recht sollte garantiert werden, auch wenn einige islamische Gesellschaften es ungestraft verletzen. Zufällig ist diese Minderheit nun einmal islamischen Glaubens. Und der Islam wird als Bedrohung wahrgenommen. Der Aufstieg des politischen

Islam und die gut dokumentierte Rolle, die einige Moscheen in den europäischen Gesellschaften bei der Radikalisierung junger Immigranten der zweiten oder dritten Generation spielten oder noch spielen, bewirken, dass die Entscheidung über den Neubau einer Moschee aus guten Gründen von Furcht und Argwohn begleitet wird. Die Menschen haben Angst und wissen nicht, wem sie trauen können. Sie fragen sich: Sind das normale Muslime oder Fanatiker, die versuchen, unsere offenen Staatssysteme zu ihrem Vorteil auszunutzen?

Wie ich bereits erklärt habe, ist das Thema ziemlich kompliziert. Daher zögere ich, offen meine Meinung zu sagen, denn dazu muss ich noch ein anderes Element in die Diskussion einbringen, das sie noch komplizierter macht.

Wenn ich meine Meinung offen äußere, dann werde ich sagen müssen: „Da Sie über den Bau einer Moschee sprechen, würden Sie dann bitte darüber nachdenken, wo ich in dieser Moschee meinen Platz hätte?"

Ich werde sagen müssen: „Das, worüber Sie diskutieren, ist nicht der Bau einer Moschee für die muslimische Gemeinde; vielmehr geht es hier um den Bau einer Moschee für Männer. Frauen sind von dieser Diskussion ausgeschlossen. Sie haben in dieser Moschee keinen Platz." Wenn sie Glück haben, bekommen sie einen kleinen Raum an der Hinterseite der Moschee; damit vermittelt man ihnen auf höfliche Weise, es wäre besser, sie blieben zum Beten zu Hause: „Ihr habt in einem Gotteshaus nichts zu suchen!"

Wenn ich meine Meinung offen äußere, dann werde ich nachdrücklich erklären müssen, dass ich nicht in einem Hinterzimmer beten möchte, das abgetrennt vom großen Saal der Moschee ist. Ich möchte in dem großen Saal gemeinsam mit den Männern beten. Aber das gestattet man mir nicht.

Das Argument, das gegen das gemeinsame Beten von Frauen und Männern vorgebracht wird, ist wiederum mit Vorannahmen sexueller Natur verbunden. Eine Frau könnte einen Mann durch ihre Gegenwart ablenken. „Im Unterschied zu Anhängern anderer

Religionen bewegen Muslime sich beim Beten körperlich. Der Körper einer Frau würde die Männer vom Beten ablenken. Wenn sie vor den Männern stünde, würden die sich auf ihren Rücken konzentrieren."

Was wäre denn, wenn sie neben ihnen stünde? Was wäre, wenn Männer auf der einen Seite und Frauen auf der anderen, jedoch im selben Saal beten würden? Auf diese Weise würden die armen Männer nicht von den verführerischen Rücken der Frauen abgelenkt. Würde das ausreichen, um die Vorschrift zu ändern? Ich glaube nicht.

Moscheen, wie sie in vielen islamischen Gesellschaften (insbesondere arabischen Gesellschaften) errichtet und von den muslimischen Gemeinden in europäischen Ländern nachgebaut werden, spiegeln die soziale Ordnung dieser Gesellschaften wider. Sie reflektieren auf unmissverständliche Weise, welche Rolle den Frauen in diesen Gesellschaften zukommt. Eine Moschee, in der man nur Männer beten sieht, ist ein Spiegel der patriarchalischen Gesellschaft, in der Männer die Kontrolle über den öffentlichen Raum haben. Eine Frau, die den Anspruch erhebt, im selben Raum zu beten wie die Männer, verlangt nichts Belangloses. Sie fordert eine Änderung innerhalb dieser sozialen Ordnung.

Das erklärt, warum ich just für diejenigen Beiträge im „Tagebuch einer arabischen Frau", in denen es um das Recht der Frauen ging, gemeinsam mit den Männern im selben Raum der Moschee zu beten, die meisten hasserfüllten Reaktionen erhielt. (Ich hatte dort auch ausgeführt, dass Frauen beim Beten keine weiteren Einschränkungen aufgrund ihres Geschlechts auferlegt werden sollten, also etwa während des Betens ihre Haare zu verhüllen und während der Menstruation nicht zu beten.) In den Antworten, die ich bekam, wurde mir nahe gelegt, Reue zu zeigen. Offenbar war mein Verbrechen so gravierend, dass man mich für eine Ketzerin hielt.

Die Frage, wo, wie und wann eine Frau beten soll, spiegelt ihre soziale Stellung in ihrer Gemeinschaft wider. Es wird von ihr verlangt, getrennt von den Männern zu beten und ihre Haare während des Betens zu verhüllen sowie in den Tagen ihrer Monatsblutung überhaupt nicht zu beten. Alle diese ihr aufgezwungenen Einschränkungen sind Ausdruck der gesellschaftlichen Überzeugung, dass eine Frau nicht wirklich so „makellos" und „vollkommen" ist wie ein Mann. Und ganz sicher ist sie kein Ebenbild Gottes – des männlichen Gottes!

Ein Mann betet immer im Saal einer Moschee, und er betet so, wie er beschaffen ist; er verhüllt seine Haare vor Gott nicht. Er ist Gott selbst gleichgestellt – ein Mann betet zum männlichen Gott.

Wenn die Haare eines Mannes seine Gebete nicht beeinträchtigen, warum sollten die Haare einer Frau dann ihre beeinträchtigen? Sie betet nicht zu einem *Mann*, der von ihren Haaren verführt werden könnte. Sie betet zu Gott. Zu einem Gott, der kein Geschlecht hat.

Und analog dazu, warum sollte sie nur deshalb das Beten unterbrechen, weil sie ihre Periode hat? Weil sie blutet? Weil dieses Blut sie unrein – *najessa* – macht!

Genau das erklärte mir eine ägyptische Religionslehrerin in meinem zweiten Jahr im Gymnasium. „Eine Frau wird unrein, wenn sie ihre Periode bekommt. Deshalb sollte sie das Beten in dieser Zeit unterbrechen." Dasselbe gab mir auch meine Mutter zu verstehen, wenn auch ohne Worte. Während ihrer Menstruation hörte sie immer auf zu beten. Und mich wies sie an, den Koran nicht anzurühren, wenn ich meine Periode hatte. Und so merkwürdig es auch klingen mag – ich glaube, mein erster Akt der Rebellion geschah, als ich beschloss, diese Regeln zu durchbrechen. Ich betete während meiner Monatsblutung und hielt dabei den Koran in meinen „unreinen" Händen. Seinerzeit war ich siebzehn Jahre alt. Und es war ein tolles Gefühl!

Die muslimischen Gebetsvorschriften für Frauen sind keine Belanglosigkeit. Im Gegenteil, die Auseinandersetzung mit solchen scheinbar randständigen Themen zwingt uns zu einem unverstellten Blick auf das Frauenbild muslimischer Gesellschaften: Eine Frau ist fehlerhaft und unvollkommen. Darüber hinaus machen die

Gebetsvorschriften deutlich, wie begrenzt die Gesellschaft die Rolle der Frauen in der Öffentlichkeit sieht. Wenn die Gesellschaft von einer Frau verlangt, den Hauptraum einer Moschee zu meiden und stattdessen entweder zu Hause oder gemeinsam mit anderen Frauen in einem kleinen Hinterzimmer zu beten, dann erwartet sie sicherlich auch nicht, dass sie aktiv am öffentlichen Wirkungskreis teilnimmt. Man suggeriert ihr: „Überlasse das lieber den Männern."

All das müsste ich sagen, wenn ich mich über den Bau einer Moschee in einer europäischen Gesellschaft offen äußern würde. „Machen Sie sich darüber Gedanken, welchen Platz ich in dieser Moschee haben werde. Sorgen Sie dafür, dass Sie ein Haus Gottes und nicht ein Haus für die Männer bauen. Ermöglichen Sie, dass Männer und Frauen im selben Raum beten."

Ich für meinen Teil bestehe darauf, dass ich, wenn ich bete, als Mensch bete, nicht als Frau, und dass ich dabei dem Menschen, der neben mir steht – Mann oder Frau –, vor Gott gleichgestellt bin: vor einem Gott, der kein Geschlecht hat.

Erinnern Sie sich daran, dass ich eingangs über meine Identität sprach und darüber, wie komplex sie ist? Ich sagte, dass ich in erster Linie Humanistin bin, dann Araberin und dann Muslimin. Ich habe darüber hinaus gesagt, dass ich immer eine Frau bin. Ob ich Humanistin, Araberin oder Muslimin bin – ich bleibe eine Frau. Diese Identität ist vielleicht die maßgebliche Identität von allen genannten. Sie ist die Linse, durch die ich die Welt sehe. Und die Tatsache, dass ich eine Frau bin, ist die eine Schicht der Identität, die meine Wahrnehmung aller anderen oben genannten Komponenten meines Charakters prägt.

Als Humanistin sehe ich, wie universell das Problem gleicher Rechte für Frauen ist. Auch im Westen mussten die Frauen sich die Gleichberechtigung in einem langen und schmerzhaften Prozess erkämpfen.

Als Araberin begreife ich, dass die religiöse Grundlage der arabischen Familiengesetze – seien sie islamisch oder anderen Ursprungs

– ein wichtiger Faktor war, der zu einer systematischen Diskriminierung der Frauen in der Privatsphäre der Familie beitrug. In manchen arabischen und afrikanischen Gesellschaften betreffen Ehrenmord und weibliche Beschneidung nicht nur Musliminnen, sondern auch Frauen christlichen und anderen Glaubens.[151]

Und als Muslimin erkenne ich, wie die Religion benutzt wurde, um die untergeordnete Rolle der Frauen in den islamischen Gesellschaften zu rechtfertigen. Die Notwendigkeit von Veränderungen und Reformen empfinde ich als Frau ganz unmittelbar. Eine humanistische Islamauslegung sieht das Problem und nennt es beim Namen. Sie hebt die Grenzen der religiösen Vorschriften hervor, zeigt ganz präzise, wie sie Frauen diskriminieren, und besteht daher darauf, dass sie für die Regeln, die Familie und Gesellschaft bestimmen, nicht relevant sein sollten.

Auf einer zweiten Ebene erkennt diese Religionsauslegung auch an, dass die religiösen Rituale im Islam großenteils eine soziale Ordnung der Gesellschaft widerspiegeln, in der die Männer die Kontrolle über den öffentlichen Raum haben. Und obwohl eine humanistische Auslegung des Islam sich bewusst ist, dass solche religiösen Rituale vor einigen Jahrhunderten ihre Berechtigung gehabt haben mögen, macht sie geltend, dass dies heute nicht mehr der Fall ist. Darum fordert sie eine Veränderung dieser sozialen Ordnung und besteht darauf, dass Männer und Frauen den öffentlichen Raum einer Moschee miteinander teilen, dass sie gemeinsam in demselben großen Saal beten, ohne Einschränkungen aufgrund ihrer Geschlechtszugehörigkeit.

Schluss
Der Mensch ist die Lösung, nicht die Religion

Vielleicht haben Sie bemerkt, dass ich an keiner Stelle des vorliegenden Buches einen Koranvers verwendet habe, um meine Argumente zu untermauern. Ich habe bestimmte Verse nur angeführt, um ihre Grenzen bei der Schaffung von Regeln für Staat und Gesellschaft deutlicher zu machen. Auch auf den Hadith, die Aussprüche des Propheten, die als die zweite Quelle der islamischen Rechtsgelehrsamkeit gelten, habe ich mich nicht berufen. Ich bin ganz bewusst so verfahren.

Die grundlegende Voraussetzung eines humanistischen Islam ist Rationalität. Sie fordert die Menschen auf, die Verantwortung für ihr eigenes Leben zu übernehmen und Lösungen zu erarbeiten, die ihren Interessen am besten gerecht werden. Aber es ist keine unbegrenzte Rationalität, sondern eine, die auf dem menschlichen Gewissen basiert. Beides gehört zusammen. Erinnern Sie sich? „Alle Menschen sind frei und gleich an Würde und Rechten geboren. Sie sind mit Vernunft und Gewissen begabt." Eine Welt, die allein durch Rationalität gelenkt wird, kann zu den Schrecken des Holocaust führen. Und die Menschen, die im Jahr 1948 die Allgemeine Erklärung der Menschenrechte verfassten, waren sich dieser Tatsache durchaus bewusst. Sie stellten neben die Vernunft das Gewissen, um die Freiheit und die Rechte jedes Menschen gegen menschliche Tyrannei abzusichern.

Was ich Ihnen in diesem Buch dargelegt habe, ist ein Ansatz, eine persönliche Herangehensweise an die Religion. Ich sagte bereits, dass der Glaube für mich Bedeutung hat. Aber die Religion, wie sie heute in den islamischen Gesellschaften praktiziert wird, befriedigt meine spirituellen Bedürfnisse nicht. Religiöse Interpretationen, die auf Rituale ohne Spiritualität Wert legen, die Angst statt Liebe betonen, Hass statt Einbezug des anderen, und die Diskriminierung von Minderheiten und Frauen legitimieren, entsprechen nicht meinen Vorstellungen von Religion. Das ist keine Religion, an die ich glauben kann.

Eine humanistische Islamauslegung hat mir ermöglicht, meinen Glauben zu behalten, ohne mein Gefühl für Menschlichkeit, Fairness und Gerechtigkeit hintanzustellen. Glaube ist für mich im Wesentlichen Glaube an Gott. Alles andere ist der Veränderung und Interpretation unterworfen.

Glaube beruht auf einer Wahl, darum ist Wahlfreiheit der Kern einer humanistischen Islamauslegung. Sie macht darüber hinaus geltend, dass das Wohlergehen des Menschen das Anliegen einer jeden Religion sein sollte. Spiritualität kann zu diesem Wohlergehen beitragen; aber eine dogmatische Interpretation der Religion verringert sie. Erstere lässt einem Glauben Raum, der auf Liebe basiert, wohingegen Letztere zu Vorschriften führt, die Menschen wie Unmündige behandelt, die Gesellschaft in Gläubige und Ungläubige teilt und Mitglieder dieser Gesellschaft im Namen Gottes diskriminiert.

Eine humanistische Auslegung des Islam vertritt die Meinung, dass der Aufstieg des politischen Islam und die Reislamisierung der Gesellschaften – obwohl im Wesentlichen eine Reaktion auf sozioökonomische und politische Faktoren – eng verknüpft mit dem Unvermögen des traditionellen islamischen Denkens sind, die zentralen Themen anzugehen, die ein Jahrhundert zuvor zu lösen gewesen wären. Wahlfreiheit ist ein solches zentrales Thema. Doch das wichtigste unter ihnen betrifft das Wesen des Korans. Die humanistische Islamauslegung macht geltend, dass nur durch die Anerkennung der menschlichen Natur des Korans eine echte Reform des Islam möglich ist. Den Koran als historischen Text zu betrachten, der von Menschen gesammelt und verfasst wurde, bedeutet keine Zerstörung des Islam. Das Christentum ist heute eine starke Religion, trotz der Tatsache, dass die Bibel historisch betrachtet und ausgelegt wird. Anerkennt man die menschliche Natur des Korans, so ermöglicht dies die Trennung seiner Vorschriften von den staatlichen Gesetzen. Das Geschlechterproblem ist ein drittes zentrales Thema, das angepackt werden sollte; und eine humanistische Auslegung des Islam erkennt an, dass vieles in den religiösen Vorschriften, die das Leben der Frauen auch heute noch bestimmen, hauptsächlich die Wirklichkeit der Stammes- und der patriarchalischen Ordnung der arabischen Halbinsel im 7. Jahrhundert widerspiegelt. Auch daran wird deutlich: Säkularismus ist nicht nur notwendig, sondern ein Muss.

Das sind die zentralen Komponenten meines Plädoyers für eine humanistische Islamauslegung. Obwohl ich mich noch immer nicht an den Inhalt der Fatwa erinnern kann, die mich dazu motivierte, das „Tagebuch einer arabischen Frau" zu schreiben, ist eines sicher: Ich bedauere nicht, das Schweigen gebrochen zu haben. Es war notwendig. Und ebenso, wie ich mir bewusst bin, dass die Zeit reif für eine solche humanistische Islamauslegung ist, weiß ich, dass eine solche Argumentation für die europäischen Gesellschaften relevant ist. Menschen wie jene junge Araberin, die mir erklärte: „Nach dem 11. September 2001 wurde ich Muslimin", sollten eine Alternative zur gegenwärtigen strenggläubigen Auslegung der Religion vorfinden. Eine Alternative, die die Komplexität jeglicher Identität betont und die Religion auf ihre humanistische Ebene hebt, denn wir sind in erster Linie Menschen; eine Alternative, die den Kern der Religion auf der spirituellen Ebene sieht, im Glauben an Gott, und eine Alternative, die deutlich macht, dass keine Religion für sich beanspruchen kann, die Lösung für jedes Problem unseres alltäglichen Lebens oder für politische Angelegenheiten zu bieten. Der Islam ist nicht die Lösung. Der Mensch ist die Lösung.

Anhang

Anmerkungen

[1] „Worldwide Adherers of All Religions by Six Continental Areas, Mid 2001", Encyclopedia Britannica 2006.

[2] „Supporters of Sharia's Message to all Readers", S.O.S. Newsletter, in englischer Sprache, Januar 1999.

[3] „Supporters of Sharia: Kommuniqué Nr. 1 zur Geiselnahme im Jemen", S.O.S.-Kommuniqué, in arabischer Sprache, 30. Dezember 1998.

[4] Für zusätzliche Informationen über dieses Ereignis und über al-Masris Verbindungen zu terroristischen Gruppen siehe Whitaker, Brian „The Jihad Experience", Middle East International, 20. August 1999.

[5] Cascani, Dominic, „Profile Abu Hamza", BBC News Community Affairs, BBC News vom 27. Mai 2004.

[6] Bartsch, Matthias et. al., „Die deutsche Justiz versagt: Ebnet sie den Weg für eine muslimische Parallelgesellschaft?", Spiegel Online, 29. März 2007.

[7] Ebenda.

[8] Ebenda.

[9] Interview mit Bundesrat Pascal Couchepin, „Alter und Tod sind für mich Abenteuer", Tages-Anzeiger, 26. Dezember 2007.

[10] Ebenda.

[11] Ebenda.

[12] Ebenda.

[13] Mäder, Philipp, „Musliminnen vom Schwimmunterricht dispensieren: Couchepin steht allein", Tages-Anzeiger, 28. Dezember 2007.

[14] BGE 119 1a 178 – Schwimmunterricht, Urteil der II. Öffentlichrechtlichen Abteilung, 18. Juni 1993, Schweizer Bundesgericht.

[15] Ebenda.

[16] Pressemitteilungen des Verwaltungsgerichts Düsseldorf, 7. Mai 2008.

[17] Mäder, Philipp, a. a. O.

[18] Ebenda.

[19] Ebenda.

[20] Ebenda.

[21] Schweizer Bundesgericht, II. Öffentlich-rechtliche Abteilung, Urteil 2C_149/2008 vom 24. Oktober 2008.

[22] „Schwimmen für alle obligatorisch", Neue Zürcher Zeitung, 25./26. Oktober 2008.

[23] Für zusätzliche Informationen siehe: Bericht des Bundesrates zu Zwangsheiraten, Bundesamt für Sozialversicherung vom 14. November 2007; Gaby Straßburger, „Zwangsheirat und arrangierte Ehe – zur Schwierigkeit der Abgrenzung" in: „Zwangsverheiratung in Deutschland", Bericht des Bundesministeriums für Familie, Senioren, Frauen und Jugend, Forschungsreihe Band 1, Deutsches In-

stitut für Menschenrechte, April 2007; und Kapitel 2.2 in: „Zwangsverheiratung und arrangierte Ehen in Österreich mit besonderer Berücksichtigung Wiens", Situationsbericht und Empfehlungskatalog, Frauenförderung und Koordinierung von Frauenangelegenheiten, Dezember 2006.

[24] Nach Aussagen der Fremdenpolizei der Stadt Bern werden jedes Jahr 80 Frauen gezwungen, gegen ihren Willen zu heiraten: „Betroffen sind insbesondere Mädchen aus Sri Lanka, der Türkei, den Balkanstaaten, Kamerun und Angola („Stadtparlament für Maßnahmen gegen Zwangsehen", Der Bund, 2. November 2006).

[25] Joseph , Suad (Ed.), Citizenship and Gender in the Middle East, Syracuse: Syracuse University Press, 2000, S. 15.

[26] Joseph, Suad und Slyomovics, Susan (Eds.), Woman and Power in the Middle East, Philadelphia: University of Pennsylvania, 2001, S. 7.

[27] Für zusätzliche Informationen über Geschlecht und Familienwerte in patriarchalischen Strukturen siehe ebenda, S. 6f.

[28] Namen geändert.

[29] Gespräch mit A'isha, Feldforschung in Aden, Jemen, 9. Oktober 2006.

[30] Ich begegnete Lamia, als ich ihre Mutter interviewte. Das Treffen fand am 2. Oktober 2006 statt.

[31] Im Jahr 1999 beugte sich das jemenitische Parlament dem Druck konservativer islamischer Gruppen und änderte das Familienrecht von 1991, in dem das Mindestalter für die Ehe auf 15 Jahre festgesetzt war, und gab dem Vormund (männlichen Verwandten) das Recht zu entscheiden, welches Alter für die Eheschließung eines Mädchens geeignet ist.

[32] Für zusätzliche Informationen über solche Schutzmaßnahmen siehe den Aktionsplan, der im Bericht des Schweizer Bundesrates vom 12. November 2007 erfasst ist; für die verschiedenen Strategien, mit denen man in Deutschland dieses Problem bekämpft, siehe den Bericht des Bundesministeriums für Familie, Senioren, Frauen und Jugend, „Zwangsverheiratung in Deutschland", a. a. O.; für die Situation in Österreich siehe den Situationsbericht und Empfehlungskatalog von der Magistratsabteilung für Frauenförderung und Koordinierung von Frauenangelegenheiten, „Zwangsverheiratung und arrangierte Ehen in Österreich mit besonderer Berücksichtigung Wiens", a. a. O.

[33] „Culture", Encyclopedia Britannica 2006.

[34] Ebenda.

[35] Female Genital Mutilation/Cutting: A Statistical Exploration, The United Nations Children's Fund (UNICEF), 2005, S. 1.

[36] Ebenda.

[37] Beglinger, Martin, „Bis dass der Zwang euch bindet", Das Magazin, Tages-Anzeiger, Heft 24, 2007, S. 18.

[38] „Sharia law more quashed in Canada", BBC News, 12. September 2005; Armstrong, Sally, „If there is a place for sharia, it is not in Ontario", International Herold Tribune, 11. Februar 2005; Davies, Elisabeth, „Protesters condemn Canada's sharia court plan", The Independent, 9. September 2005.

[39] Armstrong, Sally, a. a. O.

[40] Ebenda.

[41] Federal Law – Civil Law Harmonization Act, Nr. 1 (2001, c. 4)

[42] Clarke u. Cross, P., Muslim and Canadian Family Law: A Comparative Primer, Canadian Council of Muslim Women, Ontario, 2006, S. 28-29.

[43] Der Bericht vertrat die Meinung, dass, „wenn rechtlich sanktionierte Diskriminierung Disparität in der Rechtsstaatlichkeit bedeutet, trotz angeblicher Gleichheit in der rechtlichen Stellung der Bürger, dann sind die arabischen Familiengesetze ein Beweis für eine legal sanktionierte geschlechtsbedingte Benachteiligung. Dies hat mit der Tatsache zu tun, dass die Statuten für diese Gesetze vornehmlich aus theologischen Interpretationen und Urteilen hergeleitet werden. Letztere haben ihren Ursprung in einer weit zurückliegenden Vergangenheit, als die geschlechtsbedingte Diskriminierung die Gesellschaft durchdrang." Arab Human Development Report „Towards the Rise of Women in the Arab World", United Nations Development Program, New York, 2006, S. 189.

[44] Armstrong, Sally, a. a. O.

[45] International Crisis Group, Islam and Identity in Germany, Europe Report Nr. 181, 14. März 2007, S. 1.

[46] Statistik Austria, Volkszählung 2001; Muslims in Europe: Country Guide, BBC News, 23. Dezember 2005.

[47] Bericht „Muslime in der Schweiz: Identitätsprofile, Erwartungen und Einstellungen", Eidgenössische Ausländerkommissionen EKA, 2005, S. 5.

[48] Stauffer, Beat, „Bleibt die Gemeinschaft aller Muslime ein Traum?", Neue Zürcher Zeitung, 2. Juli 2007.

[49] Solsten, Eric (Ed.), Germany: A Country Study, Country Studies Series by Federal Research Division of the Library of Congress, Washington D. C.: Federal Research Division 1995.

[50] Solsten, Eric (Ed.), Austria: A Country Study, Country Studies Series by Federal Research Division of the Library of Congress, Washington D. C.: Federal Research Division, 1993.

[51] Bericht „Mehrheit und muslimische Minderheit in der Schweiz: Stellungnahme der EKR zur aktuellen Entwicklung", Eidgenössische Kommission gegen Rassismus (EKR), Bern, September 2006, S. 5.

[52] „Darum geht es", Die Volksinitiative „Gegen den Bau von Minaretten", Website (http://www.minarette.ch/index.php?id=33).

[53] „Minarett-Verbot: Der falsche Weg", Swissinfo, 13. Mai 2007 (http://www.swissinfo.ch/ger/swissinfo.html?siteSect=105&sid=7814190).

[54] „Leitkultur schützen – Haider: Bauverbot für Moscheen und Minarette", Kärnten, ORF online, 26. August 2007 (http://kaernten.orf.at/stories/217207/).

[55] Ebenda.

[56] Manea, Elham, „Wo ist die Liebe?", in arabischer Sprache, Middle East Transparent, 24. August 2006 (www.middleeasttransparent.com/old/texts/elham_manea/elham_manea_love_in_islamic_religion.htm).

[57] Die Schweizerische Volkspartei ist heute diejenige Partei, die das Thema der Stellung der Frau im Islam für ihre politischen Zwecke nutzt, indem sie sich die Rechte der muslimischen Frauen auf die Fahnen schreibt!

[58] Mesmer, Beatrix, Staatsbürgerinnen ohne Stimmrecht: Die Politik der schweizerischen Frauenverbände 1914-1971, Zürich: Chronos Verlag, 2007, S. 262-263.

[59] Protokoll der Sitzungsberichte der 21. parlamentarischen Sitzung, in arabischer Sprache, Kuwaitisches Parlament, 16. Mai 2005, S. 562.

[60] Artikel 1 der Allgemeinen Erklärung der Menschenrechte, 1948.

[61] Die jemenitische Zeitung „Algomhoriah" begann am 16. Februar 2007 in ihrer Literaturbeilage Teile des Buches zu veröffentlichen, was den Protest einiger Imame weckte und meine Familie in eine schwierige Lage brachte.

[62] Manea, Elham, Echo des Schmerzes, in arabischer Sprache, Beirut: Dar al-Saqi, 2005. S. 188.

[63] „Van Goghs suspect confesses guilt", BBC News, 12. Juli 2005.

[64] „Van Gogh killer jailed for life", BBC News, 26. Juli 2005.

[65] Statement von Saida Keller-Messahli, Pressekonferenz über die Gründung des Forums, Zürich, 27. November 2004.

[66] Für zusätzliche Informationen über die beiden Referenden siehe „Junge Ausländer bleiben Fremde", Swissinfo, 16. Mai 2004; „Angst vor dem Fremden dominiert", Swissinfo, 26. September 2004. Für zusätzliche Informationen über die Kontroverse „Muslime bald in der Mehrheit?" siehe Schär, Markus, „Ein Kreuz mit dem Islam, Die Weltwoche, Ausgabe 38, 2004; Medienmitteilung „Rassistische Propaganda gegen Einbürgerungsvorlagen", Eidgenössische Kommission gegen Rassismus, 7. September 2004.

[67] Gott hat meiner Ansicht nach kein Geschlecht. Aber um meine Ausführungen nicht zu komplizieren, werde ich im Folgenden den männlichen Artikel verwenden.

[68] Schulze, Reinhard, Geschichte der islamischen Welt im 20. Jahrhundert, München: Verlag C.H. Beck, 1994, S. 452.

[69] Das „Tagebuch einer arabischen Frau" wurde auf der liberalen Website „Middle East Transparent" in einer Artikelserie zwischen September 2005 und September 2006 veröffentlicht.

[70] Manea, Elham, Regional Politics in the Gulf: Saudi Arabi, Oman, Yemen, London: Saqi Books, 2005, S. 17.

[71] Ebenda.

[72] Für zusätzliche Informationen darüber, wie diese Rituale zum Anlass für die Konfrontation zwischen rivalisierenden Sekten der sunnitischen und schiitischen Konfessionen werden, siehe Weir, Shelagh, „A Clash of Fundamentalism: Wahhabism in Yemen", Middle East Report, 1. März 2000.

[73] „Islam" und „Ismailite", Encyclopedia Britannica 2006, Ultimate Reference Suite DVD.

[74] Manea, Elham, Regional Politics in the Gulf, a.a.O., S. 18.

[75] Für zusätzliche Informationen siehe ebenda, S. 18-19; und al-Makalih, Abdu al-Aziz, Eine Übersicht über die Gedankenwelt des Zaydismus und des Mutazila: Der islamische Jemen, in arabischer Sprache, Beirut: Dar al-Auda, 1982.

[76] Ein Großteil dieser Information, die in: Abbo, Samir, Die Aleviten in Syrien, in arabischer Sprache, Damaskus: Dar Hassan Malls, 2007, S. 33-38 zu finden ist,

wurde mir während meines Feldforschungsbesuchs in Syrien im Sommer 2007 von einigen syrisch-alevitischen Intellektuellen bestätigt.

[77] Kaplan, Ismail, Das Alevitentum: eine Glaubens- und Lebensgemeinschaft in Deutschland, Köln: AABF, 2004, S. 17.

[78] Ebenda, S. 38-39.

[79] Ebenda, S. 89.

[80] Obeid, Anis, The Druze and their Faith in Tawhid, Syracuse: Syracuse University Press, 2006. S. 9.

[81] Diese Behauptung hörte ich während meines Besuchs in Syrien im Jahr 2005, bei dem ich eine Reportage für die schweizerische Multimedia-Website „Swissinfo" machte; für zusätzliche Information siehe Obeid, Anis, a. a. O., S. 182-183; Ziring, Lawrence, The Middle East: Political Dictionary, Santa Barbara: ABC-CLIO, 1992, S. 98-100.

[82] Persönliche Information, syrische Feldforschung, Sommer 2007; Ziring, Lawrence, a. a. O., S. 61-62.

[83] Ziring, Lawrence, a. a. O., S. 23.

[84] In der sunnitischen Tradition zeigt sich die Vielfalt anhand der Unterteilung in vier Rechtsschulen, und jede trägt den Namen ihres jeweiligen Gründers: Hanafi, Maliki, Shafi'i und Hanbali. Diese Schulen sind nach geografischen Grenzen aufgeteilt. So ist die Hanafi-Rechtsschule in der Türkei, dem Balkan, Zentralasien, China und Ägypten vorherrschend; die Maliki-Rechtsschule ist vor allem in Nordafrika und in einigen Ländern der arabischen Halbinsel anzutreffen; die Shafi'i-Rechtsschule ist weit verbreitet in Ägypten, dem Jemen, Ostafrika, Indonesien, Malaysia und Indien; und die Hanbali-Rechtsschule ist fest verankert in Saudi-Arabien (insbesondere in der Najd-Region Saudi-Arabiens). Obwohl die Schulen zu ein und derselben sunnitischen Tradition gehören, unterscheiden sie sich darin, wie sie die islamischen Vorschriften anwenden. So gilt die Hanafi-Schule als die liberalste: Sie legt Wert auf Vernunft und die Kontrolle des Menschen über sein Handeln, wohingegen die Hanbali-Schule als die rigideste gilt und die islamische Lehre wortwörtlich auslegt. Die wahhabitische Interpretation des Islam basiert auf der Hanbali-Rechtsschule.

[85] Zubaida, Sami, Islam, the People and the State: Political Ideas and Movements in the Middle East, London: I.B. Tauris, 1993, S. xvi.

[86] Arab Human Development Report 2002: Creating Opportunities for Future Generations, United Nations Development Program, New York: Regional Bureau for Arab States, 2002.

[87] Zubaida, Sami, a. a. O., S. xvi.

[88] Für zusätzliche Information siehe Hourani, Albert, Das arabische Denken in der Epoche der Erneuerung: 1798-1939, in arabischer Sprache; 4. Auflage, Beirut: Dar al-Nahar for Publications, 1986, S. 51-163.

[89] Al-Banna, Hassan, Message for Youth, übersetzt aus dem Arabischen von Najm, Mohammed H., London: Ta-Ha Publishers., 1993, S.6.

[90] Al-Banna, Hassan, Five Tracts of Hasan al-Banna (1906-1949), übersetzt aus dem Arabischen und kommentiert von Wendell, Charles, Near Eastern Studies, Band 20, Berkeley: University of California Publications, 1975, S. 55.

[91] Ebenda, S. 56.

[92] Zitiert in: Khalaf Allah, Mohammed, „Islamic Awakening in Egypt", in Abdullah, Ismael Sabri u.a., Die gegenwärtige islamische Bewegung in der arabischen Welt, in arabischer Sprache, Beirut: Center for Studies of Arab Unity und United Nations Library, 1987, S. 49.

[93] ebenda, S. 53.

[94] ebenda, S. 52

[95] Al-Banna, Hassan, „On Jihad" in: Five Tracts of Hasan al-Banna, a.a.O., S. 133.

[96] Ebenda.

[97] Al Hadad, Al Taher, Unsere Frau in Scharia und Gesellschaft, in arabischer Sprache, 2. Auflage, Tunis: Tunisian Dar for Publications, 1972, S. 40.

[98] Zitiert in Charrad, M. Mounira, States and Women Rights: The Making of Postcolonial Tunesia, Algeria and Morocco, Berkeley: University of California Press, 2001, S. 218; mehr über das Schicksal von al-Hadad siehe ebenda, S. 216-218.

[99] Der Ausdruck „positives Recht" bezeichnet von Menschen gemachte Gesetze im Unterschied zum Naturrecht oder göttlichen Recht (d.Ü.).

[100] Al Rasheed, Madawi, A History of Saudi Arabia, Cambridge: Cambridge University Press, 2002, S. 51.

[101] Ebenda, S. 52.

[102] Sheikh Jousef al-Qaradawy in „Al Sharia and Life", TV Programm, live am 10. Juni 2007 in al-Jazeera ausgestrahlt.

[103] Hatem, Mervat F., „Nationalist Discourses on Citizenship in Egypt", in Joseph, Suad J. (Ed.), Gender and Citizenship in the Middle East, a.a.O., S. 53.

[104] Für zusätzliche Information über diesen Trend siehe Bergmann, Kristina, „Religiöse Pflicht oder Mittel gegen die Anmache", Neue Zürcher Zeitung, 2.April 2008.

[105] Während meiner Feldforschung in Syrien hörte ich jeden Morgen um 9:00 Uhr die Predigten von Sheikh al-Nabulsi. Ich tat es nicht immer absichtlich. Aber ich bekam sie oft mit, wenn ich zu dieser Zeit ein Taxi nahm, um zu meinen Interviewpartnern zu fahren, denn der Sheikh war bei den Taxifahrern sehr beliebt.
Manea, Elham, „A Floating Body 6", in arabischer Sprache, Al Nedaa Newspaper, 25. Oktober 2007.

[106] Al-Aghbary schrieb in einer Kolumne der jemenitischen Zeitung „Al Thawrah", dass Teenager zunehmend von ihren Eltern und Großeltern verlangten, sie sollten „zur richtigen Religion zurückkehren". Al-Aghbary, Abd al-Majeed Samia, „Sheikhs im Teenageralter", al-Thawrah, 26. März 2008.

[107] Als Botschafter ist er jetzt im Ruhstand. Aber zuvor hatte er Posten als Generalkonsul, als Generalbevollmächtigter und als Chargé d'Affaires inne.

[108] Chapin Metz, Helen, (Ed.), Persian Gulf States. Country Studies, 3. Auflage, Washington D.C., 1994, S. 37ff; Abu Gahnem, Fathel, Die Stammesstruktur im Jemen: Zwischen Beständigkeit und Veränderung, in arabischer Sprache, 2. Auflage, Sanaa, 1991, S. 89.

[109] Gespräch mit Fathel Abu Ghanem, Sanaa, 25.3.2008.

[110] Moosa, Ebrahim, „The Dilemma of Islamic Rights Schemes", Journal of Law and Religion, Bd. 15, Nr. 1/2. (2000-2001), S. 186.

[111] Morsink, Johannes, „Women's Rights in the Universal Declaration", Human Rights Quarterly, Bd. 13, Nr. 2, Mai 1991, S. 234.

[112] Ebenda.

[113] Glendon, Mary Ann, A World Made New: Eleanor Roosevelt and the Universal Declaration of Human Rights, New York, Random House, 2001, S. 70.

[114] Moosa, Ebrahim, a. a. O., S. 186.

[115] Ebenda, S. 196-197.

[116] Erklärende Anmerkungen in: Allgemeine Erklärung der Menschenrechte im Islam, 19. September 1981.

[117] Moosa, Ebrahim, a. a. O. S. 197.

[118] Ebenda.

[119] Manea, Elham, „Ein freier and rationaler Islam", in: Tagebuch einer arabischen Frau, in arabischer Sprache, Middle East Transparent, 9. Februar 2006.

[120] Manea, Elham, „Ein freier und rationaler Islam", a. a. O.

[121] Die deutsche Übersetzung des Koran wird hier und im Folgenden zitiert nach: Der Koran. Das heilige Buch des Islam. Aus dem Arabischen von Max Henning. Überarbeitet und herausgegeben von Murad Wilfried Hofmann, Kreuzlingen/München 1999.

[122] Der Heilige Koran: Arabischer Text mit englischer Übersetzung und Kurzkommentar, ed. Farid Malik Ghulam, London; Islamic International Publications Limited, 2002, S. 196; Der Heilige Koran, Tafsier al-Imamien al-Jalalien, in arabischer Sprache, S. 84; Ghalib, Hanna, Thesaurus of Arabic: An Encyclopedic Reference of Synonyms, Antonyms and Expressions, Beirut, Librarie du Liban Publishers, 2003, S. 486.

[123] Mernissi, Fatima, Der politische Harem. Mohammed und die Frauen, 4. Auflage, Freiburg: Verlag Herder 2002, S. 209; Wadud, Amina, Qur'an and Woman: Rereading the Sacred Text from a Woman's Perspective", Oxford 1999, S. 74-78.

[124] Wadud, Amina, ebenda; Zentrum für Islamische Frauenforschung und Frauenförderung (Hrsg.), Ein einziges Wort und seine große Wirkung, Köln 2005.

[125] Wadud, Amina, ebenda, S. 76.

[126] Mernissi, Fatima, a. a. O., S. 208-210.

[127] Abu Zaid, Nasr Hamid, Mohammed und die Zeichen Gottes: Der Koran und die Zukunft des Islam, Freiburg: Verlag Herder 2008, S. 160.

[128] Manea, Elham, „Das Tabu brechen"; „Eine direkte Frage"; „Ein freier und rationaler Islam", in: „Tagebuch einer arabischen Frau", a. a. O.

[129] Manea, Elham, Das Tabu brechen, a. a. O., 8. November 2005; Manea, Elham, Eine direkte Frage, a. a. O., 17. November 2005.

[130] Abu Zaid, Nasr Hamid, Eine Kritik des religiösen Diskurses, in arabischer Sprache, Kairo: Madhouli Bookshop, 1995, S. 101-136.

[131] Al-Siouti, al-Shafi'l, Jalal al-Din, Die Leistungen des Koran in den Wissenschaften, in arabischer Sprache, durchgesehen und kommentiert von al-Mandoua, Said, 2. Auflage, Beirut: The Cultural Institute for Books, 2004.

[132] Für zusätzliche Information über die schiitische Position siehe beispielsweise Ja'afrian, Rasoul, Die Lüge über die Verfälschung des Koran, in arabischer Sprache, Teheran: Islamic Organisation for Information, 1985; zur Standardversion des sunnitischen Islam siehe al-Baghdadi, Ahmed, Erneuerung des religiösen Denkens: Ein Aufruf zur Rationalität, in arabischer Sprache, Damaskus: Dar al-Mada, 1999, S. 57-67.

[133] „Das Ende des Bürgerkriegs wurde genutzt, um ein weniger fortschrittliches Familienrecht zu erlassen", Interview mit Rechtsanwältin Shatha Nasr, Middle East Transparent, 12. Mai 2008. (http://www.middleeasttransparent.com/article.php3?id_article=3847).

[134] „Nojoud träumt von einer Zukunft als Journalistin oder Rechtsanwältin, um gegen die Ungerechtigkeit zu kämpfen", in arabischer Sprache, 22.-Mai-Zeitung, 22. April 2008.

[135] Al-Qahtani, Ali, „Prinz Naif: Ein Lügner ist, wer behauptet, dass die Frauenrechte in unserem Land verletzt werden", in arabischer Sprache, al-Watan, 12. Mai 2008.

[136] Ebenda.

[137] Ebenda.

[138] Human Rights Watch, „Perpetual Minors: Human Rights Abuses Stemming from Male Guardianship and Sex Segregation in Saudi Arabia", Report, New York, April 2008, S. 3.

[139] Ebenda.

[140] Amina Wadud, a. a. O., S. 83.

[141] Ebenda.

[142] Vgl. http://www.hassanalbanna.org/pages/Books/6.pdf, in arabischer Sprache.

[143] Parteiprogramm der Muslimbrüder, 25. August 2007, S. 103.

[144] Diese Ansicht wurde von Denkern unterstrichen, die danach streben, dass der Islam sich von innen reformiert. Zu diesen Denkern gehört Abullahi Ahmed An-Na'im mit seinem Buch „Toward an Islamic Reformation: Civil Liberties, Human Rights, and International Law", Syracuse: Syracuse University Press, 1990.

[145] „Kopfschleier war notwendig", Neue Zürcher Zeitung, 4. April 2008.

[146] Ebenda.

[147] Moser, Christof, „Es ist unnötig, ein Kopftuch zu tragen", Blick, 25. März 2008.

[148] Ebenda.

[149] „Calmy-Rey verteidigt Besuch im Iran", NZZ Online, 18. März 2008.

[150] Harrison, Frances, „Crackdown in Iran over dress codes", BBC News, Teheran, 27. April 2007; „Iran police in fashion crackdown", BBC News, 12. Juli 2004.

[151] Vgl. Abusharaf, Mustafa Rogaia (Ed.), Female Circumcision: Multicultural Perspectives, Philadelphia: University of Pennsylvania Press 2007, sowie: Female Genital Mutilation/Cutting. A Statistical Exploration 2005, a. a. O.

Literatur

Gesetze, internationale Konventionen und islamische Erklärungen

BGE 119 1a 178 – Schwimmunterricht, Urteil der II. Öffentlichrechtlichen Abteilung, 18.6.1993, Schweizer Bundesgericht.
Ägyptische Verfassung, 1971.
Übereinkommen zur Beseitigung jeder Form von Diskriminierung, 1979.
Allgemeine Erklärung der Menschenrechte, 1948.
Allgemeine Erklärung der Menschenrechte im Islam, 19.9.1981.
Verfassung des Jemen, 1990.
Geänderte Verfassung des Jemen, 1994.
Jemenitisches Familiengesetz, 1992.
Verändertes jemenitisches Familiengesetz, 1999.

Dokumente und Berichte

Arab Human Development Report „Towards the Rise of Women in the Arab World", United Nations Development Program, New York, 2006.
Arab Human Development Report 2002: Creating Opportunities for Future Generations, United Nations Development Program, New York: Regional Bureau for Arab States, 2002.
Clarke, L. und Cross, P., Muslim and Canadian Family Laws: A Comparative Primer, Canadian Council of Muslim Women, Ontario, 2006.
Bericht des Bundesrates zu Zwangsheiraten, Bundesamt für Sozialversicherung, 14.11.2007.
Bericht des Bundesministeriums für Familie, Senioren, Frauen und Jugend, Forschungsreihe, „Zwangsverheiratung in Deutschland", Band 1, Deutsches Institut für Menschenrechte, April 2007.
Bericht „Muslime in der Schweiz: Identitätsprofile, Erwartungen und Einstellungen", Eidgenössische Ausländerkommission EKA, 2005.
Bericht „Mehrheit und muslimische Minderheit in der Schweiz: Stellungnahme der EKR zur aktuellen Entwicklung", Eidgenössische Kommission gegen Rassismus (EKR), Bern, September 2006.
„Female Genital Mutilation/Cutting. A Statistical Exploration", The United Nations Children's Fund (UNICEF), 2005.
Human Rights Watch, Perpetual Minors: Human Rights Abuses Stemming from Male Guardianship and Sex Segregation in Saudi Arabia, Report, New York, April 2008.
International Crisis Group, Islam and Identity in Germany, Europe Report Nr. 181 – 14.3. 2007.
Muslims in Europe: Country guide, BBC News, 23. 12. 2005.
Parteiprogramm der Muslimbrüder, 25.8.2007.

Situationsbericht und Empfehlungskatalog, „Zwangsverheiratung und arrangierte Ehen in Österreich mit besonderer Berücksichtigung Wiens", Frauenförderung und Koordinierung von Frauenangelegenheiten, Dezember 2006.
Statistik Austria, Volkszählung 2001.
Sitzungsbericht der 21. Parlamentarischen Sitzung, in arabischer Sprache, Kuwaitisches Parlament, 16.5.2005.

Interviews

Interview mit Ai'sha, Feldforschung, Aden, Jemen, 9.10.2006.
Interview mit Dr. Fathel Abu Ghanem, Professor für Soziologie, Universität von Sanaa, 25.3.2008.

Bücher

Abusharaf, Mustafa Rogaia (Ed.), Female Circumcision: Multicultural Perspectives, Philadelphia: University of Pennsylvania Press, 2007.
Al-Banna, Hassan, Five Tracts of Hasan al-Banna (1906–1949), übersetzt aus dem Arabischen und kommentiert von Wendell, Charles, Near Eastern Studies, Band 20, Berkeley: University of California Publications, 1975.
Al-Banna, Hassan, Message for Youth, übersetzt aus dem Arabischen von Najm, Mohammed H., London: Ta-Ha Publishers, 1993.
Al-Rasheed, Madawi, A History of Saudi Arabia, Cambridge: Cambridge University Press, 2002.
Abu Zaid, Nasr Hamid, Mohammed und die Zeichen Gottes: Der Koran und die Zukunft des Islam, Freiburg: Verlag Herder, 2008.
An-Na'im, Abullahi Ahmed, Toward an Islamic Reformation: Civil Liberties, Human Rights, and International Law, Syracuse: Syracuse University Press, 1990.
Charrad, Mounira M., States and Women's Rights: The Making of Postcolonial Tunisia, Algeria, and Morocco, Berkeley: University of California Press, 2001.
Der Heilige Koran, arabischer Text mit englischer Übersetzung und Kurzkommentar, herausgegeben von Farid, Malik Ghulam, London: Islamic International Publications Limited, 2002.
Der Koran. Das heilige Buch des Islam, aus dem Arabischen von Max Henning, überarbeitet und herausgegeben von Murad Wilfried Hofmann, Kreuzlingen/München: Hugendubel, 1999.
Glendon, Mary Ann, A World Made New: Eleanor Roosevelt and the Universal Declaration of Human Rights, New York: Random House, 2001.
Chapin Metz, Helen (Ed.), Persian Gulf States. Country Studies, 3. Auflage, Washington, D.C., 1994.
Hatem, Mervat F., „Nationalist Discourses on Citizenship in Egypt", in Joseph, Suad J. (Ed.), Gender and Citzenship in the Middle East, Syracuse: Syracuse University Press, 2000.

Joseph, Suad und Slyomovics, Susan (Eds.), Women and Power in the Middle East, Philadelphia: University of Pennsylvania, 2001.

Joseph, Suad (Ed.), Citizenship and Gender in the Middle East, Syracuse: Syracuse University Press, 2000.

Kaplan, Ismail, Das Alevitentum: eine Glaubens- und Lebensgemeinschaft, Köln: AABF, 2004.

Manea, Elham, Regional Politics in the Gulf: Saudi Arabia, Oman, Yemen, London: Saqi Books, 2005.

Mernissi, Fatima, Der politische Harem. Mohammed und die Frauen, 4. Auflage, Freiburg: Verlag Herder, 2002.

Mesmer, Beatrix, Staatsbürgerinnen ohne Stimmrecht: Die Politik der schweizerischen Frauenverbände 1914-1971, Zürich: Chronos Verlag, 2007.

Obeid, Anis, The Druze and their Faith in Tawhid, Syracuse: Syracuse University Press, 2006.

Schulze, Reinhard, Geschichte der islamischen Welt im 20. Jahrhundert, München: Verlag C. H. Beck, 1994.

Solsten, Eric (Ed.), Germany: A Country Study, Country Studies Series by Federal Research Division of the Library of Congress, Washington D.C.: Federal Research Division, 1995.

Solsten, Eric (Ed.), Austria: A Country Study, Country Studies Series by Federal Research Division of the Library of Congress, Washington D.C.: Federal Research Division, 1993.

Wadud, Amina, Qur'an and Woman: Rereading the Sacred Text from a Woman's Perspective, Oxford: Oxford University Press, 1999.

Zentrum für Islamische Frauenforschung und Frauenförderung (Hrsg.), Ein einziges Wort und seine große Wirkung, Köln, 2005.

Zubaida, Sami, Islam, the People and the State: Political Ideas and Movements in the Middle East, London: I. B. Tauris, 1993.

Bücher in arabischer Sprache

Abddo, Samir, Die Aleviten in Syrien, Damaskus: Dar Hassan Malls, 2007.

Abdullah, Ismael Sabri et al., Die gegenwärtige islamische Bewegung in der arabischen Welt, Beirut: Center for the Studies of Arab Unity and United Nations Library, 1987.

Abu Gahnem, Fathel, Die Stammesstruktur im Jemen: Zwischen Fortbestand und Veränderung, 2. Auflage, Sanaa, 1991.

Abu Zaid, Nasr Hamid, Eine Kritik des religiösen Diskurses, Kairo: Madbouli Bookshop, 1995 (deutsch 1996, Frankfurt a. M.: dipa).

Al-Baghdadi, Ahmed, Erneuerung des religiösen Denkens: Ein Aufruf zur Rationalität, Damascus: Dar al-Mada, 1999.

Al-Hadad, al-Taher, Unsere Frau in Scharia und Gesellschaft, 2. Auflage, Tunis: Tunisian Dar for Publication, 1972.

Algarni, Aiedh, Die glücklichste Frau der Welt, 7. Auflage, Beirut: Alrayan, 2005.

Al-Makalih, Abdu al-Aziz, Eine Übersicht über die Gedankenwelt des Zaydismus und des Mutazila: Der islamische Jemen, Beirut: Dar al-Auda, 1982.

Al-Siouti, al-Shafi'I, Jalal al-Din, Die Leistungen des Koran in den Wissenschaften, durchgesehen und kommentiert von al-Mandoua, Said, 2. Auflage, Beirut: The Cultural Institute for Books, 2004.

Amin, Qasim, Die Emanzipation der Frau, Kairo: Dar Al Maraief, erstmals veröffentlicht 1899, neu aufgelegt 1970.

Der Heilige Koran, Tafsier Al Imamien al Jalalien.

Hourani, Albert, Das arabische Denken in der Erneuerungsepoche: 1798–1939, 4. Auflage, Beirut: Dar al-Nahar for Publications, 1986.

Ja'afrian, Rasoul, Die Lüge über die Verfälschung des Korans, Tehran: Islamic Organization for Information, 1985.

Manea, Elham, Echo des Schmerzes, Beirut: Dar al-Saqi, 2005.

Wissenschaftliche Artikel

Ansari, Ishaq Zafar, Contemporary Islam and Nationalism a Case Study of Egypt, Die Welt des Islams, New Series, Band 7, vierteljährliche Ausgabe (1961).

Moosa, Ebrahim, „The Dilemma of Islamic Rights Schemes", Journal of Law and Religion, Band 15, Nr.1/2. (2000–2001).

Morsink, Johannes, „Women's Rights in the Universal Declaration", Human Rights Quarterly, Band 13, Nr. 2, Mai 1991.

Weir, Shelagh, „A Clash of Fundamentalisms: Wahhabism in Yemen", Middle East Report, 1.3.2000.

Newsletters und Kommuniqués

„Supporters of Shariah's Message to all Readers", S.O.S. Newsletter, in englischer Sprache, Januar 1999.

„Supporters of Sharia, Kommuniqué No. 1 über die Geiselnahme im Jemen", S.O.S. Kommuniqué, in arabischer Sprache, 30.12.1998.

„Darum geht es", Die Volksinitiative „Gegen den Bau von Minaretten", [http://www.minarette.ch/index.php?id=33].

„Egyptian against Religious Discrimination Object the Repression of a Teacher for not Wearing the Hejab", veröffentlicht in Affaq.org, 20.2.2008.

Medienmitteilung, „Rassistische Propaganda gegen Einbürgerungsvorlagen", Eidgenössische Kommission gegen Rassismus, 7. 9.2004.

Pressemitteilungen des Verwaltungsgerichts Düsseldorf, 7. Mai 2008.

Äußerung von Saida Keller-Messahli, Pressekonferenz bei der Gründung des „Forums für einen fortschrittlichen Islam, Zürich, 27.11.2004.

Internetquellen

Al-Banna, Hassan: Die muslimische Frau, in arabischer Sprache, [http://www. hassanalbanna.org/pages/Books/6.pdf]

„Minarett-Verbot: Der falsche Weg", Swissinfo, 13.5. 2007, [http://www.swissinfo.ch/ger/swissinfo.html?siteSect=105&sid=7814190].

„Leitkultur schützen – Haider: Bauverbot für Moscheen und Minarette", Kärnten. ORF.at, 26.8.2007, [http://kaernten.orf.at/stories/217207/].

Manea, Elham, „Wo ist Liebe?", in arabischer Sprache, Middle East Transparent, 24.8.2006. [www.middleeasttransparent.com/old/texts/elham_manea/elham_manea_love_in_islamic_religion.htm].

Manea, Elham, „Tagebuch einer arabischen Frau", in arabischer Sprache, Middle East Transparent, September 2005 – September 2006, mit den Artikeln:
-„Ein freier und rationaler Islam", 9.2.2006, [http://middleeasttransparent.com/old/texts/elham_manea/elham_manea_a_free_rational_islam.htm].
-„Das Tabu brechen", 8.11.2005. [http://middleeasttransparent.com/old/texts/elham_manea/elham_manea_broking_the_forbiddance.htm].
-„Eine direkte Frage", 17.11.2005, [http://middleeasttrans-parent. com/ old/ texts/elham_manea/elham_manea_direct_question.htm].

Mustafa, Marwa, „The Campaign against the Veil: Allaying Satan", Ikhwanonline, 17.03.2008, [www.ikhwanonline.com/Article.asp? ArtID=35519&Sec ID= 391].

N.N. „Calmy-Rey verteidigt Besuch in Iran", NZZ Online, 18.3.2008.

N.N. „Junge Ausländer bleiben Fremde", Swissinfo, 16.5.2004.

N.N. „Angst vor dem Fremden dominiert", Swissinfo, 26.9.2004.

N.N. „Das Ende des Bürgerkriegs wurde genutzt, um ein weniger fortschrittliches Familienrecht zu erlassen", Interview mit Rechtsanwältin Shatha Nasr, Middle East Transparent, 12.5.2008. [http://www.middleeasttransparent.com/ article. php3?id_article=3847].

TV-Programme

Sheikh Jousef al-Qaradawy in „Scharia und Leben", TV-Programm, live auf al-Jazeera ausgestrahlt am 10.6.2007.

Enzyklopädische Werke

Encyclopedia Britannica 2006.

Ziring, Lawrence, The Middle East: Political Dictionary, Santa Barbara: ABC-CLIO, 1992.

Ghalib, Hanna, Thesaurus of Arabic: An Encyclopedic Reference of Synonyms, Antonyms & Espressions, Beirut: Librairie du Liban Publishers, 2003.